KB129488

도구를 활용한
아동 · 청소년
상담 기법

도구를 활용한
아동 · 청소년
상담 기법

오인수 · 한혜원 · 전은경 · 김민정 공저

학지사

상담(相談)의 재해석

相 상담자는 내담자를 마주하고, 교사는 학생을 상대한다. 이처럼 상담은 상대와 마주 대하며 변화를 이뤄 내는 과정이다. 서로 마주하는 것을 뜻하는 한자어 '相'은 나무(木)를 바라보는(目) 형상이다. 그래서 본래 相의 의미는 "자세히 보다.", "관찰하다."였다고 한다. 좋은 목재인지를 알려면 자세히 봐야 하기 때문이다. 이는 언어적 메시지를 '듣는' 것보다 비언어적 메시지를 '보는' 것이 상대와의 소통에서 더 중요하다는 상담의 기본 원리와 맥을 같이한다. 성인과 비교하여 아동·청소년을 상담할 때 특히 '바라보는' 것이 중요하다. 언어적 표현이 제한되기 때문에 감정과 생각이 무의식적으로 얼굴 표정과 몸짓을 통해 흘러나오기 때문이다.

談 상담자는 내담자와 얘기하고, 교사는 학생과 대화한다. 이처럼 상담은 이야기를 통해 변화를 이뤄 내는 과정이다. 이야기를 뜻하는 한자어 '談'은 말(言)을 통해 불꽃(炎)이 튀는 형상이다. 격렬한 논쟁 끝에 결정하는 담판(談判)처럼 열정적인 대화를 포함한다. 그런데 이처럼 말을 통해 변화를 추구하는 것이 아동·청소년의 경우에는 제한적인 경우가 많다. 아동·청소년은 성인처럼 언어 발달이 충분히 이뤄지지 않았기 때문에 추상적인 언어를 통해 자신을 표현하고 이해하는 데 어려움을 겪는다. 따라서 성인의 상담은 주로 언어를 매개로 변화가 이뤄지지만, 아동·청소년의 경우 변화를 촉진하려면 이 언어적 상호작용을 촉진하는 구체적 매개물인 도구가 필요하다.

掞 상담 과정에서 아동·청소년과 언어적 상호작용의 한계를 극복하는 방법으로 이 책에서는 다양한 도구를 소개하고 있다. 피아제(Piaget, J.)가 주장한 것처럼 아동은 구체적인 조작을 통해 생각이 촉진된다. 추상적인 언어(言)가 아닌 손(手)을 통해 만지고 조작하는 활동을 할 때 생각이 촉진되고 감정을 쉽게 드러내며 자신을 보다 잘 표현한다. 그래서 아동·청소년의 경우에는 相談이 아닌 相掞이란 글자가 아동·청소년 상담의 특징을 보다 잘 표현할 수도 있을 듯싶다. 대부분의 상담 이론과 기법은 성인상담을 가정하여 개발되고 연구된 경우가 많다. 그렇기 때문에 성인에게 효과적인 기법이 아동·청소년에게는 효과적이지 않은 경우가 많다. 아동·청소년과 효과적으로 상담을 하려면 그들과 심리적으로 연결되어야 한다. 이 책에서는 도구를 활용하여 그 연결고리를 만들 수 있는 다양한 방법을 소개하고 있다.

談VS掞 말(言)을 통한 대화와 손(手)을 통한 조작을 통해 상담자와 내담자의 마음이 연결되면 라포(rapport)가 생겨난다. 그 순간 학생은 선생님을, 내담자는 상담자를 '나의 편'이라고 믿으며 신뢰감을 형성한다. 서로가 연결되었다는, 통한다는 느낌을 받는 그 순간은 바로 치료의 효과가 시작되는 순간이다. 딱딱했던, 얼어 있던 마음이 녹아내리며 상담의 불꽃(炎)에 의해 불안과 의심의 마음, 방어적 태도와 불만의 마음은 타 버리며 문제의 본질로 다가가게 된다. 이러한 변화를 이뤄 내는 과정은 정말 어렵지만, 일단 그 순간에 이르면 아동·청소년은 성인에 비해 훨씬 빠르고 유연하게 문제로부터 벗어난다. 심지어 회복할 것이라는 상담자의 기대를 넘어 오히려 성장하는 경우도 본다. 아동·청소년을 상담하거나 교육하는 사람이라면 이들이 지니고 있는 취약성의 이면에 숨겨진 회복탄력성의 숨겨진 힘을 체험해 봤을 것이다. 이 책에서 소개한 다양한 상담 기법이 그러한 회복탄력성의 봇물을 터뜨리는 도구가 되기를 기원해 본다.

이 책의 집필이 가능했던 것은 반짝이는 상담 기법 아이디어로 가득한 세 분의 상담 교사 덕분이다. 한혜원, 전은경, 김민정 선생님은 모두 초등학교 전문 상담 교사로서 매일매일 아동들을 상담하며 발전시킨 상담 기법의 노하우를 이 책에 쏟아부었다. 코로나 상황이라 매주 선생님들과 늦은 밤에 원격으로 상담의 아이디어를 공유하며 논의했었다. 기존에 소개된 상담 기법 자료들을 수정하고, 외국의 상담 기법 자료들을 번안하고, 완전히 새로운 기법을 창안하는 과정은 피곤하고 힘들었지만 동시에 보람 있고 행복했던 순간으로 기억된다. 세 분의 선생님은 일반대학원의 석·박사 과정의 지도학생이기도 하다. 상담교사로서의 업무도 과중할 텐데 일반대학원에서 상담의 전문성을 신장시키면서 동시에 이렇게 책까지 집필하는 열정에 박수를 보낸다. 그리고 이 책이 출판되기까지 늘 상담 서적의 출판에 후원을 아끼지 않으시는 김진환 사장님과 완성도 높은 일러스트와 깔끔한 편집을 위해 수고해 주신 김준범 부장님께 다시 한번 감사드린다. 부디 이 책이 아동과 청소년을 상담하는 다양한 상담자와 교사들에게 조금이나마 도움이 되기를 바란다.

저자 대표
오인수

7

구성 및 활용법

★ 포스트잇, 상담에서 어떻게 활용할 수 있을까요?

포스트잇을
탈부착해 보세요!
포스트잇을 탈부착하는 과정을 통해 내 생각을 긍정 대화를 연습해 볼 수 있어요!

생각을
메모해 보세요!
생각을 메모하고 귀인 이론에 따라 분류하는 과정을 통해 생각을 점검할 수 있어요!

미니북을
만들어 보세요!
6컷 만화를 포스트잇에 그려 보면서 이야기를 만들고 자유롭게 바꿔 붙일 수 있어요!

★ 포스트잇은 이런 점이 좋아요!

포스트잇은 학생들이 자유롭게 메모하고 이를 탈부착하는 과정에서 자신의 생각을 긍정적으로 바꾸는 연습을 해 볼 수 있습니다. 또한 포스트잇을 귀인 이론에 따라 분류해 보는 과정에서 생각을 점검하고 긍정적인 귀인 양식으로 전환할 수 있습니다. 그리고 포스트잇에 그림을 그려 6컷 만화를 만들어 보면서 자신의 이야기를 만들고 원하는 모습으로 자유롭게 바꿔 보며 문제해결 능력을 높일 수 있습니다.

1. 도구 활용법 한눈에 보기

각 도구가 상담에서 어떻게 활용될 수 있는지 간략하게 소개되어 있습니다. 도구의 특성을 이해하면 상담 장면에 효과적이고 다양하게 적용할 수 있습니다.

😊 어떤 활동인가요?

'바꿔 보자 내 생각'은 포스트잇을 활용하여 학생이 떠올리는 부정적인 생각을 확인하고, 이를 긍정적으로 전환해 보는 활동입니다. 이는 〈인지행동치료〉에서 마이켄바움(Meichenbaum, D. H.)이 제안한 긍정적인 자기대화 기법을 활용한 것으로, 어떠한 상황에 대해 '망했어.', '나는 할 수 없어.' 등의 부정적인 생각으로 염려하는 학생의 내적 대화(self-talk)를 포스트잇의 메모 기능을 통해 확인하고 이를 긍정적인 내적 대화로 바꾸는 활동입니다. 긍정적인 내적 대화를 만드는 과정을 통해 학생의 불안감을 낮추고 긍정정서를 높일 수 있습니다.

2. 활동 이해하기

상담 활동에 대한 전반적인 설명이 소개되어 있습니다. 이를 통해 본 활동의 특징과 장점, 활용 방법을 미리 파악하면 도구를 활용한 상담의 목적과 의도를 보다 명확하게 이해할 수 있습니다

2. 포스트잇에 적힌 부정적인 생각을 하나씩 순서대로 읽어 봅니다. 왜 그런 생각이 들었는지, 그런 생각 때문에 어떤 점이 힘들었는지 등을 탐색하며 학생의 부정정서에 충분히 공감해 줍니다.

"어떤 점에 망했다는 생각을 했나요?"
"친구들이 뭐라고 놀릴까 봐 걱정했나요?"

3. 새로운 색깔의 포스트잇을 보여 주며 내적 대화를 긍정적인 말로 바꾸는 방법을 안내합니다. 처음에는 상담자의 예시를 보여 주는 것도 좋고, 이후에는 학생 스스로 바꿀 수 있도록 도와줍니다.

"여기 연두색 포스트잇에는 속상한 나를 위로하고 격려하는 말을 써 보면 어떨까요?"
"만약 친구가 이런 고민을 한다면 나는 뭐라고 위로해 줄 수 있을까요?"

4. 긍정적인 포스트잇을 부정적인 포스트잇 위에 겹치게 붙이면서 부정적인 자기대화를 긍정적으로 바꾸어 말해 보게 합니다. 그리고 긍정적 자기대화를 말할 때 어떤 기분이 드는지 물어봅니다.

"이 말을 하고 나니 어떤 기분이 들어요?"

[발표에서 실수를 했을 때]

3. 상담 과정

5컷의 그림과 설명을 통해 도구를 활용한 상담 과정을 단계별로 쉽게 이해할 수 있습니다. 단계에 따라 제시된 설명을 숙지하면 상담을 보다 자연스럽게 진행할 수 있습니다.

상담 예시

예은이는 모둠 발표에서 실수한 것 때문에 스트레스를 받고 있다. 포스트잇을 활용하여 친구들에게 놀림을 당할까 걱정에 사로잡혀 있는 예은이가 긍정적으로 생각하도록 돕는다. 감정을 반영하고 필요에 따라 긍정적 사고를 촉진하면 상담의 효과가 높아진다.

교사: 지난 번 모둠 발표에서 실수했다고 했는데 그때 생각을 노란색 포스트잇에 써 줄래?

예은: ('친구들이 놀릴 거예요.'라고 쓴다.)

교사: 친구들이 놀릴까 봐 걱정했구나 어떤 점이 걱정되었니?

예은: 발표를 할 때 실수하면 쉬는 시간에 놀리는 애들이 좀 있는데 개들이 놀릴까 봐요.

> 부정적인 자기대화 이면의 감정(걱정, 염려, 불안 등)을 반영해 주어 상담자가 공감하고 있다는 점을 학생이 느끼도록 한다.

교사: 그래서 걱정이 되었구나. 그렇게 놀리는 애들 말고 [위로해 주는 애들]도 있을 것 같은데.

예은: 네, 친한 친구들은 보통 괜찮다고 얘기해 줘요.

교사: 그 친구들은 뭐라고 위로해 주니?

예은: 뭐 "괜찮아.", "아니야 잘했어.", "그 정도 실수는 누구나 해." 그런 식으로요.

> 부정적인 생각에서 벗어나 긍정적으로 사고할 수 있도록 돕는다. 위로해 주는 친구들을 탐색하도록 대화의 방향을 바꾸어 긍정적으로 생각하도록 한다.

교사: 그런 얘기를 들으면 기분이 어떠니?

예은: 고맙기도 하고 아무래도 기분이 덜 상해요.

교사: 맞아, 그렇게 긍정적으로 생각하면 기분도 좋아지고 자신감도 높아져. 친구들이 위로해 주는 말도 도움이 되지만 자기 스스로 위로해 주고 지지해

자기대화(Self-talk)란?

상담학자 마이켄바움은 긍정적인 자기대화를 통해 문제를 해결할 수 있다고 주장했습니다. 자기대화란 인지치료에서 주로 사용하는 기법으로 자신에게 어떠한 말을 혼잣말처럼 되뇌는 행동을 말합니다. 자기대화 내용에 따라 긍정적 자기대화와 부정적 자기대화로 나뉠 수 있는데, 인지치료는 우리가 속으로 되뇌는 부정적인 자기대화를 긍정적으로 바꿈으로써 문제를 해결하는 데 초점을 둡니다. 스트레스 상황에서 나타날 수 있는 비합리적인 사고나 부정적인 생각을 긍정적으로 전환하는 방법은 불안감을 낮추고 자존감과 자신감이 향상될 수 있다는 장점이 있습니다.

Tips 개인상담

1. 원인(내부 vs 외부, 안정 vs 불안정, 통제 가능 vs 통제 불가능)을 구분하기 어려운 경우, 학생과 대화를 나눠 보면서 명확하게 분류할 수 있는 표현으로 문장을 다듬어 보세요.

2. 우울하고 비관적인 성향의 학생은 '모두 내 탓'이라고 생각하는 내부 귀인을 하는 경향이 있습니다. 학생이 외부 원인을 찾기 어려워한다면 예시를 알려 주세요.
   ex) 지각한 이유: (내부)내가 늦잠을 자서 / (외부) 아무도 나를 깨워 주지 않아서

3. 무조건 남 탓만 하는 방식으로 외부 귀인을 하는 학생일 경우, 상황을 다각도에서 살펴볼 수 있도록 도와주세요.

4. 성공과 실패의 원인을 내적 요인, 불안정한 요인, 통제 가능한 요인에 귀인할 때 동기가 증가합니다. 학생이 노력할 수 있는 부분은 어떤 것이 있는지 함께 탐색해 보세요.

집단상담 Tips

1. 초등학생 집단의 경우, 귀인 개념 자체가 어렵게 다가올 수 있으므로 3가지 귀인에 대해 충분히 설명하고 연습해 보는 심리교육 회기가 1, 2회기 정도 선행된다면 더욱 좋습니다.

2. 집단상담을 진행할 경우, 4절지 6장을 준비하여 포스트잇을 구분해서 붙여 봅니다. 이때 포스트잇이 가장 많이 붙은 4절지는 집단원들이 공통적으로 가장 많이 사용하는 귀인입니다. 집단원들과 어떤 귀인을 많이 사용하는지, 그 이유는 무엇일지 탐색해 봅시다.

3. 모든 귀인에는 장점과 단점이 있을 수 있습니다. 학생들과 각 귀인의 장점과 단점에 대해 이야기해 보면서 학생들이 자신의 귀인에 대해 돌아볼 수 있도록 도와주세요.
   ex) 노력 귀인의 장점: 내가 노력하면 더 잘할 수 있다는 생각이 들 수 있다.
       노력 귀인의 단점: 결과가 실망스러울 경우 노력 부족이라고 지나치게 탓하면 하기 싫어질 수 있다.

4. 3가지 차원으로 분류하는 활동에서 마지막 단계가 '통제 가능성'입니다. 각자 자신이 통제할 수 있는 원인에 대해 따올려 보았다면, 앞으로 어떻게 통제할 것인지 구체적인 계획 1가지를 세우고, 집단원들 앞에서 차례로 말할 수 있도록 도와주세요.

4. 상담 예시

각 장의 주요 활동은 자세한 대화 축어록을 통해 상담 예시를 제시하였습니다. 이를 통해 구체적인 상담 진행 방법을 익힐 수 있고 메모를 통해 상담자의 의도를 이해할 수 있습니다

5. 이론/기법 소개

각 도구의 활용과 관련된 상담 및 심리 이론 또는 기법을 소개하였습니다. 이를 통해 본 활동이 어떠한 점에서 학생에게 도움이 될 수 있는지 이론적 관점에서 보다 심도 있게 이해할 수 있습니다.

6. 개인/집단상담 Tips

개인상담과 집단상담에서 구체적으로 활용할 수 있는 방법을 소개하였습니다. 팁을 활용하면 다양한 상황에서 상담의 효과성을 높일 수 있습니다.

7. 활동플러스

본 활동과 연계하여 활용할 수 있는 상담 도구에 대해 소개하였습니다. 도구를 사용하기 어려운 경우 제시된 상담 도구를 활용하여 상담 활동을 진행할 수 있습니다. 소개된 모든 도구는 인싸이트(inpsyt.co.kr)나 와이즈박스(wisebox.kr)에서 구매 가능한 상품입니다.

＋ 활동플러스 〈톡톡 CBPT THINK 생각 바꾸기〉

『톡톡 CBPT THINK 생각 바꾸기』는 인지행동놀이치료 기법을 활용하여 부적응적인 생각을 적응적으로 변화시키는 카드 게임입니다. 이 카드 게임을 활용하여 놀이를 통해 재미있게 인지적 재구조화를 쉽게 배울 수 있습니다.

8. 한 걸음 더!

비슷한 도구를 활용하여 상담할 수 있는 다양한 방법에 대해 추가로 소개하였습니다. 도구를 활용하는 다양한 방법이 궁금할 경우 쉽게 적용할 수 있습니다.

👤 한 걸음 더!

★ 신문지 농구: 스트레스 골인!

신문지에 구멍을 뚫어 신문지 골대를 만듭니다. 그리고 학생에게 신문지 골대에 공을 넣으면 나의 심리적 어려움도 다른 세상으로 사라진다고 설명하여 이를 상상할 수 있도록 도와줍니다. 그 후에 신문지를 잘게 찢어 뭉친 공을 골대에 넣어 보면서 학생의 어려움이 함께 해소되는 느낌을 가질 수 있도록 도와줍니다.

contents

차례

contents

contents

contents

아동 · 청소년의
변화와 도구의 활용

I. 아동 · 청소년의 인지적 변화

 아동에게는 어떤 변화가 나타날까요?

★ 구체적인 조작을 통해 논리적인 사고가 촉진돼요!

아동기에는 언어가 충분히 발달되지 않아 구체적인 사물을 조작하면서 아동의 논리적인 사고력이 증진됩니다. 따라서 구체적인 조작을 통해 체험하지 않은 것을 상상하고 추론하는 것은 어려울 수 있습니다.

★ 자아중심성에서 벗어나 타인의 입장을 생각할 수 있어요!

7세 이전의 아동은 자신의 입장에서만 생각하는 자아중심성(ego-centrism) 때문에 이기적인(selfish) 것처럼 보이기도 합니다. 자아중심성을 벗어나면서 다른 사람의 관점을 이해하게 되고 타인의 감정에 공감하는 것이 가능해집니다.

청소년에게는 어떤 변화가 나타날까요?

★ 추상적인 사고 능력이 발달해요!

아동과 달리 청소년은 직접 경험하지 않더라도 논리적으로 추론하고 생각할 수 있습니다. 따라서 복잡한 문제 상황에서도 이를 해결하기 위해 다양한 가능

성을 탐색하고 체계적으로 검증할 수 있습니다.

★ 가설을 세우고 미래의 결과를 예측할 수 있어요!

청소년은 "만약 ~라면 어떻게 될까요?"라는 질문 등을 떠올리며 스스로 가설을 설정하고 자신의 미래에 대해 생각해 볼 수 있습니다.

★ 때로는 자신이 주인공인 것처럼 행동해요!

청소년은 자신이 타인의 관심과 주의의 대상이 되고 있다고 착각하는 경향을 보입니다. 그래서 때로는 '상상적 청중(imaginary audience)'을 만들어 다른 사람들이 자신을 쳐다보는 것처럼 의식하며 과장되게 행동할 때가 있습니다.

★ 때로는 자신의 경험을 독특하게 생각해요!

청소년들은 자신이 매우 특별하고 독특한 존재라고 생각하며 과장된 자아개념을 갖는 경향이 있습니다. 그래서 위험한 행동을 하더라도 자신은 괜찮을 것이라는 '개인적인 우화(personal fable)'처럼 비합리적인 생각이 강하게 나타납니다.

2. 아동·청소년의 정서적 변화

아동에게는 어떤 변화가 나타날까요?

★ 감정이 미분화된 상태예요!

아동기에는 기본적인 감정들을 위주로 느낍니다. 또 자신이 느끼는 감정을 표현하는 것에 미숙합니다. 그렇다 보니 다른 사람의 감정의 변화를 알아차리는 데에도 익숙하지 않죠. 그러나 아동기에는 조금씩 감정의 분화가 시작되어서 보다 다양한 감정을 느끼고 표현하게 됩니다.

★ 자아존중감이 형성돼요!

자아존중감은 자신의 존재에 대한 긍정적인 견해를 말합니다. 에릭슨의 심리사회발달단계에 따르면 아동기는 근면성을 발달시키는 시기로, 근면성이 발달되면 자존감을 갖게 되고, 근면성이 발달하지 못하면 열등감을 갖게 됩니다.

청소년에게는 어떤 변화가 나타날까요?

★ 감정 기복이 심할 수 있어요!

청소년기에는 호르몬의 급격한 변화로 인해 강한 감정과 급격한 감정 기복을 보

이기도 합니다. 인지적으로 성숙하는 시기이기도 하지만 두뇌에서 여전히 감정을 조절하고 표현하는 방법을 배우고 있기 때문에 감정 조절에 미숙할 수 있습니다.

★ 타인에 대한 민감성이 높아져요!

자기중심성에서 벗어나 다른 사람의 감정을 읽고 이해하는 능력이 향상됩니다. 그러나 여전히 발달하는 중이기 때문에 능력이 완전하지 못할 수 있습니다. 그래서 상대방의 말에 쉽게 상처받으며 자신이 하는 말이 상대에게 어떻게 해석될지 매우 민감하게 생각합니다.

★ 정서를 표현하는 방법이 성인과 달라요!

청소년기에 나타나는 우울증을 '가면성 우울증'이라고 따로 부를 정도로 성인이 정서를 표현하는 것과 청소년이 우울을 표현하는 방법은 다릅니다. 우울한 기분을 가면을 쓰고 있는 것처럼 겉으로 그다지 드러내지 않기 때문에, 다소 공격적이고 화를 내는 등 마치 반항하는 것처럼 보이거나 우울감을 짜증으로 많이 표현하며 집중하지 못하는 경향을 보이기도 합니다.

3. 아동·청소년의 사회적 변화

 아동에게는 어떤 변화가 나타날까요?

★ 놀이를 통해 친구 사귀는 법을 학습해요!

아동은 또래 친구들과 어울리며 사회화에 필요한 인지적·사회적 기술과 도덕적 가치를 습득합니다. 특히 또래와의 놀이 맥락 속에서 놀이의 규칙을 지키거나 친밀한 상호작용을 주고받는 등 다양한 형태로 학습이 일어납니다.

★ 성공적인 경험을 통해 유능감이 발달해요!

학령기의 아동은 초등학교에 입학하며 처음으로 타인에게 평가받는 경험을 하고, 스스로 열심히 노력한 결과로 성취감을 느끼기 시작합니다. 이때 성공 경험이 누적되면 긍정적인 자아상을 형성하고 유능감이 발달할 수 있지만, 실패 경험이 반복되면 또래 집단과 비교해 자신이 부족하다는 것을 느끼고 열등감이 생기게 됩니다. 따라서 이 시기의 아동에게는 장점을 칭찬하고 노력하는 행동에 대해 격려하는 분위기를 적절히 조성해 주는 것이 중요합니다.

청소년에게는 어떤 변화가 나타날까요?

★ 내가 누구이고 이 사회에서 어떤 위치에 있는지 고민해요!

청소년기는 내가 누구인지, 또 사회에서 어떤 역할을 할 수 있는지에 대한 개념인 '자아정체감'을 형성하는 시기입니다. 이때 건강한 정체성을 확립하기 위해서는 자기 자신을 성찰하고 다양한 맥락에서 자신의 위치를 시험해 보는 등 능동적인 노력이 필요합니다. 이렇게 충분히 '탐색'하는 경험을 하지 못하면 혼돈의 상태에 빠져 역할 혼미를 경험할 수 있습니다.

★ 또래 친구의 영향력이 매우 커져요!

청소년기는 애착의 대상이 부모에서 친구들로 바뀌면서 또래 관계에 민감해지고, 또래로부터 충분한 사회적 · 정서적 지지를 받는 것이 중요해지는 시기입니다. 주변 친구들의 영향력이 커져서 자신이 속한 또래 집단에서 유행하는 문화와 행동 양식을 따르고 동조하도록 하는 '또래 압력'이 나타나기도 합니다.

★ 정서적 독립과 자율성에 대한 욕구가 커져요!

청소년은 부모를 포함한 다른 성인들로부터 정서적으로 독립하고자 합니다. 또한 청소년기는 사회적으로 책임감 있고 유능한 시민으로 성장하는 과정에서 자신의 행동을 스스로 선택하고자 하는 욕구가 커지는 시기입니다. 따라서 이 시기에는 가족의 울타리를 유연하게 확장하고 자율성을 존중해 주는 것이 중요합니다.

4. 아동·청소년의 신체적 변화

 아동에게는 어떤 변화가 나타날까요?

★ 대근육과 소근육이 발달해요!

아동기는 달리기나 점프, 공놀이에 필요한 대근육과 글씨 쓰기, 조립 등의 정교한 작업을 하는 소근육이 발달하는 시기입니다. 이러한 운동 능력은 다양한 영역의 발달을 함께 촉진하기 때문에 충분한 신체 활동을 병행하는 것이 좋습니다.

★ 정보 처리와 관련된 뇌 영역이 발달해요!

유아기에 비해 아동기에는 더 높은 수준의 정보 처리 기능을 담당하는 뇌 영역이 발달합니다. 이 시기에는 비판적 사고와 문제해결을 담당하는 전두엽이 급격하게 성장하면서 주의 집중, 계획 세우기, 기억 능력 등이 향상됩니다.

🧒 청소년에게는 어떤 변화가 나타날까요?

★ 성장이 급등해요!

청소년기에는 성장이 빠르게 일어나면서 신장과 체중에도 큰 변화가 생깁니다. 특히 이 시기에는 성호르몬의 분비가 촉진되면서 2차성징이 나타나게 됩니다.

★ 사춘기가 시작되며 심리적인 변화가 나타나요!

청소년기에는 사춘기에 들어서면서 신체적인 변화뿐만 아니라 심리적인 변화가 나타납니다. 자신의 외모에 신경을 쓰거나 외부 자극에 민감해지고 감정적으로도 예민해져서 기분이 쉽게 변하거나 사소한 일에 짜증을 내거나 눈물을 보이는 행동이 나타납니다. 이러한 변화는 호르몬의 변화를 일으키는 신체적·생리적 변화의 영향입니다.

★ 뇌의 발달에서 과도기를 경험해요!

청소년기에는 계획을 수립하고 감정적 충동과 욕구를 조절하는 전전두엽의 회백질 두께가 최고조에 달하다가 불필요한 부분을 제거하며 주요 부분만을 남기는 '가지치기' 과정이 나타납니다. 그래서 청소년기는 전전두엽의 판단력과 억제 기능이 충분히 성숙하지 못한 과도기로, 이성보다는 감정이 먼저 움직이고 반응하는 모습을 보입니다.

언어적 상담의 한계 극복!

- 다양한 도구와 놀이 활동을 통해 표현하기 어려웠던 생각과 감정을 쉽게 드러낼 수 있어요.
- 학생들이 도구를 활용하는 모습을 보면서 말로 표현하지 못한 무의식적인 소망과 갈등을 파악할 수 있어요.
- 설명으로 이해하기보다는 재미있는 활동을 직접 경험하는 과정에서 감정 조절 능력과 사회적 기술 등이 자연스럽게 향상될 수 있어요.

상담에 대한 흥미와 자발성 UP!

- 도구를 활용하면 학생들의 흥미를 유발해 상담에 대한 참여도를 높일 수 있어요.
- 선생님이나 보호자에 의해 의뢰된 비자발적 내담 학생들은 도구를 활용하면서 자발성이 높아져요.
- 다양한 도구와 재미있는 활동은 상담에 대한 거부감과 심리적 부담감을 줄여 줘요.
- 도구를 활용하면 상담에 참여하는 것 자체로 즐거움을 느끼는 내재적 동기가 활성화돼요.

5. 도구를 활용한 아동·청소년 상담

추상적 개념을 눈으로 보고, 만지고!

- 심리적인 요인들은 추상적이기 때문에 도구를 통해 접근하면 쉽게 이해할 수 있어요.
- 눈에 보이지 않는 심리적 개념을 시각적으로 구체화할 수 있어요.
- 손으로 만지거나 느끼면서 구체화된 물체로 심리적 요인들을 표현해 볼 수 있어요.
- 추상적 개념에 대응되는 사물을 상담에 활용하여 심리적 요인들을 보다 쉽게 이해할 수 있어요.

다양한 활동을 통해 능동성과 집중력 UP!

- 활동의 주인공이 되어 적극적이고 능동적인 태도로 상담에 참여하게 돼요.
- 회기마다 사용하는 활동의 재료가 바뀌기 때문에 상담에 대한 지루함을 느끼지 않아요.
- 손으로 조작하고 신체를 다양하게 움직이는 활동은 주의 집중력을 높여 줘요.
- 도구를 매개체로 다양한 활동에 참여하면 학생들이 자연스럽게 몰입하고 흥미를 유지할 수 있어요.

2부

도구를 활용한
상담 기법

상담 주제로 찾아보는 상담 기법

* ( )는 해당 상담 기법이 제시된 페이지임

I. 포스트잇을
활용한 상담 기법

★ 포스트잇, 상담에서 어떻게 활용할 수 있을까요?

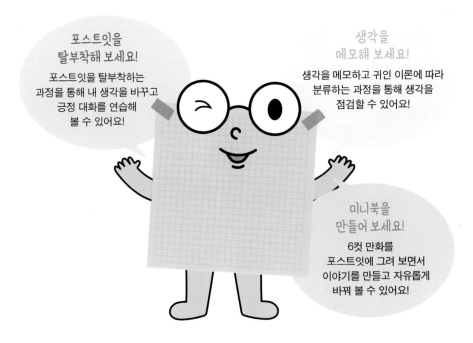

포스트잇을
탈부착해 보세요!

포스트잇을 탈부착하는
과정을 통해 내 생각을 바꾸고
긍정 대화를 연습해
볼 수 있어요!

생각을
메모해 보세요!

생각을 메모하고 귀인 이론에 따라
분류하는 과정을 통해 생각을
점검할 수 있어요!

미니북을
만들어 보세요!

6컷 만화를
포스트잇에 그려 보면서
이야기를 만들고 자유롭게
바꿔 볼 수 있어요!

★ 포스트잇은 이런 점이 좋아요!

포스트잇은 학생들이 자유롭게 메모하고 이를 탈부착하는 과정에서 자신의 생각을 긍정적으로 바꾸는 연습을 해 볼 수 있습니다. 또한 포스트잇을 귀인 이론에 따라 분류해 보는 과정에서 생각을 점검하고 긍정적인 귀인 양식으로 전환할 수 있습니다. 그리고 포스트잇에 그림을 그려 6컷 만화를 만들어 보면서 자신의 이야기를 만들고 원하는 모습으로 자유롭게 바꿔 보며 문제해결 능력을 높일 수 있습니다.

바꿔 보자 내 생각!

누구나 실수할 수 있어

다시 하면 되지

내 친구들은 나를
놀리지 않아

망했어

친구들이 놀릴 거야

괜찮아

어떤 활동인가요?

'바꿔 보자 내 생각!'은 포스트잇을 활용하여 학생이 떠올리는 부정적인 생각을 확인하고, 이를 긍정적으로 전환해 보는 활동입니다. 이는 〈인지행동치료〉에서 마이켄바움(Meichenbaum, D. H.)이 제안한 긍정적인 자기대화 기법을 활용한 것으로, 어떠한 상황에 대해 '망했어.', '나는 할 수 없어.' 등의 부정적인 생각으로 염려하는 학생의 내적 대화(self-talk)를 포스트잇의 메모 기능을 통해 확인하고 이를 긍정적인 내적 대화로 바꾸는 활동입니다. 긍정적인 내적 대화를 만드는 과정을 통해 학생의 불안감을 낮추고 긍정정서를 높일 수 있습니다.

😊 누구에게 도움이 될까요?

☑️ 매사에 불안감이 높고 자책을 많이 하는 학생

☑️ 자존감이 낮고 자신감이 부족한 학생

☑️ 스트레스 조절에 어려움을 보이는 학생

👑 무엇이 필요한가요?

> ✏️ 색깔이 다른 2개의 포스트잇과 필기 도구

★왜 색깔이 달라야 하나요?

2가지 색의 포스트잇은 각각 부정적인 생각, 긍정적인 생각을 작성하는 데 활용됩니다. 만약 색깔이 다른 것이 없다면 모양이 서로 다른 포스트잇을 사용해도 좋습니다.

😊 상담 과정

〈발표에서
실수를 했을 때〉

망했어

친구들이 놀릴거야

1. 학생이 스트레스받는 상황을 탐색한 후 그 상황에서 속으로 어떤 생각이 들었는지 노란색 포스트잇에 쓰도록 합니다.

   "발표할 때 실수를 하면 어떤 생각이 드나요? 그 생각을 노란색 포스트잇에 써 볼까요?"

2. 포스트잇에 적힌 부정적인 생각을 하나씩 순서대로 읽어 봅니다. 왜 그런 생각이 들었는지, 그런 생각 때문에 어떤 점이 힘들었는지 등을 탐색하며 학생의 부정정서에 충분히 공감해 줍니다.

"어떤 점에서 망했다는 생각을 했나요?"

"친구들이 뭐라고 놀릴까 봐 걱정했나요?"

3. 새로운 색깔의 포스트잇을 보여 주며 내적 대화를 긍정적인 말로 바꾸는 방법을 안내합니다. 처음에는 상담자가 예시를 보여 주는 것도 좋고, 이후에는 학생 스스로 바꿀 수 있도록 도와줍니다.

"여기 연두색 포스트잇에는 속상한 나를 위로하고 격려하는 말을 써 보면 어떨까요?

"만약 친구가 이런 고민을 한다면 나는 뭐라고 위로해 줄 수 있을까요?"

4. 긍정적인 포스트잇을 부정적인 포스트잇 위에 겹치게 붙이면서 부정적인 자기대화를 긍정적으로 바꾸어 말해 보게 합니다. 그리고 긍정적 자기대화를 말했을 때 어떤 기분이 드는지 물어봅니다.

"이 말을 하고 나니 어떤 기분이 들어요?"

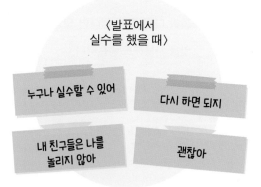

〈발표에서
실수를 했을 때〉

누구나 실수할 수 있어	다시 하면 되지
내 친구들은 나를 놀리지 않아	괜찮아

5. 학생이 긍정적 자기대화 방법을 이해했다면, 한 가지의 부정적 생각에 대해 여러 개의 긍정적 자기대화를 만드는 연습을 해 봅니다.

"다음에 다시 실수하게 되면 여기 작성한 연두색 포스트잇을 떠올려 보세요. 그리고 마음이 어땠는지 선생님한테도 말해 줄래요?"

🧑 상담 예시

예은이는 모둠 발표에서 실수한 것 때문에 스트레스를 받고 있다. 포스트잇을 활용하여 친구들에게 놀림을 당할까 봐 걱정에 사로잡혀 있는 예은이가 긍정적으로 생각하도록 돕는다. 감정을 반영해 주고 필요에 따라 긍정적 사고를 촉진하면 상담의 효과가 높아진다.

교사: 지난 번 모둠 발표에서 실수했다고 했는데 그때 생각을 노란색 포스트잇에 써 줄래?

예은: ('친구들이 놀릴 거예요.'라고 쓴다.)

교사: 친구들이 놀릴까 봐 걱정했구나? 어떤 점이 걱정되었니?

> **key point**
> 부정적인 자기대화 이면의 감정(걱정, 염려, 불안 등)을 반영해 주어 상담자가 공감하고 있다는 점을 학생이 느끼도록 합니다.

예은: 발표할 때 실수하면 쉬는 시간에 놀리는 애들이 좀 있는데 걔들이 놀릴까 봐요.

교사: 그래서 걱정이 되었구나. 그렇게 놀리는 애들 말고 위로해 주는 애들도 있을 것 같은데.

> **key point**
> 부정적인 생각에서 벗어나 긍정적으로 사고할 수 있도록 돕습니다. 위로해 주는 친구들을 탐색하도록 대화의 방향을 바꾸어 긍정적으로 생각하도록 돕습니다.

예은: 네, 친한 친구들은 보통 괜찮다고 얘기해 줘요.

교사: 그 친구들은 뭐라고 위로해 주니?

예은: 뭐 '괜찮아.', '아니야 잘했어.', '그 정도 실수는 누구나 해.' 그런 식으로요.

교사: 그런 얘기를 들으면 기분이 어떠니?

예은: 고맙기도 하고 아무래도 기분이 덜 상해요.

교사: 맞아, 그렇게 긍정적으로 생각하면 기분도 좋아지고 자신감도 높아져. 친구들이 위로해 주는 말도 도움이 되지만 자기 스스로 위로해 주고 지지해 주는 말도 도움이 되거든. 여기 연두색 포스트잇에 예은이가 위로해 주는 말을 써 볼까?

예은: ('다음에 잘 하면 되지 뭐.'라고 쓴다)

교사: 좋아. 그러면 이렇게 말하는 것도 도움이 될까? ('실수도 했지만 잘 한 부분도 있어.' '빨리 잊어버려.'라고 교사가 추가하여 쓴다.)

> **key point**
> 부정적 생각에 사로잡혀 있는 경우 긍정적인 자기대화를 생성하는 것에 어려움을 느꼈기 때문에 교사가 보다 적극적으로 제시해 주는 것도 바람직합니다.

key point

부정적 생각에서 긍정적 생각으로 대화의 방향을 전환한 후에는 보다 긍정적인 부분을 탐색하여 자신감을 높이도록 돕습니다.

예은: 네, 그럴 것 같아요. 잘 한 부분도 있기는 해요.

교사: 어떤 점에서 잘 했다고 생각하니?

자기대화(Self-talk)란?

상담학자 마이켄바움은 긍정적인 자기대화를 통해 문제를 해결할 수 있다고 주장했습니다. 자기대화란 인지치료에서 주로 사용하는 기법으로 자신에게 어떠한 말을 혼잣말처럼 되뇌는 행동을 말합니다. 자기대화는 내용에 따라 긍정적 자기대화와 부정적 자기대화로 나뉠 수 있는데, 인지치료는 우리가 속으로 되뇌는 부정적인 자기대화를 긍정적으로 바꿈으로써 문제를 해결하는 데 초점을 둡니다. 스트레스 상황에서 나타날 수 있는 비합리적인 사고나 부정적인 생각을 긍정적으로 전환하는 방법은 불안감을 낮추고 자존감과 자신감이 향상될 수 있다는 장점이 있습니다.

Tips 개인상담

1. 자기대화는 특정한 상황에서 떠오르는 생각을 의미합니다. 학생이 주로 어떤 상황에서 부정적인 자기대화가 나타나는지 패턴을 파악해 보세요.

2. 부정적인 자기대화를 했을 때 어떤 감정이 유발되는지, 왜 그런 감정이 떠오르는지 탐색해 보는 것도 좋습니다.

3. 학생이 긍정적인 자기대화를 떠올리는 데 어려움을 보이면 자신을 위로하는 친구들의 입장에서 생각해 볼 수 있도록 도와주세요.

   ex) 이때 친한 친구들이라면 나를 뭐라고 위로해 줄까?

   만약 내 친한 친구가 이런 상황에 있다면 뭐라고 말해 주고 싶어?

4. 긍정적인 자기대화를 작성한 포스트잇을 평소에 눈에 잘 보이는 곳에 붙이며 수시로 연습할 수 있도록 격려해 주세요.

집단상담 Tips

1. 아이들이 스트레스를 받을 수 있는 구체적인 상황을 제시해 주세요(발표 시간, 시험 기간 등).

2. 스트레스 상황에서 가지게 되는 부정적인 생각을 각자 포스트잇(노란색)에 작성하여 붙입니다.

3. 포스트잇을 함께 살펴보며 집단원들이 해당 학생에게 도움이 될 수 있는 긍정적 자기대화를 색 깔이 다른 포스트잇(연두색)에 작성하여 붙입니다. 해당 학생은 친구들이 준 포스트잇을 직접 말 해 보면서 자신에게 도움이 될 수 있는 긍정적인 자기대화를 정해 봅니다.

4. 긍정적인 자기대화를 연습해 본 뒤에 변화된 경험을 집단원 앞에서 발표해 보도록 격려해 주세 요. 긍정적인 자기대화를 통해 얻은 긍정적인 변화를 발표하고 친구들에게 격려받는 과정에서 학생의 자존감과 자신감이 향상될 수 있습니다.

➕ 활동플러스 〈톡톡 CBPT THINK 생각 바꾸기〉

〈톡톡 CBPT THINK 생각 바꾸기〉는 인지 행동놀이치료 기법을 활용하여 부적응적인 생각을 적응적으로 변화시키는 카드 게임입니다. 이 카드 게임을 활용하면 놀이를 통해 인지적 재구조화를 쉽고 재미있게 배울 수 있습니다.

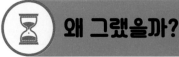

왜 그랬을까?

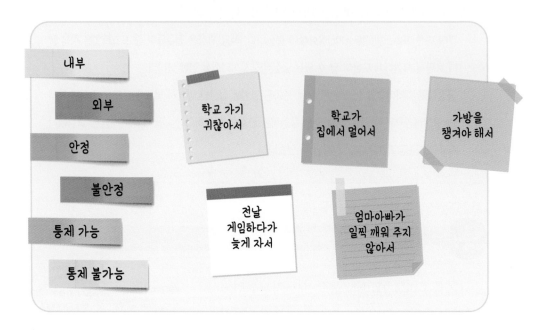

어떤 활동인가요?

　'왜 그랬을까?'는 내담자가 경험한 부정적 사건을 떠올려 해당 사건의 원인을 탐색하는 활동입니다. 이는 원인을 추론해 보는 와이너(Weiner, B.)의 〈귀인 이론〉에서 제시된 3가지 차원의 귀인 양식을 살펴보는 활동으로, 같은 사건에 대해서도 그 원인을 설명하는 방식이 사람마다 다양할 수 있다는 것을 탐색할 수 있습니다. 학생 스스로 경험한 부정적인 사건에 대해 최대한 많은 원인을 떠올려 보고, 와이너의 귀인 이론에서 제시된 3가지 차원에 따라 분류해 보는 과정에서 학생이 주로 사용하는 귀인 양식을 확인할 수 있습니다. 또한 이 활동을 통해 자신이 자주 사용하는 귀인 외에 다른 귀인 요소를 탐색해 봄으로써 귀인 오류와 편향을 줄이고 보다 적응적인 귀인 양식을 연습할 수 있다는 장점이 있습니다.

👧 누구에게 도움이 될까요?

☑️ 남 탓을 많이 하는 책임감이 부족한 학생

☑️ 변화에 대한 의지나 동기가 부족한 학생

☑️ 모든 일은 내 탓이라며 자책하고 죄책감을 느끼는 학생

😺 무엇이 필요한가요?

> ✏️ **포스트잇, 라벨스티커, 필기 도구**

★ 포스트잇 종류가 달라도 괜찮을까요?

작성한 포스트잇을 가지고 3가지 차원으로 분류
해야 하므로, 웬만하면 포스트잇은 1가지 종류로
통일시켜 주세요.

😊 상담 과정

1. 자신이 경험한 부정적 사건 중 가
장 많은 원인을 찾을 수 있는 사건을
한 가지 선택합니다. 그 사건이 발생
하게 된 원인을 가능한 한 많이 떠올
려 보고, 포스트잇에 하나씩 적어 봅
니다.

"어떤 일이 일어나려면 거기에는 여러
가지 원인이 있을 거예요. 그 일이 일
어나게 된 원인을 생각나는 대로 적어
볼까요?"

내부	외부

학교 가기 귀찮아서

가방을 챙겨야 해서

학교가 집에서 멀어서

전날 게임하다가 늦게 자서

엄마아빠가 일찍 깨워 주지 않아서

2. 라벨스티커를 활용하여 '원인의 소재'*에 따라 분류해 봅니다. 학생이 찾은 원인 중 외부 귀인이 많다면 내부 귀인은 없는지 탐색해 보고, 내부 귀인이 많다면 외부 귀인을 탐색해 봅니다.

"원인이 우리 안에 있는지, 우리 바깥에 있는지 분류해 보아요."

"전날 밤 게임을 하다가 늦잠을 잔 것은 내 안에 있는 원인일까요, 아니면 나의 바깥에 있는 원인일까요?"

불안정	안정

학교 가기 귀찮아서

가방을 챙겨야 해서

학교가 집에서 멀어서

전날 게임하다가 늦게 자서

엄마아빠가 일찍 깨워 주지 않아서

3. 원인이 시간이 흐르면서 변할 수 있는 것인지 '안정성'*에 따라 분류해 봅니다. 안정적인 원인이 많다면 불안정한 원인, 즉 변화할 수 있는 원인을 탐색해 봅니다.

"이번에는 시간이 흘러도 변하지 않는 안정적인 원인인지, 시간이 흐르면서 달라질 수 있는 불안정한 원인인지 나누어 보아요."

"학교가 집에서 먼 것은 어디에 속할까요?"

통제 가능	통제 불가능

학교 가기 귀찮아서

가방을 챙겨야 해서

학교가 집에서 멀어서

전날 게임하다가 늦게 자서

엄마아빠가 일찍 깨워 주지 않아서

4. 원인들을 '통제 가능성'*에 따라 분류해 봅니다. 통제 불가능한 원인이 많다면 자신이 통제할 수 있는 원인을 더 탐색해 봅니다.

"마지막으로 원인을 내가 원하는 대로 통제할 수 있는지 없는지 생각해 보세요."

"아침에 가방을 챙기는 행동은 내가 통제할 수 있을까요, 없을까요?"

5. 학생이 평소에 어떤 귀인을 많이 사용하
는지 스스로 평가해 보도록 하고, 활동
후 느낀 점을 나누어 봅니다.

"○○이는 평소에 어떤 원인을 가장 많이
떠올리는 것 같나요?"

*원인의 소재, 안정성, 통제 가능성이 궁금하다면 다음을 살펴보세요!

와이너의 귀인 이론

귀인이란 자신이나 다른 사람의 행동 또는 결과에 대한 '원인'을 추론하는 과정입니다. 와이너는 귀인을 원인의 소재, 안정성, 통제 가능성에 따라 3가지 차원으로 분류하였습니다. 먼저, 원인의 소재는 원인을 자신의 내부 혹은 외부로 돌리는 것을 의미합니다. 내적 요인으로 귀인할 경우 원인을 자신의 능력이나 노력으로 돌리고, 외적 요인으로 귀인할 경우 행운이나 과제의 난이도를 탓하는 모습을 보입니다. 안정성은 원인이 시간의 경과나 과제에 따라 변하는지 변하지 않는지의 차원입니다. 노력이나 운은 변할 수 있기에 불안정하지만 능력이나 과제 난이도는 변할 수 없기에 안정적이라고 볼 수 있습니다. 통제 가능성은 그 원인을 자신의 의지에 따라 통제할 수 있는지에 대한 차원입니다. 노력은 통제 가능한 반면에 능력, 운, 과제 난이도는 개인이 통제할 수 없습니다. 이렇게 귀인을 재점검하는 과정은 자신의 행동을 점검하고 새로운 행동을 계획하는 데 도움이 됩니다.

1. 원인(내부 vs 외부, 안정 vs 불안정, 통제 가능 vs 통제 불가능)을 구분하기 어려운 경우, 학생과 대화를 나눠 보면서 명확하게 분류할 수 있는 표현으로 문장을 다듬어 보세요.

2. 우울하고 비관적인 성향의 학생은 '모두 내 탓'이라고 생각하는 내부 귀인을 하는 경향이 있습니다. 학생이 외부 원인을 찾기 어려워한다면 예시를 알려 주세요.

   ex) 지각한 이유: (내부)내가 늦잠을 자서 / (외부) 아무도 나를 깨워 주지 않아서

3. 무조건 남 탓만 하는 방식으로 외부 귀인을 하는 학생일 경우, 상황을 다각도에서 살펴볼 수 있도록 도와주세요.

4. 성공과 실패의 원인을 내적 요인, 불안정한 요인, 통제 가능한 요인에 귀인할 때 동기가 증가합니다. 학생이 노력할 수 있는 부분은 어떤 것이 있는지 함께 탐색해 보세요.

1. 초등학생 집단의 경우, 귀인 개념 자체가 어렵게 다가올 수 있으므로 3가지 귀인에 대해 충분히 설명하고 연습해 보는 심리교육 회기가 1, 2회기 정도 선행되면 더욱 좋습니다.

2. 집단상담을 진행할 경우, 4절지 6장을 준비하여 포스트잇을 구분해서 붙여 봅니다. 이때 포스트잇이 가장 많이 붙은 4절지는 집단원들이 공통적으로 가장 많이 사용하는 귀인입니다. 집단원들과 함께 어떤 귀인을 많이 사용하는지, 그 이유는 무엇일지 탐색해 봅시다.

3. 모든 귀인에는 장점과 단점이 있을 수 있습니다. 학생들과 각 귀인의 장점과 단점에 대해 이야기해 보면서 학생들이 자신의 귀인에 대해 돌아볼 수 있도록 도와주세요.

   ex) 노력 귀인의 장점: 내가 노력하면 더 잘 할 수 있다는 생각이 들 수 있다.
       노력 귀인의 단점: 결과가 실망스러울 경우 노력 부족이라고 지나치게 탓하면 하기 싫어질 수 있다.

4. 3가지 차원으로 분류하는 활동에서 마지막 단계가 '통제 가능성'입니다. 각자 자신이 통제할 수 있는 원인에 대해 떠올려 보았다면, 앞으로 어떻게 통제할 것인지 구체적인 계획 1가지를 세우고, 집단원들 앞에서 차례로 말할 수 있도록 도와주세요.

스토리 미니북

🧑‍🎓 어떤 활동인가요?

'스토리 미니북'은 말 그대로 포스트잇을 활용하여 6컷 정도의 작은 스토리를 만들어 보는 활동입니다. 이는 앱스턴(Epston, D.)의 〈이야기치료〉에서 자신의 이야기를 만들고 표현해 보는 활동을 활용한 것으로, 학생은 자신의 문제 상황을 6컷 만화로 자유롭게 표현해 보고 이를 자유롭게 바꿔 보며 문제해결 능력을 높일 수 있습니다. 이를 통해 학생은 자신의 상황을 객관적으로 바라볼 수 있으며, 포스트잇의 떼었다 붙였다 할 수 있는 특성을 활용하여 이야기를 재구성할 수 있습니다.

👩 누구에게 도움이 될까요?

- ☑️ 본인 스스로 문제 상황에 처했다고 생각하는 학생
- ☑️ 본인의 문제 상황을 어떻게 해결해야 할지 모르는 학생
- ☑️ 문제 상황으로 인해 스트레스를 받아 힘들어하는 학생

👹 무엇이 필요한가요?

> 🖊️ 다양한 색의 여분의 포스트잇과 필기 도구

★ 왜 다양한 색의 포스트잇이 필요한가요?

이야기를 수정하는 과정에서 내가 이전에 생각했던 사고와 새롭게 수정한 사고를 구분하기 위해 다양한 색을 사용하면 변화를 효과적으로 알아차릴 수 있습니다.

🦭 상담 과정

1. 학생이 본인의 문제 상황을 6컷 만화로 만들고, 어떤 이야기인지 설명하도록 합니다.

"포스트잇을 사용해서 현재 상황을 6컷 만화로 만들어 봅시다."

"만화에서는 무슨 일이 일어났나요?"

2. 스스로 만든 스토리북에 제목, 이름을 붙여
문제 상황을 자신과 분리하여 객관적으로
바라볼 수 있도록 합니다.

"이 스토리북의 제목을 뭐라고 지을 수 있을
까요?"

"이 문제 상황에 이름을 붙인다면 뭐라고 붙
일 수 있을까요?"

스토리북의 제목을
뭐라고 지을 수 있을까요?

3. 이야기를 수정할 수 있는 기회를 제공하고,
어떤 장면을 어떻게 수정하고 싶은지 함께
이야기를 나눌 수 있도록 합니다.

"이 스토리북에서 한 장면을 골라 수정할
수 있다면, 어떤 장면을 어떻게 수정하고 싶
나요?"

어떤 장면을
수정하고 싶나요?

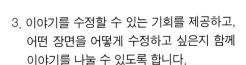

4. 수정하고 싶은 페이지의 뒷이야기를 새
롭게 재구성할 수 있도록 합니다.

"이제 그 페이지 이후의 포스트잇은 모두
떼어 버리고 이야기를 수정하게 된다면
뒷이야기가 어떻게 바뀔지 새롭게 만화
를 만들어 봅시다."

5. 새롭게 만든 뒷이야기가 이루어지기 위
해서는 어떻게 해야 할지 함께 이야기를
나누어 봅니다.

"우리가 만든 새로운 이야기를 실제로 이
루기 위해서 우리가 할 수 있는 노력은 무
엇이 있을까요?"

이야기치료란?

　　이야기치료의 창시자인 화이트(White, M.)와 앱스턴은 인간이란 자신의 삶에 끊임없이 의미를 부여하고 해석하며 '이야기하는 존재'라고 가정합니다. 이야기치료에서는 내담자가 문제를 호소하는 이유가 내담자가 자신의 삶에서 문제적 이야기(problematic story)를 가지고 있기 때문이라고 보았습니다. 따라서 이야기치료는 내담자가 가지고 있는 문제적 이야기를 새롭게 바라보며 이전과는 다른 의미를 발견하는 것을 목표로 하고 있습니다. 자신의 이야기를 새로운 시선으로 바라보게 된다면 문제를 객관적으로 바라보며 새로운 해결 방법을 떠올릴 수 있습니다. 또한 자신의 상황에 새로운 의미를 부여하게 된다면 스스로 문제를 해결해 나갈 수 있는 동기가 부여된다는 장점이 있습니다.

Tips 개인상담

1. 그림을 그리는 것에 대해 거부감을 가지는 학생들이 있을 수 있습니다. 사전에 그림을 잘 그리는 것이 중요한 것이 아니라는 점을 충분히 설명해 주세요.

2. 그림을 그리는 것을 어려워하는 학생이라면 잡지 등에서 그림이나 삽화를 오려 그림을 대신하거나 글로 이야기를 표현하는 방법을 소개해도 좋습니다.

3. 그림이나 글로 표현한 문제 상황을 함께 바라보면서 학생이 관찰자의 입장에서 이 그림이 어떻게 보이는지 질문해 주세요. 이를 통해 학생은 객관적으로 자신의 상황을 돌아볼 수 있습니다.

   ex) 지금 이렇게 이야기를 보니까 어떤 생각이 들어?

4. 이야기는 새롭게 만들거나 변형시킬 수 있다는 점을 알려 주면서, 학생이 만약 스토리북을 바꾸고 싶다면 어떤 부분을 어떻게 바꾸고 싶은지 질문해 주세요. 또한 그렇게 바꾸기 위해서는 어떻게 하면 좋을지 생각해 보면서 학생이 자신의 행동을 구체화할 수 있도록 도와주세요.

   ex) 만약 우리가 이야기를 마음대로 바꿀 수 있다면 어떤 부분을 바꾸고 싶어?

   　실제 상황에서도 이렇게 이야기가 바뀌기 위해서는 내가 무엇을 할 수 있을까?

집단상담 Tips

1. 집단원들이 본인이 문제라고 생각하는 상황에 대해 각자 스토리북을 만들 수 있도록 합니다.

2. 서로 본인의 스토리북을 보여 주며 제목과 함께 이야기에 대해 나누고 경청할 수 있는 시간을 제공합니다. 이때 타인의 이야기를 평가하는 것이 아니라 경청하는 것의 중요성을 사전에 안내합니다.

3. 다른 집단원의 문제 이야기에 공감해 주고 격려의 이야기를 나누는 시간을 갖습니다. 이 때 본인이 만약 해당 집단원의 입장이었다면 어떻게 이야기를 바꾸어 볼 수 있을지 새로운 이야기를 만들어 볼 수 있도록 합니다. 이를 통해 집단원들은 보다 폭넓은 문제해결 방안을 탐색할 수 있습니다.

4. 다른 집단원들에게 자신의 문제를 공유하는 것에 대한 저항을 보이는 경우, 자기 자신이 아닌 가상의 인물을 설정하여 이야기를 만들어 볼 수 있도록 도와주세요.

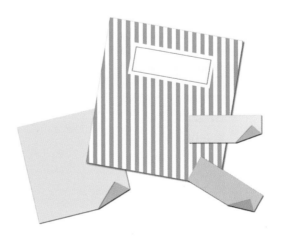

제목 I

2. 신문지를 활용한
상담 기법

★ 신문지, 상담에서 어떻게 활용할 수 있을까요?

구기거나 찢어 보세요!
신문지는
재질이 얇고 약해서
쉽게 구기거나
찢을 수 있어요!

글자와
그림을 활용해 보세요!
신문지 속 문장, 단어, 그림 등을
수집해서 다양한 주제로
나를 표현할 수 있어요!

종이접기를 해 보세요!
신문지를 접어서
딱지 등 다양한 형태를
만들어 볼 수 있어요!

★ 신문지는 이런 점이 좋아요!

우리가 주변에서 쉽게 구할 수 있는 신문지는 일반 종이보다 얇고 약하다는 성질이 있어 쉽게 구기거나 찢을 수 있습니다. 이러한 신문지의 특성은 신문지 격파나 찢기 활동 등을 통해 카타르시스를 경험하는 데 도움이 됩니다. 또한 신문에 실려 있는 다양한 글자와 그림들은 콜라주 작업을 통해 자신을 이해하고 표현하는 활동으로 활용할 수 있습니다. 그리고 신문지를 다양한 형태로 접어 보는 만들기 활동에 활용할 수 있습니다. 신문지의 장점을 다양한 상담 활동에서 적용해 보세요!

감정, 날려 버려!

🧑 어떤 활동인가요?

'감정, 날려 버려!'는 신문지를 활용하여 학생의 감정을 해소할 수 있도록 돕는 활동입니다. 학생은 크레파스로 자신의 감정을 신문지에 마음껏 표현하면서 자신의 감정을 자유롭게 표출할 수 있습니다. 또한 신문지를 격파하고 잘게 찢어 날려 보는 활동을 통해 감정이 정화되는 경험을 할 수 있습니다. 이는 정신분석 상담 이론에서 제안하는 〈카타르시스(감정 정화)〉를 활용한 것으로, 마음속에 억압된 감정의 응어리를 표출해 보는 과정에서 감정이 발산되고 심리적 긴장이 완화되는 효과가 있습니다.

😊 누구에게 도움이 될까요?

✅ 부정적인 감정을 억압하는 학생

✅ 감정 표현을 어려워하는 학생

✅ 스트레스를 바람직한 방법으로 해소하는 데 어려움이 있는 학생

👑 무엇이 필요한가요?

> ✏️ 신문지, 크레파스

★ 왜 크레파스가 좋을까요?

크레파스는 사인펜이나 색연필에 비해 부드럽고 무른 특성이 있는 도구입니다. 이러한 크레파스의 질감은 학생이 자신의 감정을 더 자유롭게 표현하는 데 도움을 줄 수 있습니다.

😊 상담 과정

1. 신문지와 크레파스를 준비하여 오늘의 활동을 소개합니다.

"오늘은 신문지에 내 마음을 마음껏 표현해 보는 활동을 할 거예요. 지금 답답하거나 속상한 마음이 있다면 글이나 그림으로 자유롭게 표현해 볼까요?"

2. 학생이 신문지에 표현한 내용들을 살펴보며
   어떤 감정을 표현한 것인지 탐색해 봅니다.

   "신문지에는 어떤 감정을 표현한 것인가요?"

   "크레파스로 표현해 보니 지금 마음이 어때요?"

3. 선생님이 신문지를 양손으로 잡은 뒤
   에 학생에게 신문지 격파를 할 수 있도
   록 도와줍니다.

   "이제 신문지 격파를 해 볼 거예요. 신문
   지 격파를 하면 힘들었던 내 마음도 같
   이 날아간다고 상상해 보세요. 자, 신
   문지 격파!!"

4. 신문지가 점점 작아지면 남은 신문지를 손으
   로 찢고 날려 볼 수 있도록 도와줍니다.

   "이제는 남은 신문지 조각을 손으로 찢고 날
   려 봅시다."

   "신문지를 날려 보니 마음이 어때요?"

5. 잘게 찢어진 신문지를 모아서 공으로 만들어
   쓰레기통에 버려 봅니다.

   "이제는 남은 감정 조각들을 한군데 모아서
   공으로 만들어 봅시다."

   "이 공을 보면 마음이 어때요? 이제는 이 공을
   쓰레기통에 버려 볼 거예요. 공을 버리면서 내
   스트레스도 함께 사라진다고 상상해 보세요."

카타르시스(감정 정화)란?

카타르시스란 정화를 뜻하는 그리스어로, 정신분석에서는 내담자가 무의식적으로 억압받고 있는 감정이나 갈등, 욕구를 자유롭게 표출하면서 심리적인 긴장 완화를 돕는 기법으로 활용하고 있습니다. 오랜 시간 마음에 억눌려 있던 상처나 콤플렉스를 인식하기는 쉽지 않으며 말로 표현하는 데에도 어려움을 보일 수 있습니다. 이때 꿈 분석이나 자유연상, 심리극, 신체 예술 활동 등을 통해 자연스럽게 감정을 표출한다면 스트레스를 해소하고 감정을 정화할 수 있다는 장점이 있습니다.

Tips 개인상담

1. 활동을 시작하기 전에 학생의 현재 상황과 심리적인 어려움이 무엇인지 구체화할 수 있도록 도와주세요.

2. 학생의 심리적 어려움이 신문지에 이입될 수 있도록 다양한 글이나 생각 등을 신문지에 마음껏 표현할 수 있도록 도와주세요.

3. 신문지 격파 활동을 할 때 교사가 함께 리액션을 하고 "신문지 격파!" 또는 "감정아, 날아가라!"라는 구호를 함께 외쳐 준다면 학생의 카타르시스가 극대화될 수 있습니다.

4. 신문지 격파 활동을 싫어하는 학생들의 경우, 신문지를 구기거나 찢어 보는 활동으로 대체하여도 좋습니다.

집단상담 Tips

1. 활동을 시작하기 전에 친구들이 작성한 내용을 다른 친구들에게 전하지 않겠다는 약속을 하여 안전함을 느낄 수 있도록 도와주세요.

2. 신문지에 작성할 내용과 관련한 구체적인 주제를 먼저 정해 주세요.

ex) 학교에서 나를 힘들게 하는 것은? / 집에서 내가 스트레스를 받을 때는?

3. 여러 학생이 동시에 격파 활동을 진행할 경우, 활동이 다소 산만해질 수도 있습니다. 이때 신문지 조각이 여러 군데로 흩어지지 않도록 주의하고 활동 후에 신문지 조각을 공으로 만들수 있도록 격려해 주세요.

한 걸음 더!

★ 신문지 농구: 스트레스 골인!

신문지에 구멍을 뚫어 신문지 골대를 만듭니다. 그리고 학생에게 신문지 골대에 공을 넣으면 나의 심리적 어려움도 다른 세상으로 사라진다고 설명하며 이를 상상할 수 있도록 도와줍니다. 그 후에 신문지를 잘게 찢어 뭉친 공을 골대에 넣어 보면서 학생의 어려움이 함께 해소되는 느낌을 가질 수 있도록 도와줍니다.

★ 신문지 걱정 인형: 내 고민을 부탁해!

신문지에 자신의 걱정이나 심리적 어려움을 자유롭게 표현해 본 뒤에 마스킹테이프와 인형 눈알 등을 활용하여 신문지 걱정 인형을 만들어 봅니다. 자신이 작성한 고민을 신문지 걱정 인형이 대신 품고 해결해 준다는 의식적인 활동을 통해 학생들은 감정이 정화되는 느낌을 경험할 수 있습니다.

신문지 콜라주

😊 어떤 활동인가요?

'신문지 콜라주'는 신문지에서 자신을 가장 잘 나타내는 그림, 단어, 문장 등을 수집하여 겉으로 보이는 나의 모습과 그 이면의 나를 콜라주(색종이나 사진 등의 조각들을 오려 붙여 그림을 만드는 미술 기법)로 표현해 보는 활동입니다. 이러한 활동은 〈조하리의 창〉 4개의 영역 중 나도 알고 타인도 아는 '열린 영역'과 나는 알지만 타인은 모르는 '숨겨진 영역'에 대해 생각해 볼 수 있는 기회를 제공하며, 종이의 앞면과 뒷면에 각각 다른 관점을 표현해 봄으로써 학생의 자기인식 및 자기이해를 증진하는 데 도움이 됩니다.

누구에게 도움이 될까요?

- ✔ 자기 자신에 대한 이해가 부족한 학생
- ✔ 자기개방 및 자기표현에 어려움을 느끼는 학생
- ✔ 타인과의 관계 속에서 자신의 모습을 이해하는 것이 필요한 학생

무엇이 필요한가요?

> ✏ 신문지, A4 용지 1장, 풀, 가위, 색연필(사인펜)

★ 반드시 신문지여야 하나요?

신문지를 활용하는 이유는 콜라주 활동에 필요한 다양한 그림, 글자 등을 수집하기 위해서입니다. 따라서 신문지가 없다면 버려도 되는 잡지나 전단지를 사용해도 좋습니다.

상담 과정

1. 신문지 콜라주 활동에 대해 소개합니다.

"신문지에서 나를 잘 나타내는 그림이나 글을 찾아서 종이의 앞면과 뒷면에 붙이고 그림을 그리고 꾸며 볼 거예요. 앞면은 '남이 보는 내 모습'이고 뒷면은 '남이 모르는 내 모습'이에요."

2. 신문지에서 나와 관련된 그림, 단어, 문장 등을 찾아서 오려 둡니다.

"신문지에서 나를 잘 나타내는 그림이나 단어, 문장들을 모두 찾아서 오려 볼까요? 자기와 관련된 것이라면 무엇이든지 상관없어요."

3. A4 용지 앞면 중앙에 '남이 보는 나'를 나타내는 상징을 그립니다. 신문지 조각들 중 타인에게 보이는 내 모습과 관련된 것을 자유롭게 붙이고, 색연필로 꾸며 봅니다.

"남들이 보는 내 모습을 상징으로 나타내 볼까요? 종이에 그려 보고 겉으로 보이는 내 모습과 관련된 신문지 조각을 붙여 봅시다."

4. A4 용지 뒷면 중앙에 '남이 모르는 나'의 상징을 그린 뒤, 신문지 조각들 중 겉으로 보이는 내 모습의 이면에 해당하는 것을 붙이고 색연필로 꾸며 봅니다.

"다른 사람들은 잘 알지 못하고 나만 아는 내 모습도 있을 거예요. 뒷면에는 '남이 모르는 나'에 대한 상징을 그리고, 그런 나를 잘 표현하는 신문지 조각을 붙여 보세요."

5. 앞면과 뒷면을 모두 꾸민 뒤에 두 모습을 비교해 봅니다. 어떤 공통점과 차이점이 있는지 살펴보고, 느낀 점을 공유해 봅시다.

"앞면과 뒷면이 어떻게 다른 것 같나요?"

"그림을 완성해 보니 지금 어떤 마음이 들어요?"

🧑 상담 예시

승현이는 수업 시간에 적대적이고 반항적인 태도로 인해 담임 및 교과 선생님들과의 관계에서 갈등을 경험하고 있습니다. 신문지 콜라주 작업은 승현이로 하여금 타인이 보는 자신의 모습을 인식하고 성찰하도록 돕습니다. '남이 보는 나'와 '남이 모르는 나' 사이의 간극을 좁히기 위해 구체적인 행동 계획을 세움으로써 변화에 대한 동기를 촉진할 수 있습니다.

교사: 앞면과 뒷면을 모두 완성했네. '남이 보는 나'와 '남이 모르는 나'를 비교해 보니 어떤 느낌이 들어?

승현: 둘이 되게 다른 것 같아요. 하나는 부정적이고 하나는 긍정적이고⋯⋯.

key point

질문을 통해 명료화함으로써 학생의 생각을 보다 구체적으로 표현하도록 돕습니다.

교사: 두 모습이 다르다는 건 어떤 의미일까?

승현: 제가 이중적인 사람 같아요. 뭔가 부끄럽기도 하고 그래요.

교사: 겉으로 보이는 내 모습이 실제 내 모습과 많이 다르다고 느끼는구나.

key point

학생이 이야기한 것을 교사의 언어로 바꾸어 말하는 '재진술'을 통해 교사가 학생을 이해하고 있다는 메시지를 전달하며 학생에게 중요한 주제에 초점을 맞출 수 있습니다.

승현: 네. 제가 학교에서는 선생님들한테 많이 혼나고 지적받아서 이런 이미지가 생겨 버렸는데, 솔직히 진짜 친한 친구들이랑 있을 때는 제가 나름 의리도 있고 재미있는 사람이거든요.

교사: 맞아. 선생님이 보기에도 승현이는 말을 참 재미있게 잘하고 실제로 친구들한테 인기도 많은 것 같아. 만약 '남이 모르는 나'에 적힌 이 글자들을 다른 선생님들이나 반 친구들이 본다면 어떻게 생각할까?

승현: 좀 의외라고 생각할 것 같고 그냥 안 믿을 거예요. 다들 저를 좋게 보지는 않으니까요.

교사: 주변 사람들이 승현이를 너무 안 좋게만 보는 것 같아서 선생님도 속상하네. 사실 '남이 보는 나'와 '남이 모르는 나' 사이의 격차가 크면, 그만큼 괴리감도 느껴지고 무엇보다 승현이의 마음이 편하지 않을 것 같은데⋯⋯. 어

떻게 하면 이 둘의 차이를 줄일 수 있을까?

승현: 음…… 남들이 모르는 나의 새로운 모습도 보여 줘야 할
　　　것 같아요.

교사: 예를 들면?

승현: 남들은 그동안 보지 못했던 저의 좋은 모습도 보여 주는
　　　거죠. 평소에 수업 시간에 딴짓도 많이 하고 선생님들한테
　　　반항할 때도 있는데, 수업 시간에 집중하고 발표도 하면
　　　선생님들도 좋아하실 것 같아요.

교사: 그거 좋은 생각이다. 선생님은 승현이 스스로 그런 생각을 해낸 것이 정말
　　　대견해. 다음 상담 시간까지 수업 시간에 열심히 참여하려고 노력해 볼 수
　　　있을까? 어떤 변화가 생길지 궁금하네.

승현: 네, 쉽지 않겠지만 한번 해 볼게요.

교사: 수업 시간에 열심히 참여하는 행동은 뭐가 있을까?
　　　우리 구체적으로 계획을 한번 세워 보자.

key point

학생 스스로 해결 방법을 찾지 못할 수도 있습니다. 이런 경우 〈조하리의 창〉 이론에 대한 사전교육이 선행되면 좋으며, 교사가 조금 더 지시적으로 도움되는 방법을 제시해도 좋습니다.

key point

행동 계획은 최대한 구체적이고 현실적으로 세우는 것이 좋습니다.

조하리의 창(Johari's Windows)

　　조하리의 창은 나와 타인과의 관계 속에서 자신이 어떻게 보이는지 이해하도록 돕는 '자기이해' 모델입니다. '조하리'는 이 이론을 고안한 미국의 심리학자 조셉 루프트(Luft, J.)와 해리 잉햄(Ingham, H.)의 이름을 합친 것입니다. 조하리의 창은 총 4개의 영역으로 이루어져 있는데, 자신도 알고 타인도 아는 '열린 영역', 타인은 알지만 자신은 모르는 '보이지 않는 영역', 자신은 알지만 타인은 모르는 '숨겨진 영역', 자신도 모르고 타인도 모르는 '미지의 영역'이 있습니다. 다른 사람과 공감대를 형성하고 대인관계를 개선하는 방법 중 하나는 '숨겨진 영역'에 있는 자신의 모습을 타인에게 개방하여 솔직한 모습을 보여 주는 것입니다.

1. 활동 시작 전에 '나' 하면 어떤 단어나 이미지가 떠오르는지 자유연상(마음속에 떠오르는 생각, 감정 등을 아무런 수정 없이 이야기하는 정신분석의 한 기법)을 하는 시간을 가져도 좋습니다.

2. 신문지 조각은 많으면 많을수록 좋습니다. 학생이 신문지를 찬찬히 읽으며 자신을 가장 잘 나타내는 그림과 글을 수집할 수 있도록 충분한 시간을 제공해 주세요.

3. '남이 보는 나'를 잘 떠올리지 못하는 학생의 경우, 자신에 대한 주변 사람들의 피드백을 듣고 오는 과제를 부여할 수 있습니다.

4. 그림 그리기를 싫어하는 학생은 나의 상징을 그리는 대신에 글로 적거나, 신문지 조각이나 색종이로 표현할 수 있습니다.

1. 집단상담에서 활용할 때에는 앞면('남이 보는 나')을 다른 집단원들이 직접 채워 줍니다.

2. 집단원들이 돌아가면서 자신의 작품 앞면과 뒷면을 활용하여 자기소개하는 시간을 갖습니다.

3. 다른 집단원들이 나에 대해 붙여 준 신문지 조각들을 살펴보고, 내가 완성한 콜라주와 어떤 점이 같고 어떤 점이 다른지 이야기를 나눠 봅시다. 해당 신문지 조각을 붙여 준 집단원에게 직접 질문할 수도 있습니다.

4. 집단원들의 뒷면('남이 모르는 나')에 대한 설명을 듣고, 서로에 대해 새롭게 알게 된 점, 더 알고 싶은 부분에 대해 이야기를 나누어도 좋습니다.

☁ 한 걸음 더!

★ 다양한 소품 활용: 겉과 속이 다른 내 모습!

A4 용지 대신에 '겉과 속'이 존재하는 종이 가방이나 상자를 활용해 보세요. 종이의 앞면, 뒷면을 사용하는 것보다 훨씬 더 직관적으로 자신의 겉모습과 이면을 나타낼 수 있답니다. 단, 입체적으로 꾸밀 수 있도록 다양한 미술 재료를 함께 준비해 주세요.

★ 집단 심화 활동: 함께 완성하는 조하리의 창!

신문지 콜라주 활동은 '남이 보는 나'와 '남이 모르는 나', 총 2가지 영역으로 나누어서 살펴보았습니다. 이번에는 심화 활동으로 '조하리의 창'을 활용하여 4가지 영역에 신문지 조각을 붙여 봅시다. 나와 집단원들이 함께 신문지에서 나와 관련된 글 / 그림을 수집하고, 나와 타인이 똑같이 선택한 것은 '열린 창'에, 나만 고른 것은 '숨겨진 창'에, 타인은 골랐는데 나는 선택하지 않은 것은 '보이지 않는 창'에 붙입니다. 아무도 선택하지 않은 단어를 신문지에서 추가적으로 찾아 '미지의 창'에 붙여 봅니다. 분류 활동을 통해 남들이 모르는 내 모습을 개방하고, 내가 몰랐던 나의 모습에 대해 다른 사람으로부터 피드백을 듣는 경험을 할 수 있습니다.

가치딱지

😊 어떤 활동인가요?

'가치딱지'는 어디서든 손쉽게 구할 수 있는 신문지를 활용하여 딱지를 만들고, 이를 상담에 활용하는 활동입니다. 신문지로 만든 딱지에 가치 요인과 해당 가치를 얻기 위해 취해야 할 행동 등을 미션으로 넣어 두어, 딱지를 따기 위해서는 해당 미션을 수행할 수 있도록 합니다. 학생들은 활동을 통해 자연스럽게 다양한 가치들을 알고, 해당 가치를 갖추기 위해 수행해야 할 일들을 알 수 있습니다. 이러한 게임적인 요소를 통해 상담 활동을 촉진할 수 있으며, 학생들의 올바른 인성 발달에 긍정적인 영향을 미칠 수 있습니다.

👩 누구에게 도움이 될까요?

✅ 자기중심적인 태도로 대인관계에 어려움을 겪는 학생

✅ 비자발적 태도로 상담에 적극적으로 참여하지 않는 학생

✅ 보다 구조화된 활동이 필요한 저학년 학생

👹 무엇이 필요한가요?

> ✏️ 신문지와 가치카드

★ 가치카드가 꼭 필요한가요?

'가치딱지' 활동이 단순히 게임으로 그치지 않고 학생들의 성격 발달과 삶에 긍정적인 영향을 주기 위해서는 미션을 부여하여 이를 실천할 수 있도록 도와야 하기 때문에 가치카드가 필요합니다.

👶 상담 과정

1. 가치딱지에 대해 소개하고 신문지로 인당 3~5개의 딱지를 만듭니다.

"오늘은 가치미션카드를 넣은 딱지를 만들고, 함께 딱지치기 활동을 할 거예요."

2. 미션이 적힌 가치카드(〈부록〉 참조)를 딱지 안에 하나씩 무작위로 넣습니다.

"선생님이 여러분에게 나누어 준 카드에는 누구나 가지고 싶어 하는 가치라는 보석이 있어요. 그 카드를 딱지 사이에 넣어서 딱지를 완성해 주세요."

3. 게임 규칙을 소개하고 딱지치기 활동을 진행합니다.

"모두 딱지를 완성했다면 딱지치기를 시작할 거예요. 나의 딱지로 다른 사람의 딱지를 뒤집어서 딱지를 획득할 수 있어요. 단, 내가 딴 딱지 속에 어떤 가치카드와 미션이 있는지 확인하고 그 미션을 수행해야 딱지를 획득할 수 있어요."

4. 학생들은 본인이 딴 딱지를 풀어서 그 안의 가치카드를 확인합니다.

"딱지 안의 미션을 수행해야 딱지를 가져갈 수 있어요."

5. 가치카드의 미션을 수행하고 딱지를 가져갑니다.

"이렇게 성공적으로 미션을 수행했을 때는 딱지를 가져갈 수 있어요."

마틴 셀리그만의 VIA(행동가치목록)

긍정심리학자 마틴 셀리그만은 VIA(Values in Action Inventory)의 개념을 제시하였습니다. 이는 한국어로 '행동가치목록'이라 번역되며, 긍정적인 인간의 강점과 미덕을 하나의 목록으로 정리해 둔 것을 의미합니다. 셀리그만은 긍정적인 사람들이 갖고 있는 강점 요인과 가치들을 갖춤으로써 정서적으로 건강해질 수 있다고 보았습니다. 그는 긍정적인 인간의 강점을 지혜와 지식, 용기, 인류, 정의, 절제, 초월 등 6가지로 크게 분류하고 각각의 하위 요소들을 설정하였습니다. 가치딱지는 이러한 긍정적인 사람들이 가지고 있는 강점들을 게임을 통해 자연스럽게 습득하도록 돕는 효과가 있습니다.

Tips 개인상담

1. 교사와 학생이 일대일로 진행하는 경우, 적극적인 태도로 미션을 수행하는 교사의 모습을 학생이 모델링할 수 있습니다.

2. 가치의 개념에 대해 어려워하는 친구가 있을 수 있습니다. 상담 활동 이전에 학생의 연령에 맞추어 가치의 의미에 대해 설명해 줄 필요가 있습니다.

3. 학생들이 상담 활동에 보다 적극적으로 참여할 수 있도록 동기화시키는 작업이 필요합니다. 상담 활동 이전에 가치의 중요성에 대해 충분히 안내해 주세요.

4. 가치 미션이 상담실 또는 교실 내에서 즉각적으로 실천하기 어려운 미션일 경우, 적절히 변형하거나 외부 일상생활에서 해당 미션을 실천할 수 있도록 과제를 부여할 수 있습니다.

1. 승패에 연연하며 미션을 수행하는 것보다 딱지를 많이 따는 것에 집착하는 학생이 있을 수 있습니다. 단순히 딱지를 많이 따는 것이 중요한 것이 아니라 미션을 수행하는 것의 중요성을 알 수 있도록 사전에 안내해 주세요.

2. 학생들이 상담 활동에서 습득한 가치와 그와 관련된 행동들을 일상생활 속에서도 실천할 수 있도록 실천 과제를 제시해 주세요. 이를 통해 바람직한 행동을 일반화할 수 있습니다.

   ex) '감사'를 집에서도 실천하기: 부모님께 감사하다고 직접 말씀드리기

3. 딱지치기 활동이 끝나면 자신이 수행했던 가치 미션 중 가장 인상적이었던 미션은 무엇이었는지, 친구들에게 소개하고 싶은 가치는 무엇인지 등 활동 소감을 나누어 봅니다.

4. 미션을 가장 성공적으로 잘 수행한 집단원을 칭찬하는 시간을 가져도 좋습니다. 집단원들이 돌아가면서 서로에게 긍정적 피드백을 주고받는 것은 긍정적 행동을 강화하는 데 도움이 됩니다.

21. 용서	16. 열정	11. 평온함	6. 인내	1. 감사
22. 용기	17. 정의로움	12. 친절	7. 근면	2. 배려
23. 화합	18. 정직	13. 신뢰	8. 상냥함	3. 창의성
24. 믿음직함	19. 협동	14. 끈기	9. 인정	4. 책임감
25. 너그러움	20. 진실함	15. 예의	10. 존중	5. 사랑

1. 감사
집단원들에게 고마웠던 일을 한가지씩 이야기해 주세요.

2. 배려
내가 다른 사람들을 배려한 경험을 이야기해 주세요.

3. 창의성
코끼리를 냉장고에 넣을 수 있는 나만의 방법은 무엇이 있을까요?

4. 책임감
친구와 함께한 약속을 지키지 못하게 되었어요. 책임감을 갖고 친구에게 함께하지 못한다는 이야기를 전달하기 위해서 어떻게 말할 수 있을까요?

5. 사랑
집단원들에게 사랑한다고 이야기해 보세요.

6. 인내
게임이 끝난 후에 딱지를 가져갈 수 있어요. 잠시 기다려 주세요.

7. 근면
본인이 갖고 싶은 딱지가 있나요? 그 딱지를 딸 때까지 계속해서 시도해 보세요.

8. 상냥함
당신을 미소 짓게 만드는 즐거운 일은 무엇인지 소개해 주세요.

9. 인정
나의 주변에 도움을 필요로 하는 사람이 누가 있는지, 그 사람들을 어떻게 도와줄 수 있는지 이야기해 봅시다.

10. 존중
O / X 퀴즈
존중의 대상은 사람뿐이다. 규칙은 존중의 대상이 아니다.

11. 평온함
반 친구가 나의 최신 핸드폰을 망가뜨렸어요. 평화롭게 문제를 해결할 수 있는 방법을 알려 주세요.

12. 친절
딱지가 제일 없는 친구에게 본인의 딱지 하나를 선물해 주세요.

13. 신뢰
다른 사람들에게 신뢰를 얻을 수 있는 방법은 무엇이 있을지 구체적으로 이야기해 보세요.

14. 끈기
집단님의 모든 친구가 끝날 때까지 끈기 있게 참여할 것이라고 선생님과 친구들에게 약속합시다.

15. 예의
O / X 퀴즈
예의를 갖춰 행동해야 하는 대상은 주변 어른들뿐이다. 나보다 어린 동생들에게는 예의를 갖춰 행동할 필요는 없다.

16. 열정
나의 목표를 말해 보고, 나의 목표를 이루기 위해 내가 열심히 할 수 있는 일을 말해 주세요.

17. 정의로움
딱지 게임에서 모든 사람이 승리가 될 수 있는 방법은 무엇이 있을까요?

18. 정직
내가 정직하지 못했던 때는 언제였던 느지, 다시 그때로 돌아간다면 어떻게 행동할 것인지 이야기해 보세요.

19. 협동
"나는 사람들과 사이좋게 함께 일하고 함께 어울릴 줄 압니다."라고 큰 소리로 외쳐 봅시다.

20. 진실함
내가 거짓말을 한 경험을 말해 보고, 진실하게 말하였다면 무엇이 달랐을지 생각해 보세요.

21. 용서
나의 최신형 핸드폰을 망가뜨린 친구가 진심을 다해 사과합니다. 어떻게 사과를 받아 줄 수 있을까요?

22. 용기
본인이 가장 용기를 냈었던 일을 이야기해 주세요.

23. 화합
"한 사람의 기쁨은 모두의 기쁨입니다."라고 집단원들과 함께 외쳐 봅시다.

24. 믿음직함
"나는 사람들이 신뢰할 수 있는 사람입니다. 누구나 나를 믿을 수 있습니다."라고 외쳐 봅시다.

25. 너그러움
대가를 바라지 말고 아낌없이 나누어 주세요. / 딱지를 가장 적게 가진 친구에게 내가 가진 딱지를 나누어 주세요.

3. 색종이를 활용한
상담 기법

★ 색종이, 상담에서 어떻게 활용할 수 있을까요?

가족을 표현해 보세요!
색종이를 마음대로 오리고 붙여 내가 원하는 가족의 모습을 색종이로 표현할 수 있어요!

모자이크 기법을 활용해 보세요!
종이가 두껍지 않기 때문에 작은 크기로 잘게 찢어 모자이크 기법을 활용할 수 있어요!

'동서남북'을 만들어 보세요!
종이접기로 만든 '동서남북'을 상담 도구로 활용할 수 있어요!

★ 색종이는 이런 점이 좋아요!

색종이는 마음대로 오리고 붙일 수 있는 특성이 있어 학생들이 본인이 표현하고자 하는 것을 자유롭게 표현해 볼 수 있습니다. 또한 원하는 크기나 모양으로 쉽게 찢을 수 있다는 특징이 있기 때문에 모자이크 기법을 활용하여 상담에 적용해 볼 수 있습니다. 그리고 종이접기 활동을 통해 학생의 흥미도 높이면서 종이접기로 만든 결과물을 상담에 적절히 활용할 수 있다는 장점이 있습니다.

우리는 색종이 가족

색종이로
우리 가족을
표현해 봐요

😀 어떤 활동인가요?

　'우리는 색종이 가족'은 색종이를 활용하여 학생의 가족 성격 특성과 역동을
파악해 보는 활동입니다. 학생은 다양한 색깔의 색종이를 활용하여 가족을 표현
해 보는 과정을 통해 자신의 잠재의식 속에 있는 가족의 구조와 역동성에 대해
표현할 수 있습니다. 이는 번스와 카우프만(Burns & Kaufman)이 제안한 투사적
그림 검사인 〈동적 가족화〉를 미술치료를 통해 변형한 활동입니다. 이 활동을
통해 가족 간의 관계와 갈등, 역동성에 대해 학생이 어떻게 생각하고 있는지 파
악할 수 있는 효과가 있습니다.

누구에게 도움이 될까요?

☑ 가족관계에서 갈등을 겪는 학생

☑ 가족에 대해 이야기하는 것을 힘들어하는 학생

☑ 대인관계에 어려움을 보이는 학생

무엇이 필요한가요?

> 🖍 색종이, 가위, 풀, 스케치북

★ 왜 색종이가 좋을까요?

색종이는 학생이 가위나 풀을 사용해 마음대로 자르고 붙일 수 있다는 장점이 있습니다. 또한 색종이의 다양한 색깔은 학생이 생각하는 가족의 다양한 특성을 표현하는 데 도움이 될 수 있습니다.

상담 과정

1. 스케치북과 색종이, 가위, 풀을 준비하여 오늘의 활동을 소개합니다. 이때 그림 모양이나 크기, 방법 등에 대해서는 다른 단서를 주지 않습니다.

"오늘은 색종이로 가족을 표현해 볼 거예요. 나를 포함하여 가족을 색종이로 표현한다면 어떤 색깔과 모양으로 표현할 수 있을까요?"

"색종이 모양이나 크기, 위치는 내가 하고 싶은 대로 표현해도 돼요."

2. 학생이 어떤 가족 구성원을 먼저 만드는
   지, 가족들을 붙이는 위치는 어디인지 주
   의 깊게 살펴봅니다.

   "가족들을 어디에 붙여 보는 게 좋을까요?"

   "여기서 '나'는 어디에 있을까요?"

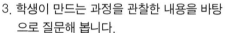

3. 학생이 만드는 과정을 관찰한 내용을 바탕
   으로 질문해 봅니다.

   "첫 번째로 분홍색을 붙였는데 이 분홍색
   은 누구일까요?"

   "아빠를 초록색으로 붙인 이유가 뭘까요?"

4. 색종이 가족화를 바라보며 어떤 느낌이
   드는지 질문하고, 만약 모양이나 색깔을
   마음대로 바꿀 수 있다면 어떻게 바꾸고
   싶은지 물어봅니다.

   "색종이 가족을 보면 어떤 느낌이 들어요?"

   "만약 내 마음대로 색종이 가족의 색깔과
   모양을 바꿀 수 있다면 어떻게 바꾸고 싶
   어요?"

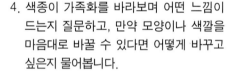

5. 색종이 가족의 모습을 바꾸는 것처럼 실제
   로 이러한 변화가 나타나기 위해서는 각자
   어떤 노력을 하면 좋을지 질문합니다.

   "그러면 실제로 내가 노란색으로 바뀌려면
   어떻게 하면 좋을까요?"

💬 상담 예시

민경이는 가족관계에서 스트레스를 받고 있습니다. 색종이를 활용하여 민경이가 가족관계에서 무엇을 경험하는지 탐색해 보세요. 이때 민경이가 가족을 꾸미는 과정과 완성된 그림의 특징을 활용하여 질문한다면 가족의 상호작용과 역동성을 파악하는 데 도움이 될 수 있습니다.

교사: 민경아, 색종이로 가족을 표현했는데, 가족을 한번 소개해 볼까? 첫 번째로 분홍색 종이를 사용했는데 분홍색은 누구를 꾸며 본 걸까?

key point
학생이 색종이 가족을 꾸민 순서는 학생이 생각하는 가족 간의 서열이나 중요도를 상징하는 경우가 많습니다.

민경: 분홍색은 엄마예요. 여기 검정은 저를 표현한 거고 빨간색은 동생, 초록색은 아빠예요.

교사: 그렇구나. 엄마를 분홍색으로 꾸며 본 이유가 있을까? 어떤 점이 엄마랑 어울리는 것 같아?

key point
학생이 가족을 꾸민 특징(색깔, 모양, 크기 등)에 유의해서 질문한다면 학생이 생각하는 가족 특성을 파악하는 데 도움이 될 수 있습니다.

민경: 음…… 엄마는 분홍색을 좋아하세요. 그리고 분홍색 옷이 잘 어울려요.

교사: 그렇구나. 동생은 빨간색이고 세모 모양이네? 어떤 점에서 그렇게 생각했을까?

민경: 동생은 매일 저한테 짜증을 내요. 맨날 화내고 울어서 빨간색이고 뾰족한 세모예요.

교사: 동생이 짜증을 많이 내는구나. 보니까 민경이랑 엄마는 가까이 있는데 아빠랑 동생은 멀리 있네?

key point
인물 간의 거리는 학생이 생각한 가족들 간의 친밀함 정도를 반영하는 경우가 많습니다.

민경: 네…… 동생이랑 같이 있으면 맨날 싸우니까 엄마 아빠한테 혼이 많이 나요. 아빠는 맨날 동생 편만 들고 저를 혼내요.

교사: 그렇구나. 그럼 속상하고 억울하기도 하겠다. 민경아, 그러면 이 색종이 가족의 색깔과 모양을 민경이가 자유롭게 바꿀 수 있다면 어떻게 바꾸고 싶어?

key point
현재 그림에 대한 학생의 느낌을 물어본 뒤에 그림을 자유롭게 바꿔 보는 것을 상상해 보도록 도와준다면 학생의 소망을 탐색할 수 있습니다.

key point

학생의 소망을 현실화하기 위한 구체적인 방법들에 대해 탐색한다면 상담 목표를 구체화하는 데 도움이 될 수 있습니다.

민경: 음…… 동생이 동그라미로 바뀌고, 주황색이면 좋겠어요. 그리고 아빠가 중간으로 오면 좋겠어요.

교사: 그러면 실제로 어떤 점이 달라지면 아빠랑 동생이 그렇게 바뀔 수 있을까?

민경: 음…… 동생이 화도 좀 덜 내고 저한테도 양보해 주면 좋겠어요. 그리고 아빠가 맨날 동생 편을 들지 않고 제 이야기도 들어 주면 좋겠어요.

교사: 그럼 동생과 아빠 말고 민경이의 어떤 점이 달라지면 가족의 관계가 더욱 좋아질 수 있을까?

key point

자연스럽게 민경이 가족의 변화를 위해 본인이 시도할 수 있는 내용을 탐색하여 구체적인 행동 전략으로 활용하면 효과적입니다.

동적 가족화란?

동적 가족화란 헐스(Hulse)의 가족화 검사에 움직임을 추가하여 만든 투사적 검사로서 내담자의 눈에 비친 가족의 일상적 태도나 감정을 그림으로 표현한 것을 말합니다. 이때 지시문으로는 "당신을 포함한 당신의 가족 모두가 무엇인가 하고 있는 그림을 그려 보세요. 만화나 움직이지 않고 서 있는 사람을 그리는 것이 아니라 가족들이 무언가를 하고 있는 그림을 그려야 합니다."라고 말하며 인물의 행위, 양식, 상징, 역동성, 인물상의 특징을 바탕으로 동적 가족화를 해석합니다. 색종이 가족화는 동적 가족화를 응용한 것으로 학생들이 추상적으로 가족에 대해 표현할 수 있도록 돕는 장점이 있습니다.

Tips 개인상담

1. 학생이 가족을 어디까지 표현해야 하냐고 묻는다면, 학생이 생각하기에 가족의 일부분이라고 생각한다면 함께 표현해 달라고 설명해 주세요. 만약 가족 중 표현하지 않은 사람이 있더라도 일부러 다시 그리지 않도록 하세요.

2. 색종이는 가위로 잘라도 되지만 구겨도 되고 찢어도 됩니다. 학생이 색종이를 자유롭게 활용할
   수 있도록 도와주세요.

3. 색종이 가족화를 완성한 뒤에는 사인펜을 이용하여 가족의 이름을 작성할 수 있도록 도와주세요.

4. 학생이 가족을 붙인 순서(가족 내의 서열)와 학생 본인과의 거리(심리적 친밀감의 정도), 색깔(가족
   의 에너지)에 초점을 두며 상담을 진행해 보세요.

집단상담 Tips

1. 상황에 따라 가족이 아닌 교실, 학교로 주제를 바꾸어도 괜찮습니다.

2. 집단원들이 색종이를 꾸미는 순서 등을 모두 관찰하기에는 어려움이 있을 수도 있습니다. 이때
   학생들에게 색종이 옆에 색종이를 만든 순서와 대상의 이름을 작성하도록 한다면 그림을 파악하
   는 데 도움이 될 수 있습니다.

3. 같은 노란색으로 표현하더라도 학생들마다 '색깔'과 '모양'이 가진 의미가 다를 수 있습니다. 학
   생들이 표현한 상징물이 일반화되지 않도록 주의해 주세요.

 활동플러스 〈동물 가족화 카드〉

〈동물 가족화 카드〉는 투사 기법을 활용
하여 가족, 친구 등의 다양한 대상들에 대한
주관적 정서를 동물로 표현하는 카드입니
다. 이 카드를 통해 대상의 성격과 관계 역
동을 탐색할 수 있습니다.

🟤 한 걸음 더!

★ 가족 그림: 나의 가족을 꾸며 보자!

색종이 가족화를 어려워하는 학생의 경우, 다양한 종이로 사람 모양을 똑같이 오려 준 다음에, 학생이 사람의 색깔을 정하고 자유롭게 꾸며 볼 수 있도록 도와주세요. 이 과정에서 학생이 가족을 꾸미는 순서와 색깔을 관찰한다면 이후 상담에 활용할 수 있습니다. 그림이 완성된 후에는 가족을 자유롭게 배치하고 무엇을 하고 있는지 소개해 볼 수 있도록 하여 가족의 특성과 역동을 파악해 보세요.

★ 가족 체인: 나의 말과 행동은 어떤 영향을 줄까요?

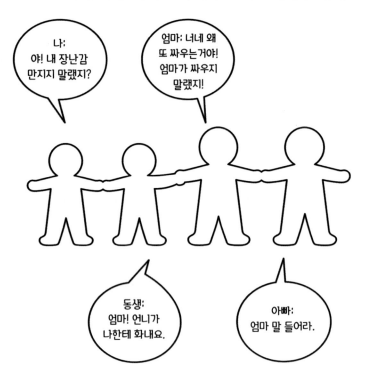

나:
야! 내 장난감 만지지 말랬지?

엄마: 너네 왜 또 싸우는거야! 엄마가 싸우지 말랬지!

동생:
엄마! 언니가 나한테 화내요.

아빠:
엄마 말 들어라.

종이를 가족의 수만큼 접은 뒤에 사람 모양을 절반으로 그린 뒤 가위로 오려 가족 체인을 만들어 봅니다. 가족 갈등이 발생했을 때 내가 어떠한 말과 행동을 해서 다른 가족 구성원에게 영향을 주고, 이러한 상호작용이 또 어떻게 다른 가족 구성원에게 영향을 주었는지 연쇄 고리 형태로 작성해 봅니다. 이 활동을 통해 자신의 말과 행동이 어떤 영향을 줄 수 있는지 자연스럽게 탐색하고 시각화할 수 있습니다.

|가족 그림|

가족그림에 활용할 때는 필요한 인물을 잘라서 사용하고, 가족 체인에 활용할 때는
가족 간 상호작용에 따라 연쇄고리를 재배치할 수 있습니다

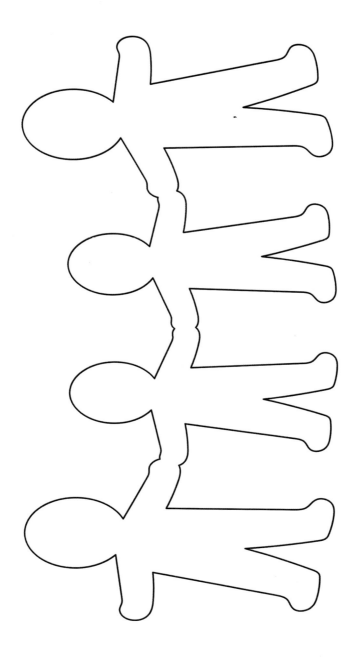

알록달록 모자이크

🧑 어떤 활동인가요?

'알록달록 모자이크'는 색종이를 찢고 다시 붙이는 작업을 통해 자신의 무의식을 의식화하는 활동입니다. 학생이 색종이를 마음껏 찢은 뒤에 그 조각들을 종이 위에 자유롭게 붙이고, 연상되는 이미지를 떠올려 관련 주제로 이야기를 만들어 봄으로써 무의식적인 욕구와 감정, 사고를 탐색할 수 있습니다. 이는 미술치료에서 자주 쓰이는 〈난화〉 기법과 비슷한 원리로, 상담에 대한 거부감이나 저항감을 줄여 주며 이미지를 통해 자연스럽게 무의식을 탐색할 수 있고 학생을 이해하는 데 도움이 됩니다.

누구에게 도움이 될까요?

- ☑ 속마음을 표현하는 것을 어려워하는 학생
- ☑ 상담에 대한 저항감이 높은 학생
- ☑ 스스로 자신의 문제를 인식하지 못하는 학생

무엇이 필요한가요?

✏️ 색종이, 풀, 종이(A4 용지)

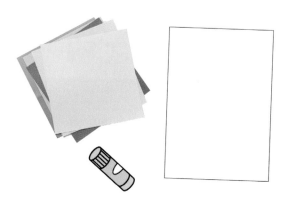

★ 왜 색종이가 좋을까요?

색종이는 색깔이 다양해서 모자이크 기법을 사용하기에 적합하고, 원하는 크기나 모양으로 쉽게 찢을 수 있어서 자유로운 이미지 표현이 가능합니다.

상담 과정

1. 여러 가지 색종이를 보여 주고, 학생이 오늘 사용할 색깔을 고르도록 합니다. 색종이를 다 고르고 난 뒤에는 색종이를 마음껏 찢습니다.

"색종이를 다 골랐으면 ○○이가 원하는 대로 마음껏 찢어 볼까요?"

2. 색종이 조각을 자유롭게 종이 위에 붙이도록
   합니다.

   "색종이를 모자이크 기법으로 붙여 볼 거예
   요. 색종이 조각들을 이 흰 종이 위에 마음대
   로 붙여 볼래요? 정해진 위치, 모양, 색은 아
   무것도 없으니 마음대로 붙여 보세요."

3. 완성된 작품을 보고 어떤 이미지가 떠오르는
   지 연상해 봅니다.

   "이 그림이 무엇처럼 보이나요?"

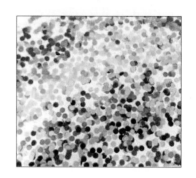

4. 연상된 이미지를 활용하여 이야기를
   만들어 보도록 합니다.

   "그 이미지로 이야기를 만들어 볼까
   요? 이 그림 속에 어떤 이야기가 숨어
   있을까요?"

5. 활동에 대한 소감을 나눕니다.

   "색종이를 찢을 때 어떤 느낌이었나요?"

   "○○이의 그림으로 이야기를 만들고 나
   니까 지금 마음이 어때요?"

난화(scribble)

난화란 아무렇게나 휘갈긴 낙서를 의미합니다. 난화는 자유롭게 그리는 행위를 통해 내담자의 저항감과 거부감을 줄여 주고, 무의식을 의식화시켜 내담자를 이해하는 데 도움을 줍니다. 난화 기법은 주로 종이에 직선이나 곡선 등의 선을 그리고, 그것을 보며 어떤 이미지를 떠올린 뒤에 선을 더 추가하거나 색칠해서 그 이미지를 구체화하는 방법입니다. 이렇게 그려진 난화는 연상 작업을 통해 내담자의 경험과 연결시켜 이야기를 나누거나, 그 그림이 내담자에게 어떤 의미를 지니고 어떤 메시지를 담고 있는지 탐색하는 방식으로 활용될 수 있습니다.

Tips 개인상담

1. 학생이 색종이 찢기를 망설인다면 교사가 먼저 색종이를 찢어 시범을 보일 수 있습니다.
2. 색종이는 다 붙이고 나서 이미지를 연상할 수 있어야 하므로, 미리 어떤 그림을 만들지 정해 두거나 종이에 밑그림을 그리지 않습니다.
3. 색종이 모자이크 그림을 보고 자유롭게 이미지를 떠올릴 수 있도록 여러 방향으로 종이를 돌려 볼 수 있도록 합니다.
4. 이미지를 떠올리거나 이야기를 만들 때 필요하다면 볼펜, 사인펜 등을 활용해 선이나 그림을 추가해도 좋습니다.

 **집단상담 Tips**

1. 같은 그림을 보고 집단원마다 다른 이미지를 연상할 수 있습니다. 돌아가면서 자신의 작품을 소개하고, 각자 무엇이 보이는지 이야기를 나누어 보세요.
2. 한 집단원의 이야기를 듣고 다른 집단원들이 자유롭게 질문하는 시간을 가짐으로써 이야기에 대해 더 구체적으로 탐색해 볼 수 있습니다.

3. 집단원들이 돌아가며 자신의 작품을 소개한 뒤, 각자 가장 인상적이었던 작품은 무엇이었는지, 내용을 첨가하거나 결말을 바꾸고 싶은 이야기가 있었는지 이야기를 나누어 봅시다.

4. 큰 전지에 하나의 모자이크 작품을 함께 완성해도 좋습니다. 합의된 밑그림 없이 집단원들이 협력해서 만든 작품을 보며 이야기를 나누고 각자가 부여하는 의미를 탐색할 수 있습니다.

🧑 한 걸음 더!

★ 집단 활동: 찢어진 하트, 다시 붙이기!

  큰 하트 모양 색지를 준비합니다. 집단원들이 돌아가면서 자신에게 상처가 되었던 말을 하나씩 내뱉고, 그럴 때마다 자신의 앞에 있는 하트 종이를 찢습니다. 차례가 모두 돌아가고 하트가 작은 조각으로 분리되면, 큰 전지에 조각들을 이어 붙여 다시 원래 하트 모양을 만들어 봅니다. 하트 조각을 전지에 붙일 때는 집단원들이 돌아가면서 상처를 위로하는 말, 응원하는 말을 합니다. 하트 조각을 모두 붙인 뒤에 원래 하트 모양과 같아졌는지 확인하고, 찢어진 흔적이 무엇을 의미하는지 생각해 봅니다. 활동을 통해 누군가에게 준 마음의 상처는 완전히 회복할 수 없으며, 어떻게든 흔적과 흉터가 남는다는 것을 깨닫고 자신의 말과 행동을 반성해 볼 수 있습니다.

동서남북 토크

🧒 어떤 활동인가요?

'동서남북 토크'는 색종이 접기 활동을 통해 동서남북 종이 장난감을 만들어 상담을 촉진하는 활동입니다. 동서남북이라는 게임적인 요소를 활용하여 상담 과정에 있어서 중요한 자기개방을 보다 원활하게 할 수 있도록 도울 수 있습니다. 특히 동서남북 내부의 8가지 하위 요소에 세부적인 질문들을 작성함으로써 깊이 있는 자기개방을 가능하게 합니다. 학생의 원활한 자기개방을 통해 상담 과정이 촉진될 수 있습니다.

👩 누구에게 도움이 될까요?

- ✅ 자기개방을 어려워하는 학생
- ✅ 특정 주제에 대한 탐색이 부족한 학생
- ✅ 상담에 대해 거부감을 지닌 학생

무엇이 필요한가요?

✏️ **색종이**(혹은 미리 제작된 동서남북), **펜**

★ 왜 동서남북을 활용하나요?

학생들이 상담 장면에서 본인의 이야기를 선뜻 개방하는 것은 어려운 일일 수 있습니다. 학생들의 경계를 허물고 자기개방을 원활히 하기 위해서 동서남북의 게임적인 요소를 활용하여 자기개방을 이끌고 상담 과정을 촉진시킬 수 있습니다.

😊 상담 과정

1. 색종이 혹은 미리 완성된 동서남북을 보며 오늘의 활동을 소개합니다.

"오늘은 동서남북이라는 게임을 통해서 상담을 진행해 볼 거예요."

2. 동서남북을 접기 이전에 오늘 나눌 상담의 주제에 대해 함께 이야기를 나눕니다.

"우리는 지난 회기 동안 스트레스에 대해서 이야기를 나누었었는데, 오늘은 그것과 관련해서 동서남북 활동을 진행해 볼 거예요."

3. 함께 색종이를 활용하여 동서남북을 접습니다(〈부록〉 참고).

4. 동서남북의 바깥 부분에는 주제와 관련된 것을, 내부에는 해당 주제와 관련된 보다 세부적인 질문을 적어 동서남북을 완성합니다.

"우리 이 바깥 네 칸에는 스트레스를 받게 하는 네 가지 요인에 대해서 적어 보고, 그 안에 있는 여덟 개의 칸에는 언제, 어디서, 어떻게 등과 같은 구체적인 질문들을 적어서 동서남북을 완성해 봅시다."

5. 완성된 동서남북을 활용하여 게임을 진행하며 상담 과정을 진행합니다.

"동생으로 두 칸! '동생으로부터 받은 스트레스를 어떻게 푸나요?'라는 질문이 나왔네요. 가족으로부터 스트레스를 받을 때 어떻게 푸는지 함께 이야기를 나눠 볼까요?"

3. 색종이를 활용한 상담 기법 **85**

상담에서의 자기개방

자기노출, 자기공개라고도 하는 자기개방은 자신이 지금 무엇을 생각하고, 무엇을 느끼고 있는지 혹은 과거에 어떤 경험을 하고, 어떤 생각을 품고 살아왔는지 등을 솔직하게 표현하는 것을 말합니다. 학생의 자기개방이 원활할수록 상담자는 학생에 대한 이해가 넓어질 수 있기 때문에, 상담 과정이 촉진되고 상담의 효과가 보다 극대화될 수 있습니다. 그러나 상담 초기부터 학생이 상담자에게 자기개방을 원활히 하는 것은 쉽지 않습니다. 라포 형성 과정을 통해 신뢰가 형성되면 보다 수월하게 자기개방이 이루어질 수 있습니다. 이때 라포 형성을 돕기 위해 게임적인 요소 등을 활용하여 상담자와의 친밀감을 쌓고 상담 과정을 촉진할 수 있습니다.

Tips 개인상담

1. 연령이 어린 학생의 경우, 동서남북을 제작하는 데 시간이 오래 소요될 수 있으므로 미리 완성된 동서남북을 활용해도 좋습니다.

2. 동서남북의 하위 요소들을 작성할 때 미리 상담 시간에 다뤄질 질문들에 대해 파악할 수 있기 때문에 게임적인 흥미 요소가 저하될 수 있습니다. 그렇기 때문에 상담 교사와 학생이 각자 동서남북을 만들고 상대편의 동서남북에 어떠한 질문이 나올지 모른 채 상담 활동을 진행하는 것이 흥미를 높이는 데 도움이 될 수 있습니다.

3. 상담을 촉진하는 도구로도 사용할 수 있지만 미션 제시를 위한 도구로 활용할 수도 있습니다. 예를 들어, 자존감을 주제로 동서남북을 제작하게 된다면 하위 8개 요소에 "나에게 사랑한다고 이야기하기"와 같이 여러 미션을 활용하여 상담 과정을 진행할 수 있습니다.

4. 게임적인 요소를 활용한다고 하더라도 학생이 해당 질문에 대해 개방하는 데 시간이 걸릴 수 있습니다. 학생과 라포를 형성하기 이전까지 많은 시간이 필요하므로, 대답하지 않는 것에 대해 압박하기보다 충분한 시간을 두고 기다려 주세요.

1. 집단원들이 각자 본인이 맡은 주제로 동서남북을 만들면 보다 다양한 주제로 이야기를 탐색할 수 있게 됩니다.

2. 보다 다양한 주제를 다루기 위해서 집단원들 각자에게 특정 주제를 부여하는 것 또한 방법이 될 수 있습니다. 예를 들어, 어떤 집단원은 '가족'이 주제라면 다른 집단원은 '친구'를 주제로 동서남북을 만들 수 있도록 합니다.

3. 학생들이 민감한 주제나 내용의 질문을 장난식으로 만들지 않도록 사전 활동에 충분한 주의가 필요합니다.

🙎 동서남북 접는 방법

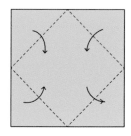	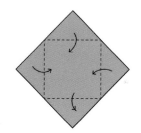
1) 접기 선을 만든 다음 네 귀를 가운데로 접어 맞추고 뒤집는다.	2) 다시 네 귀를 가운데로 접어 맞춘다.
3) 네 귀를 뒤의 가운데로 접어 맞춘다.	4) 뒤집은 다음 각 모서리의 주머니를 연다. 양손 엄지와 검지를 끼워서 상하좌우로 움직이며 놀이를 한다.

3. 색종이를 활용한 상담 기법

4. 종이컵을 활용한 상담 기법

★ 종이컵, 상담에서 어떻게 활용할 수 있을까요?

탑을 만들어 보세요!
종이컵으로 탑을 쌓아 가면서 과정과 단계의 중요성을 시각화할 수 있어요!

마음의 상처를 표현해 보세요!
종이컵에 구멍을 내 보면서 내 마음의 상처를 표현할 수 있어요!

성장저금통을 만들어 보세요!
종이컵에 뚜껑을 덮고 나의 성장 과정을 기록하는 저금통으로 만들 수 있어요!

★ 종이컵은 이런 점이 좋아요!

종이컵을 탑처럼 쌓아 가는 놀이 활동을 통해 학생들은 과정과 단계의 중요성을 눈으로 직접 확인할 수 있습니다. 또한 종이컵에 구멍을 뚫어 보며 내 마음의 상태를 표현해 보고 구멍을 막아 보는 활동을 통해 자존감을 회복하는 과정을 시각화할 수 있습니다. 그리고 종이컵에 뚜껑을 덮는다면 자신의 성장 경험을 기록하는 성장저금통으로 활용할 수 있습니다. 종이컵을 다양하게 활용하여 상담 활동에 적용해 보세요!

 # SMART 탑 쌓기

🧑 어떤 활동인가요?

　'SMART 탑 쌓기'는 종이컵을 활용하여 학생의 어려움을 해결하기 위한 구체적인 계획을 세워 보는 활동입니다. 학생은 종이컵 탑을 쌓아 보면서 자신의 목표를 달성하기 위한 방법을 단계적으로 구체화할 수 있습니다. 이는 심리학자 팔머(Palmer, H.)가 제안하는 〈SMART 목표 달성 기법〉을 활용한 것으로, 학생이 자신의 어려움에 대해 명확히 인식하고 문제를 해결하기 위한 자신의 능력이나 자원을 충분히 활용해 볼 수 있다는 효과가 있습니다.

👩 누구에게 도움이 될까요?

　☑ 상담의 목표를 정하는 것을 어려워하는 학생
　☑ 자신의 문제해결 방법을 떠올리는 데 어려움이 있는 학생
　☑ 문제해결 과정에서 자기조절력이 부족한 학생

무엇이 필요한가요?

 종이컵, 사인펜

★ 왜 종이컵이 좋을까요?

종이컵은 탑을 쌓는 과정을 이해하는 데 도움이 됩니다. 탑을 쌓기 위해서는 아래 칸부터 차근차근 쌓는 것이 필요하며, 중간에 한 개라도 종이컵이 빠지면 탑이 무너질 수 있습니다. 이를 통해 학생들은 자신의 목표를 이루기 위한 구체적인 방법들을 위계적으로 시각화할 수 있으며, 이러한 과정들이 하나라도 빠질 수 없는 모두 중요한 단계라는 것을 깨닫게 됩니다.

상담 과정

1. 종이컵과 사인펜을 준비하여 오늘의 활동을 소개하고, 상담을 통해 학생이 바라는 자신의 모습을 종이컵에 작성해 봅니다.

"오늘은 우리가 상담을 통해 무엇을 이루면 좋을지 구체적인 목표와 계획을 세워 볼 거예요. 상담이 끝나면 나는 어떤 모습이면 좋을까요? 그 모습은 어떤 모습일지 종이컵에 한 번 작성해 봅시다."

2. 종이컵 탑을 소개하며 목표를 이루기 위한 방법을 종이컵에 작성할 수 있도록 도와줍니다.

   "이 목표를 이루기 위해서는 어떻게 하면 좋을까요? 구체적인 방법을 한번 생각해 봅시다."

3. 계획 행동은 SMART에 맞추어 세워볼 수 있도록 도와줍니다.

   "변화된 행동은 우리가 어떻게 알아볼 수 있을까요?" (M: 측정 가능한)

   "이걸 우리가 언제까지 하면 좋을까요?" (T: 기간 설정)

S: 목표가 구체적인가요?
M: 목표가 측정 가능한가요?
A: 달성할 수 있는 현실적인 목표인가요?
R: 다른 목표행동들과 관련이 있나요?
T: 목표는 시간적 범위를 고려했나요?

4. 완성된 종이컵 탑을 보며 목표를 달성한 자신의 모습을 떠올려 보도록 합니다.

   "종이컵 탑을 보니까 기분이 어때요?"

5. 앞으로의 계획에 대해 구체적으로 세워 보며 격려합니다.

   "그러면 다음 주까지 어떤 종이컵 계획을 실천하면 좋을까요?"

SMART 목표 달성 기법이란?

 SMART 기법이란 상담심리학자 팔머가 통합치료에서 SMART한 목표 설정을 세우는 것이 중요하다고 강조하며 소개된 기법입니다. 이때 SMART는 목표가 구체적이고 (**S**pecific), 측정 가능하고(**M**easurable), 성취 가능하여야 하며(**A**chievable), 다른 목표들과도 관련이 있으며(**R**elevant), 기한이 설정된(**T**ime bound) 목표여야 한다는 것을 의미합니다. 상담 과정에서 목표 설정을 구체화하는 것은 내담자가 자신의 어려움에 대해 명확하게 인식하고, 이를 해결하기 위한 자신의 능력 및 자원에 대해 이해할 수 있다는 점에서 도움이 됩니다. 또한 문제해결을 위한 구체적인 방법을 계획하는 것은 상담의 성공 가능성을 더 높일 수 있다는 장점이 있습니다.

Tips 개인상담

1. 활동을 시작하며 학생이 자신이 상담을 통해 이루고 싶은 목표를 SMART에 맞게 구체화할 수 있도록 도와주세요.

2. 목표를 달성하기 위해서는 단계적인 방법이 필요하다는 것을 탑의 모양을 통해 비유적으로 알려 주면서 방법을 구체화할 수 있도록 도와주세요.

3. 만약 학생이 방법을 떠올리지 못할 경우, 선생님이 먼저 예시를 보여 주면서 학생과 함께 방법을 구체화하여도 좋습니다.

4. 종이컵 탑이 완성된 후에는 이를 사진으로 찍거나 보관하여 학생이 단계별로 완성할 때마다 성공했다는 표시를 직접 할 수 있도록 도와주세요. 이를 통해 학생은 성취감을 느낄 수 있습니다.

1. 집단상담의 경우 상위 목표를 먼저 정할 수도 있고, 하위 행동을 바탕으로 상위 목표를 유목화할 수 있습니다.

2. (상위 목표를 먼저 정하는 경우) 활동에서 지켜야 할 약속 또는 집단상담의 목표 등을 상위 목표로 정한 뒤 참여 학생들에게 이를 지키기 위해 무엇을 하면 좋을지 작성하도록 하여 종이컵 탑을 쌓아 봅니다.

3. (하위 행동을 먼저 정하는 경우) 참여 학생들에게 서로에게 바라는 행동 혹은 활동에서 기대하는 점 등을 자유롭게 작성하도록 하고 이를 유목화하여 종이컵 탑을 쌓아 봅니다.

4. 종이컵 탑이 완성된 후에는 이를 사진으로 찍거나 보관하여 참여 학생들이 기억할 수 있도록 도와주세요.

마음 상처 톡톡

내 마음의 구멍을
채워 보아요!

나는
할 수 있어

나는 지금 이대로 충분해

최선을 다하는 것이 더 중요해

🧑 어떤 활동인가요?

'마음 상처 톡톡'은 종이컵을 나의 마음(또는 자존감)이라고 생각하고 컵에 구멍을 뚫어 내가 받은 상처의 크기를 표현한 뒤, 스티커로 그 구멍을 다시 막아 보는 활동입니다. 학생들의 낮은 자아존중감은 과거의 누적된 실패 경험과 중요한 타인의 부정적인 피드백과 관련이 있습니다. 나에게 상처가 되었던 과거 경험을 떠올리며 종이컵에 구멍을 뚫고, 〈긍정적 자기대화〉를 통해 그 구멍을 스스로 메우는 경험을 함으로써 자존감 수준을 높일 수 있습니다. 이는 긍정적 자기대화를 연습해 볼 수 있는 기회가 될 뿐만 아니라 자존감이 회복되는 과정을 시각적으로 체험하는 효과가 있습니다.

👩 누구에게 도움이 될까요?

✅ 자존감이 낮은 학생

✅ 매사에 자신감이 없고 위축된 학생

✅ 칭찬이나 긍정적인 피드백을 받아들이지 못하는 학생

👺 무엇이 필요한가요?

🖊️ 종이컵 1개, 볼펜 또는 가위, 큰 스티커, (마스킹)테이프, 네임펜

★ 어떤 스티커나 테이프가 좋을까요?

종이컵의 구멍을 충분히 막을 수 있을 만큼 크고 두꺼워야 하고, 물이 닿아도 새지 않도록 코팅이 된 것이 좋습니다. 물기가 있으면 테이프가 잘 붙지 않을 수 있으니 물기를 잘 닦고 붙여 주세요.

👶 상담 과정

1. 활동을 소개하고, 학생이 직접 종이컵에 구멍을 뚫도록 합니다.

"이 종이컵을 나의 자존감이라고 생각해 보세요. 살다 보면 내 자존감이 잠깐 떨어질 때도 있고 큰 상처가 생길 때도 있어요. 이 볼펜(가위)으로 내 자존감에 어떤 구멍이 있는지 직접 뚫어 볼까요? 개수와 크기는 마음대로 정하면 돼요."

2. 구멍 뚫린 종이컵에 물을 담고, 구멍 사이로 물이 빠져나가는 것을 확인합니다. 단, 스티커나 테이프가 잘 붙을 수 있도록 실험 후 물기를 잘 닦아 주세요.

> 교사: "이렇게 구멍 뚫린 자존감은 어떻게 해도 가득 채울 수가 없어요. 아무리 좋은 것을 담으려 해도 계속 빠져나갈 거예요. 이 컵에 물을 담으려면 어떻게 해야 할까요?"
>
> 학생: "구멍을 막아야 해요."

3. 종이컵의 구멍을 스티커, 테이프를 활용해서 막아 보고, 그 위에 자존감을 회복시키는 긍정적인 말을 적어 봅시다.

> "구멍 하나를 막을 때마다 그 위에 나에게 힘이 되는 말을 적어 볼 거예요. 이때 내가 듣고 싶었던 말은 뭐였는지, 지금 현재 나에게 도움이 되는 말은 무엇일지 적어 봅시다."

4. 종이컵에 다시 물을 담아 물이 새지 않는지 확인해 봅시다. 빈틈이 있다면 스티커와 테이프로 단단하게 막아 주세요.

> "우리가 구멍을 꼼꼼하게 잘 막았는지 확인해 볼까요? 다시 한번 물을 담아 봅시다."

5. 학생이 종이컵 위에 적은 글을 큰 소리로 읽어 보고, 활동 후 느낀 점을 이야기해 봅시다.

> "자, 마지막으로 오늘 ○○이가 적은 긍정적인 말들을 큰 소리로 한번 읽어 볼까요?"

🙋 상담 예시

지민이는 공부 잘하는 언니와 자신을 늘 비교하는 부모님을 원망하고 있고, 자존감이 매우 떨어진 상태입니다. '마음 상처 톡톡' 작업은 지민이에게 자기 자신을 위로하고 긍정적으로 생각하는 힘을 길러 줄 수 있습니다. 또한 지속적인 부모님의 부정적 평가에 대응해 긍정적 자기대화를 촉진함으로써 지민이의 자존감 수준을 높이는 데 도움이 됩니다.

<table>
<tr><td>

key point

교사가 적극적으로 대화를 이끌어 가는 것도 좋지만, 학생에게 어떤 구멍에 대해 먼저 이야기하고 싶은지 선택권을 주어도 좋습니다.

</td><td>

교사: 선생님은 여러 구멍 중에서 크기가 가장 큰 구멍이 제일 먼저 눈에 들어왔어. 혹시 이 큰 구멍에 대해 알려 줄 수 있니?

지민: 아, 이거요? 이건 엄마 때문에 생긴 상처예요.

교사: 엄마와 있었던 일을 얘기해 줄 수 있니?

</td></tr>
</table>

지민: 한 2개월 전에 제가 중간고사를 좀 못 봤었는데, 그때 엄마가 저보고 '너는 누굴 닮아서 그렇게 바보 같냐.'라고 했어요.

<table>
<tr><td>

key point

상처가 되었던 과거 경험에 대해 이야기할 때 학생의 감정을 충분히 반영하고 공감해 줍니다.

</td><td>

교사: 가족한테 그런 말을 들으면 엄청 슬프고 속상했을 것 같아.

지민: 네, 그날 밤에 너무 속상해서 혼자 방에 들어가서 울었어요. 엄마, 아빠가 언니만 좋아하고 저는 싫어하세요. 공부하라는 잔소리도 저한테만 하고…… 언니는 다르게 대해요.

</td></tr>
<tr><td>

key point

하나의 구멍에서 자연스럽게 다른 구멍으로 연결하여, 비슷한 주제의 이야기를 더 탐색해 볼 수 있습니다.

</td><td>

교사: 부모님이 언니를 편애하고 지민이를 차별한다고 느껴서 속상했구나. 다른 구멍들 중에 혹시 부모님과 관련된 구멍이 또 있니?

</td></tr>
</table>

(중략)

교사: 그럼 이제 컵에서 물이 새지 않도록 구멍을 하나씩 다 막아 보자. 지민이는 어떤 구멍을 제일 먼저 막아 보고 싶어?

지민: 아무래도 큰 구멍을 먼저 튼튼하게 막아야 하지 않을까요?

교사: 이 상처는 엄마가 지민이에게 했던 말 때문에 생겼었는데, 그때 지민이가 엄마에게 듣고 싶었던 말이 있니?

지민: 음…… 사실 저도 열심히 공부했던 거였고, 시험을 망쳐서 제일 속상한 사

람은 저였어요. 저는 그냥 '시험 조금 못 봐도 괜찮아.' 이렇게 위로받고 싶었어요.

교사: 그러게. 누구나 시험을 잘 보고 싶은 마음이 있고, 지민이가 일부러 시험을 못 본 것도 아니었을 텐데…… 엄마한테 따뜻한 위로를 받고 싶었구나. 그럼 지민이가 듣고 싶은 말을 이 테이프에 적은 후에 지민이가 한번 그 테이프로 구멍을 막아 볼래?

key point

구멍을 막는 작업은 자신의 상처를 스스로 치유한다는 의미가 있으므로 교사가 대신 테이프를 붙여 주기보다는 학생 스스로 할 수 있도록 합니다.

지민: 네. (테이프로 큰 구멍을 막는다.)

교사: 또 어떤 말을 듣고 싶었니? 여러 겹으로 테이프를 붙이면 구멍을 더욱 튼튼하게 막을 수 있겠지?

key point

학생이 스스로 테이프에 적을 내용을 만들어 내지 못하는 경우, 교사가 먼저 예시를 들어 주고 그 내용을 바탕으로 학생이 스스로 자기치유의 진술을 만들어 낼 수 있도록 돕습니다.

지민: '네가 열심히 했다는 걸 알아.' 이렇게 저의 노력을 인정해 주는 말이요. 엄마는 항상 언니만 열심히 노력하고 저는 놀기만 한다고 생각해요.

교사: '열심히 공부했는데 결과가 잘 안 나와서 속상하겠다.' 이런 말도 위로가 되었겠다.

지민: 네, 맞아요. 그런 말을 해 주는 사람이 아무도 없었어요.

교사: 그럼 그 내용도 테이프에 적어서 덧붙여 볼까?

긍정적 자기대화(Positive Self-talk)

긍정적 자기대화는 자신에게 긍정적이고 도움이 되는 말을 스스로 해 주는 것입니다. 인지행동치료에서는 자기대화를 자신감을 높이고 특정 목표를 이루기 위한 자기조절(self-regulation)의 한 형태로 활용합니다. 부정적 사고가 떠오르는 순간에 긍정적 자기대화를 통해 비합리적인 사고와 신념을 바꾸는 것이 치료의 핵심입니다. 예를 들어, '난 역시 안 돼.'라는 생각보다는 '난 잘 해낼 수 있어.'라는 긍정적인 말을 자기 자신에게 되뇌는 것입니다. 이를 통해 동기가 부여되고 자신감과 자존감(self-esteem)이 증가할 수 있습니다.

Tips 개인상담

1. 초등학생에게 '자존감'이라는 단어는 어렵게 느껴질 수 있습니다. '자신감', '나를 사랑하는 마음', '나의 가치에 대한 믿음' 등 학생이 이해하기 쉬운 단어로 바꾸어 설명해 주어도 좋습니다.

2. 종이컵에 뚫린 구멍의 개수와 크기는 모두 의미 있는 정보로 학생을 이해하는 데 활용될 수 있습니다. 가장 큰 구멍은 무엇인지, 누구와의 경험인지 학생에게 물어보고 자연스럽게 대화를 이어 나가 보세요.

3. 스티커와 테이프로 구멍을 막는 것은 쉽고 재미있는 활동이지만, 곧바로 긍정적인 말을 떠올리기가 어려울 수 있습니다. 스티커에 나의 강점과 장점을 적어서 붙여도 좋고, 그 문제에 대한 해결책을 적을 수도 있습니다. 학생이 다양하게 사고할 수 있도록 이끌어 주세요.

4. 학생이 완성한 종이컵을 집에 가져가서 눈에 잘 보이는 곳에 둘 수 있도록 알려 주세요. 자신이 작성한 긍정적 자기대화를 매일 되새길 수 있습니다.

집단상담 Tips

1. 집단원들이 돌아가면서 자신의 컵에 뚫린 구멍이 어떤 경험과 관련이 있는지 개방하는 시간을 갖습니다. 이를 위해서는 사전에 충분한 라포가 형성되어야 하며, 비밀을 보장해 줄 것을 다시 한번 약속합니다.

2. 각자 구멍을 다 막고 나서 집단원들이 하나씩 서로에게 해 주고 싶은 말을 적어 주는 활동을 할 수 있습니다.

3. 활동이 끝난 후 자신에게 가장 도움이 되었던 말이 무엇이었는지 각자 발표하고, 해당 문장을 큰 소리로 다 같이 읽어 보는 시간을 가져 보세요.

😊 어떤 활동인가요?

'성장저금통'은 종이컵을 간단히 변형하여 저금통을 만드는 활동입니다. 연령이 어린 학생들은 이전 상담 회기에서 주어진 회기 간 과제를 잊어버리거나, 회기 간 느낀 감정이나 사건 등을 다음 회기에 회상하는 것을 어려워하기도 합니다. 이를 방지하고 상담을 촉진시키기 위하여 일상생활 속에서 성장저금통을 활용할 수 있습니다. 성장저금통을 통해 학생들은 본인의 성공 경험이나 회기 간 느낀 감정과 사건들을 즉각적으로 저장할 수 있습니다. 이를 통해 상담 회기 간 상담의 효과를 유지할 수 있으며, 이전 회기와 연속성을 가지고 새로운 회기를 진행할 수 있습니다.

🧒 누구에게 도움이 될까요?

✅ 성공 경험이 부족한 학생

✅ 회기 간 과제를 잘 수행해 오지 않는 학생

✅ 회기 사이에 일어난 새로운 사건이나 감정 등을 떠올리는 것을 어려워하는 학생

🧒 무엇이 필요한가요?

🖍️ **뚜껑이 있는 종이컵, 종이컵을 꾸밀 수 있는 도구**(색연필, 사인펜, 색종이 등)

★ 꼭 뚜껑이 있어야 하나요?

성장저금통의 내용을 수시로 확인하기보다는 약속된 회기에 교사와 함께 열어 보고 긍정의 시간을 갖는 것이 좋습니다. 따라서 뚜껑이 있는 종이컵을 활용해 평소에는 닫아 놓은 것이 좋습니다.

🧒 상담 과정

1. 성장저금통을 소개하면서 상담 회기 간 과제를 상기시키며 성장저금통의 필요성을 안내합니다.

"오늘은 회기 사이에 선생님이 내준 과제를 얼마나 성실하게 하였는지 확인할 수 있는 성장저금통을 만들어 볼 거예요."

"지난 회기에 우리가 약속한 과제가 무엇이었지요? 종종 과제를 까먹을 때가 있는데, 까먹지 않고 수행할 수 있도록 도와주는 도구를 만들어 볼 거예요."

2. 종이컵에 쪽지를 넣을 수 있는 구멍을 뚫고, 겉
면을 학생의 상담 목표와 관련하여 꾸밉니다.

"종이컵에 동전이 들어갈 정도의 구멍을 뚫어
줄 거예요. 그리고 우리 상담의 목표와 관련
된 그림들로 이 컵을 꾸며 봅시다."

3. 성장저금통의 용도 및 활동을 소개합니다.

"우리는 이 성장저금통을 집으로 가져가서
우리가 정한 미션을 수행할 때마다 수행한
미션을 쪽지에 적어서 성장저금통에 넣어 줄
거예요."

4. 성장저금통의 규칙을 안내합니다.

"그리고 다음 시간에 성장저금통을 가지고
와서 선생님과 함께 쪽지가 얼마나 들었는지
확인해 볼 거예요. 쪽지가 많이 들어 있을수
록 과제 수행을 잘 했다는 걸 알 수 있겠죠?
선생님과 함께 열어 보는 것이 우리끼리의 약
속이기 때문에 먼저 열어 보지 않기로 해요."

5. 다음 회기에 가지고 온 성장저금통을 열어
보면서 성공 경험에 대해 이야기를 나누고
점검합니다.

"한 주 동안 열심히 모은 쪽지가 담긴 성장저
금통을 열어 볼게요. 우리의 미션을 얼마나
잘 수행했는지 함께 확인해 봅시다."

초인지 전략에서의 자기점검

　　자기점검이란 초인지 전략의 한 유형으로, 본인의 행동을 스스로 관찰하고 기록함으로써 행동의 변화를 유도하는 것입니다. 이때 초인지란 지식이나 사고 과정에 대한 인지 혹은 인지와 사고 과정에 대한 조절과 관련된 개념을 말하는데, 스스로 본인의 행동과 감정을 관찰하고 기록함으로써 자신의 사고 과정과 행동을 알아차리고 이를 올바른 방향으로 학습하는 것을 의미합니다. 어린 연령의 학생들이 사고만으로 본인의 행동을 점검하는 것은 쉽지 않기 때문에, 성장저금통과 같은 매체를 활용하여 학생들이 본인의 행동 및 감정을 돌이켜 볼 수 있도록 한다면 자기점검 과정을 촉진할 수 있습니다.

Tips 개인상담

1. 쪽지의 개수가 많은 것이 중요한 것이 아님을 사전에 안내하여 거짓으로 미션 수행에 임하지 않도록 강조합니다.
2. 약속된 회기 이전에 먼저 저금통을 열어 보지 않을 것을 함께 약속합니다.
3. 다음 회기에서 미션쪽지만 가지고도 성공 경험을 공유할 수 있도록 최대한 구체적으로 미션쪽지를 작성할 수 있도록 합니다.
4. 단순히 성공 경험을 읽고 끝나는 것이 아니라 자기점검이 이루어질 수 있도록 수행에 대한 구체적인 질문(미션 수행이 어렵지는 않았는지, 어려운 미션 수행을 위해 어떠한 노력을 했는지 등) 등을 던지는 것이 좋습니다.

집단상담 Tips

1. 집단원들과 쪽지의 개수를 비교하지 않도록 사전에 안내합니다.
2. 성공 경험을 함께 공유하고, 상대의 성공 경험에 대해 함께 격려하고 지지하는 집단의 분위기를 조성합니다.

🙂 한 걸음 더!

★ 감정저금통: 나의 긍정/부정 감정을 돌이켜 보기

　　내가 느끼는 감정의 종류를 확인하기 위해 감정저금통 활동을 진행할 수 있습니다. 긍정 감정은 빨간색 쪽지로, 부정 감정은 파란색 쪽지로 사전에 약속하고, 회기 간 내가 긍정적 감정을 느낀 경험 혹은 부정적 감정을 느낀 경험을 정해진 색의 쪽지에 적어 감정저금통에 넣는 활동입니다. 이를 통해 학생들은 본인이 어떠한 경우에 긍정적인 감정과 부정적인 감정을 느끼는지 알 수 있고, 평상시에 본인이 많이 느끼는 감정에 대해 알 수 있습니다.

5. 상자를 활용한 상담 기법

★ 상자, 상담에서 어떻게 활용할 수 있을까요?

나만의 구급상자를 만들어 보세요!

상자 안에 나의 긍정적 자원과 강점을 상징하는 물건을 넣어 마음 구급상자를 만들 수 있어요!

걱정상자로 활용해 보세요!

상자 안에 여러 사람의 익명 고민쪽지를 넣고 함께 이야기해 볼 수 있어요!

주사위로 사용해 보세요!

정육면체 도면을 활용하여 상자를 만들고 긍정 주사위로 활용할 수 있어요!

★ 상자는 이런 점이 좋아요!

　　상자 안에 자신의 마음을 편안하게 하는 물건을 담아 보는 활동은 심리적 위기 상황에서 긍정적 대처 자원을 탐색하는 데 도움이 됩니다. 또한 속이 보이지 않는 상자라는 안전한 공간에 자신의 고민이나 걱정거리를 솔직하게 털어놓을 수 있습니다. 상자는 다양한 미술 재료로 겉과 속을 꾸미거나 입체 도면으로 직접 만들어 보는 등 여러 상담 장면에서 활용될 수 있습니다. 다양한 상자의 장점을 상담 장면에서 활용해 보세요!

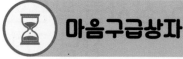

마음구급상자

😊 어떤 활동인가요?

 '마음구급상자'는 학생의 긍정적 대처 자원을 활용하여 심리적 위기 상황에서 탄력적으로 회복할 수 있도록 돕는 활동입니다. 학생은 마음구급상자를 만들어 보는 과정에서 자신의 강점과 긍정적 대처 자원에 대해 확인할 수 있으며, 심리적인 위기 상황에서 활용해 볼 수 있습니다. 이는 긍정심리학에서 강조하는 〈보호 요인〉을 찾는 활동이며, 개인이 보이는 취약성이나 위험 요인보다는 강점과 대처 자원을 강조하여 어려움으로부터 회복하는 것을 목표로 하고 있습니다. 학생들은 이 활동을 통해 자신의 긍정적인 자원을 탐색하고 활용하는 방법을 구체화할 수 있습니다.

😊 누구에게 도움이 될까요?

☑️ 스트레스 관리를 어려워하는 학생

☑️ 자신의 강점과 긍정적 대처 자원을 인식하는 것이 어려운 학생

☑️ 회복탄력성이 부족한 학생

😺 무엇이 필요한가요?

🖊️ 상자, 종이, 펜, 기타 물건

★ 왜 상자가 좋을까요?

상자는 물건을 담고 보관하는 속성을 가지고 있는 도구입니다. 자신의 강점과 대처 자원을 시각화하여 상자에 담는 행위는 학생의 탄력성을 확인하고 구체적인 실행 계획을 세워 보는 데 도움이 됩니다.

🦭 상담 과정

1. 오늘의 활동을 소개하며 학생이 마음구급상자에 무엇을 넣어 볼 수 있을지 함께 이야기를 나누어 봅니다.

"오늘은 상자를 활용해서 내 마음의 구급상자를 만들어 볼 거예요. 내가 다쳤을 때 상처를 치료하려면 구급상자가 필요한 것처럼, 마음구급상자는 내 마음이 아프고 힘들 때 도움을 줄 수 있어요."

"내가 마음구급상자를 만들어 본다면 무엇을 넣을 수 있을까요? 직접 넣어 보아도 좋고, 종이에 그림이나 글을 써서 넣어 보아도 좋아요."

2. 학생이 말하는 자원이나 강점에 대해 함께 이야기를 나누어 봅니다.

"친구들에게 말하는 게 도움이 된다고 생각하는군요. 그럼 주로 어떤 상황에서 도움이 될 수 있을까요?"

3. 긍정적 대처 자원과 강점을 정한 뒤에 마음구급상자를 꾸며 보도록 합니다.

"그러면 이제는 우리가 말한 내용을 잘 나타내는 물건을 넣거나 그림으로 그려서 구급상자에 넣어 보고 구급상자를 꾸며 보도록 해요."

4. 완성된 마음구급상자를 보며 어떤 느낌이 드는지 이야기를 나누어 봅니다.

"마음구급상자를 보니까 어떤 마음이 들어요?"

5. 학생이 힘들어하는 상황들을 떠올려 보도록 하고, 이때 구급상자에서 무엇을 꺼내 볼 수 있을지 구체적으로 이야기해 봅니다.

"누군가 내 이름을 가지고 놀려서 화가 났다면, 마음구급상자에서 무엇을 꺼내 보면 좋을까요?"

보호 요인(protective factors)

가정 내에서 학대나 방임을 경험하거나 또래 간 폭력을 경험하는 등의 극단적인 요소들은 학생들의 어려움과 문제 행동을 유발하는 요소로 작용할 가능성이 높습니다. 이러한 요소들을 심리학에서는 위험 요인이라고 합니다. 하지만 때로는 학생 개인의 지각이나 신념, 부모나 또래 친구들의 지지 등이 문제 행동을 감소시키거나 차단시켜 주는 역할을 하기도 합니다. 심리학에서는 이러한 요소들을 보호 요인(protective factors)이라고 부릅니다. 이러한 보호 요인을 가지고 있는 학생들은 위험 요인에 노출되더라도 어려운 상황에 좀 더 쉽고 유연하게 대처할 수 있습니다. 이번 활동은 학생들의 보호 요인을 발견하고 이를 강화할 수 있다는 점에서 미래의 어려움을 사전에 예방할 수 있다는 장점이 있습니다.

1. 학생이 자신의 평소 모습을 돌아보며 긍정 자원이나 강점을 찾을 수 있도록 격려해 주세요.

2. 마음구급상자에는 도움이 되는 물건(사탕, 좋아하는 물건 등)을 넣어도 되지만, 이를 시각화하여 그림으로 표현하거나 도움이 되는 글귀('심호흡을 해 보자.', '잘될 거야!' 등)를 적어 볼 수도 있습니다.

3. 학생이 선택한 긍정 자원이나 대처 전략을 언제 어떻게 사용할 수 있을지 구체적으로 계획을 세워 보세요.

4. 마음구급상자를 머릿속으로도 상상하여 심리적 위기 상황일 때 자연스럽게 떠올려 볼 수 있도록 도와주세요.

1. 집단원들이 돌아가며 자신의 긍정 자원이나 대처 전략을 차례로 소개할 수 있도록 도와주세요.

2. 다른 집단원들의 의견을 들으며 함부로 평가하거나 판단하지 않도록 사전에 약속하여 안전한 분위기를 형성하는 것이 좋습니다.

3. 발표를 모두 들은 뒤, 집단원들의 의견 중에서 좋다고 생각하는 점이나 새롭게 시도해 보고 싶은 대처 전략에 대해 의견을 나눌 수 있도록 도와주세요. 이를 통해 자신이 생각해 보지 못했던 새로운 대처 전략을 배울 수 있습니다.

4. 발표가 끝나면 집단원들의 긍정 자원이나 대처 전략이 모두 다를 수 있다는 점을 강조하고, 자신에게 맞는 대처 전략을 이해하고 활용해 보는 것이 중요하다는 것을 강조해 주세요.

걱정을 담아요

어떤 활동인가요?

'걱정을 담아요'는 자신의 고민을 종이에 적어 걱정상자에 넣고 하나씩 꺼내어 해당 문제에 대한 자신만의 해결책을 공유하고 자기 자신 또는 고민의 주인에게 위로와 공감의 말을 전하는 활동입니다. 학생들은 활동을 통해 개인적으로 또는 집단 내에서 다양한 주제의 걱정과 고민거리에 대해 접할 수 있고, 특히 집단 활동에서는 자신과 유사한 고민을 가진 집단원을 통해 〈보편성〉을 경험할 수 있습니다. 또한 걱정상자의 '익명성'이라는 특성 덕분에 평소에 자신의 이야기를 솔직하게 꺼내기 어려워했던 학생이 자신의 고민을 털어놓고 자유롭게 이야기해 볼 수 있습니다.

🧑 누구에게 도움이 될까요?

☑️ 비슷한 주제의 고민을 갖고 있는 학생들

☑️ 스스로 대처 방법을 찾는 데 어려움이 있는 학생들

☑️ 자신의 문제에 대해 솔직하게 이야기하지 못하는 학생들

👹 무엇이 필요한가요?

🖍️ 상자, 종이, 풀, 스티커, 마스킹테이프, 마커 등

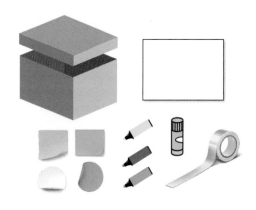

★ 어떤 상자가 좋을까요?

상자의 입구가 닫혀 있어야 다른 사람들이 쉽게 내용물을 볼 수 없습니다. 학생이 자신의 걱정을 털어놓을 수 있을 만큼 안전하다는 느낌을 받도록 반드시 뚜껑이 있는 상자를 사용해 주세요.

👧 상담 과정(집단상담)

1. 집단원들이 함께 걱정상자를 꾸밉니다.

"여러분, 오늘은 우리들만의 걱정상자를 만들어 볼 거예요. 상자를 여러분 마음대로 꾸미며서 우리의 걱정, 고민거리들을 모두 이 상자에 넣어 봅시다."

2. 집단원들은 각자 종이에 자신의 고민을
   적고 익명으로 걱정상자에 넣습니다.

   "여러분의 고민을 종이에 적어서 걱정상
   자에 넣어 볼까요?"

3. 걱정상자를 흔들어서 종이들이 골고루 섞
   이도록 하고, 집단원들이 돌아가며 하나
   씩 고민을 꺼내어 큰 소리로 읽습니다.

   "돌아가면서 고민쪽지를 하나씩 꺼내서
   읽어 볼 거예요. 누구의 고민인지는 밝히
   지 않을 거니까 자유롭게 이야기해 주세
   요. 누가 먼저 해 볼래요?"

4. 고민이 나올 때마다 경청하고, 자신에게
   도움이 되었던 해결책을 공유하거나 위
   로와 공감의 말을 한 명씩 전합니다.

   "혹시 이 고민과 비슷한 경험을 해 본 친
   구가 있나요? 그때 어떻게 대처했나요?"

5. 활동에 대한 소감을 나누고 자신에게 가
   장 도움이 되었던 말을 이야기합니다.

   "여러분, 오늘 활동 어땠나요? 오늘 나에게
   가장 도움이 되었던 말은 무엇이었나요?"

🧑 상담 예시

'걱정을 담아요' 활동은 집단상담의 과정 중 작업 단계에 적합한 활동이지만, 고민쪽지가 갖는 '익명성'이 집단원들의 솔직한 자기개방을 촉진하기 때문에 집단 초기에도 충분히 활용할 수 있습니다. 집단을 진행할 때 공통의 관심사를 연결함으로써 집단응집력을 높여 원활한 상호 피드백이 이루어지도록 하면 효과적입니다.

key point

활동을 소개할 때 집단원들과 함께 합의하여 집단규칙을 설정합니다.
ex) 고민쪽지를 읽을 때 경청하기, 누구의 고민인지 함부로 추측하지 않기 등

교사: 자, 이제 고민쪽지를 다 넣었으면 돌아가면서 하나씩 뽑고 읽어 볼까? 함께 규칙을 정했던 것처럼 나머지 친구들은 고민을 경청한 후 그 고민에 대해 자유롭게 이야기를 나누어 보자.

세희: 네. (걱정상자에서 종이 하나를 꺼낸다.) "친한 친구가 약속을 어겨서 싸웠는데 어떻게 화해해야 할지 모르겠다. 친구가 마음대로 약속을 어기고 사과도 제대로 하지 않아서 내가 먼저 화를 냈는데, 그렇게 싸운 이후로 이 친구랑 멀어졌다."

key point

한 집단원의 말이나 행동을 다른 집단원의 관심사와 연결시켜 집단원들 간의 상호작용을 촉진합니다. 공통의 주제, 관심사를 공유하는 것도 집단응집력 향상에 도움이 됩니다.

교사: 지영이가 '아~' 하면서 고개를 끄덕였는데, 혹시 비슷한 경험을 한 적이 있나요?

지영: 네, 엄청 공감됐어요. 저도 얼마 전에 친구랑 비슷한 문제로 얘기한 적이 있거든요. 저는 학교에서 배운 '나-전달법'으로 친구에게 섭섭한 점을 이야기했는데 도움이 많이 되었어요.

교사: '나-전달법'이 어떤 대화법인지 친구들에게 짧게 설명해 줄 수 있을까?

지영: 네, '나-전달법'은 행동, 기분, 부탁 순서대로 이야기하는 거예요. 저는 약속에 자주 늦는 친구에게 '지난번에 네가 말도 없이 늦게 와서 1시간 넘게 기다렸는데, 나와의 약속을 소중하게 여기지 않는다고 느껴서 너무 섭섭하고 화가 났어. 다음부터는 늦기 전에 미리 연락을 주거나 약속 시간을 여유롭게 정하면 좋겠어.' 이렇게 얘기했어요.

교사: 좋은 대화 방법이구나. 고민쪽지를 읽어 주었던 세희가 이 고민의 주인공이라면, 지영이가 알려 준 방법을 시도해 볼 수 있을까?

세희: 네, 한번 해 볼 수 있을 것 같아요. 만약 직접 얼굴 보고 이야기하기 어려우면 같은 내용으로 편지를 쓰거나 톡을 보내는 것도 좋은 방법인 것 같아요.

교사: 좋은 생각이다. 다른 친구들은 어떨까요? 정해진 답이 없기 때문에 우리의 생각, 느낌, 경험 등 어떤 이야기라도 나눠 주면 좋을 것 같아.

key point

안전하고 수용적인 분위기를 조성합니다. 집단원들의 생각이나 느낌, 경험을 있는 그대로 솔직하게 표현할 수 있도록 촉진해 주세요. 교사가 먼저 시범을 보여 주는 것도 좋습니다.

민규: 저는 친한 친구랑 싸우는 게 제일 슬프고 속상하더라고요. 그 상처도 오래 가고요. 이 친구한테 힘내라고 말해 주고 싶어요.

승아: 내가 화낸 것에 대해서 먼저 사과하고 다가가면 그 친구도 마음을 열어 줄 것 같아요. 친한 친구라고 했으니 꼭 용기 내어 다가가서 화해했으면 좋겠어요.

교사: 맞아. 친구들의 이야기가 이 고민의 주인공에게 도움이 되었으면 좋겠다. 자, 그럼 이제 세희가 다음 사람에게 걱정상자를 넘겨 볼까?

key point

걱정상자는 옆 사람에게 차례대로 전달해도 되지만, 다음 사람을 직접 지목하게 해도 좋습니다. 자유로운 상호작용을 촉진하여 집단역동을 관찰해 보세요.

보편성(universality)

보편성이란 얄롬(Yalom)이 제시한 집단상담의 치료적 요인 중 하나로, '나 혼자가 아니구나.' 하는 느낌을 의미합니다. 즉, 자신의 문제가 자신만 경험하는 것이 아니라 다른 사람도 비슷한 문제를 겪고 있다는 것을 깨닫게 되는 것입니다. 이는 수치심이나 무가치감을 줄여 주고, 집단원 스스로를 수용하는 데 도움이 됩니다. 또한 집단원들은 집단상담에서 상호작용을 통해 자신들의 고민이 매우 비슷하다는 사실을 경험하면서 서로를 더 잘 이해하게 되어 집단 과정이 촉진됩니다. 집단원들은 서로의 고민을 솔직하게 나누는 '걱정을 담아요' 활동을 통해 이러한 보편성을 경험할 수 있습니다.

개인상담

1. 학생들이 직접 자신만의 걱정상자에 특별한 이름을 붙여 줄 수도 있습니다.

    ex) 미니 고민 상담소, 나만의 대나무숲

2. 개인상담에서는 고민거리가 많은 학생에게 적용하여 걱정상자에 모든 고민을 적어서 넣어 보고, 회기당 하나씩 꺼내어 이야기해 보는 방식으로 활용할 수 있습니다.

3. 학교 상담실의 경우에는 걱정상자를 크고 튼튼하게 만들어 학생들 누구나 언제든지 자신의 걱정을 상자 안에 털어놓을 수 있도록 개방해도 좋습니다.

4. 스스로 해결책을 떠올리지 못하는 학생의 경우, 만약 다른 사람의 고민이라면 그 사람에게 어떤 말을 해 주고 싶은지 생각해 볼 수 있습니다.

집단상담

1. 상자를 꾸미는 활동도 게임의 형태로 진행할 수 있습니다. 모두에게 공평한 기회가 갈 수 있도록 한 차례에 한 번씩 꾸미는 것을 규칙으로 정하고, 한 명씩 돌아가면서 꾸며 보세요.

2. 고민의 개수는 하나여도 좋고 1인당 1개 이상으로 정해도 좋습니다.

3. 집단의 특성, 집단응집력 수준에 따라 고민을 익명으로 적을지 말지를 결정합니다.

4. '나에게 가장 도움이 되었던 말'은 반드시 자신의 고민에 대한 답변이 아니어도 괜찮습니다.

5. 걱정상자에 넣었던 고민 중 집단원들의 이야기를 듣고 어느 정도 해결되었거나 더 이상 고민이 아니라고 느껴지는 것은 상자에서 꺼내 보는 시간을 가져도 좋습니다.

🍪 한 걸음 더!

★ 롤링페이퍼 변형 활동: 나의 마음 선물하기!

　집단 활동을 마무리할 때 롤링페이퍼를 써서 집단원들이 서로에게 편지를 써 주곤 합니다. 롤링페이퍼 대신에 집단원들 각자 자신을 대표하는 작은 상자를 꾸미고, 그 상자 안에 쪽지를 넣어 주는 활동을 해 봅시다. 쪽지에는 그 집단원을 향한 나의 마음을 담아 편지를 쓰는 것으로, 칭찬, 응원, 위로 무엇이든지 좋습니다. 입체적인 상자 안에 담긴 편지들은 집단원들에게 또 하나의 지지 자원이 되어 줄 것입니다.

👨 어떤 활동인가요?

　'긍정주사위'는 정육면체의 도면을 활용하여 학생이 각 면에 제시된 주제와 관련된 경험을 이야기하는 활동입니다. 각 면에 제시된 주제는 긍정심리학의 〈PERMA〉에 해당하는 요인으로, 학생이 스스로 본인의 강점이 되는 특성을 발견할 수 있게 합니다. 각 면을 꾸미고 하나의 주사위 형태를 만드는 과정을 통해 학생은 주제와 관련하여 스스로를 성찰하고 긍정적인 자아상을 형성하게 됩니다. 뿐만 아니라 원활한 자기개방을 유도하여 상담 과정을 촉진할 수 있습니다.

누구에게 도움이 될까요?

☑ 부정적인 자아상을 갖고 있는 학생

☑ 자아정체성에 혼란을 겪는 학생

☑ 상담 과정에서 자기개방에 어려움을 경험하고 있는 학생

무엇이 필요한가요?

✏ 정육면체 도면, 펜

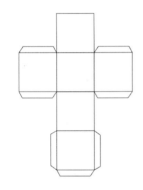

★ 왜 주사위 형태여야 하나요?

주사위를 굴리면 나오는 주제에 대해 자연스럽게 탐색할 수 있으므로 놀이의 형태로 상담을 촉진할 수 있다는 점이 가장 큰 장점입니다. 또한 주사위는 작고 휴대하기 편하다는 특성이 있어서, 일상생활 속에서도 휴대하며 자신의 강점과 자원을 떠올리고 긍정적 자아상을 확립할 수 있습니다.

상담 과정

1. 주사위 도안을 제시하고 PERMA의 개념에 대해 소개합니다.

"오늘은 우리가 이 주사위 도안을 꾸며서 긍정주사위를 만들어 보고, 주사위를 굴려 나오는 주제에 대해 이야기해 볼 거예요."

"우리가 긍정적이고 행복하게 살아가기 위해선 무엇이 필요할까요? 오늘은 진정한 행복을 위해 필요한 5가지 요인의 첫 글자를 딴 PERMA에 대해 이야기를 나눠 봅시다."

2. 학생이 정육면체의 도면을 꾸밀 수 있
   도록 PERMA의 다섯 가지 요인이 무엇
   을 의미하는지 소개합니다.

   "이 정육면체의 각 면에는 P(긍정적 정
   서), E(몰입), R(관계), M(의미), A(성취), 그
   리고 나에 대해 쓰여 있어요."

3. 학생이 정육면체 도면의 각 면을 꾸미고
   완성된 하나의 주사위를 만들 수 있도록
   합니다.

   "이제 다섯 가지 요인에 대해 생각해 보
   고, 그 단어를 생각하면 떠오르는 이미
   지로 각 면을 꾸며 봅시다."

   "모든 면을 꾸미고 색칠했으면 도면을 오
   려서 하나의 주사위로 만들어 봅시다."

4. 완성된 주사위를 굴리고 주사위에서 나
   온 요인과 관련하여 학생의 경험을 개방
   할 수 있도록 합니다.

   "이제 완성된 주사위를 굴려 봅시다. 주사
   위를 굴려서 나오는 면과 관련된 OO이의
   경험을 공유해 주면 돼요."

   "P가 나왔네요. P는 긍정적 정서를 의
   미해요. OO이는 언제 주로 긍정적인
   정서를 느끼는지 생각해 봅시다. 아니면
   어떤 정서가 OO이에게 긍정적으로 다가
   오는지 생각해 봐도 좋아요."

5. 긍정주사위를 만들고 상담 활동을 하며 느낀 점과 소감을 함께 나누어 봅니다.

"○○이만의 긍정주사위를 만들고 각각의 요인에 대해 함께 이야기해 보았는데 어떤 느낌이 들었나요?"

"완성된 긍정주사위를 보니 어떤 마음이 들어요?"

긍정심리학의 PERMA 모델

　　긍정심리학자 마틴 셀리그만은 진정한 행복인 플로리시(flourish)에 도달하기 위해 필요한 다섯 가지 요인으로 PERMA를 제시하였습니다. 첫 번째 요인인 긍정적 정서(Positive emotion)는 기쁨, 희열, 따뜻함, 자신감, 낙관성 등의 긍정적인 정서를 의미합니다. 두 번째 요인인 몰입(Engagement)은 시간 가는 줄 모르는 것, 어떤 활동에 빠져들어 자각하지 못하는 것을 의미합니다. 세 번째 요인인 관계(Relationship)는 타인과 함께하는 것을 의미합니다. 네 번째 요인인 의미(Meaning)는 자신보다 더 중요하다고 믿는 어떤 것에 소속되고 그것에 기여하는 것을 의미합니다. 마지막 요인인 성취(Accomplishment)는 남을 이기기 위해서 혹은 돈을 벌기 위해서가 아니라 성취 그 자체가 좋아서 추구하는 것을 의미합니다. 이러한 다섯 가지 요인을 탐색하고 진정한 행복인 플로리시에 도달하기 위한 방법으로 '긍정주사위'를 활용할 수 있습니다.

1. PERMA라는 개념이 낯설 수 있으므로 활동 이전에 학생이 해당 개념에 대해 이해할 수 있도록 충분한 설명을 제공해 주세요.
2. 해당 주제와 관련된 경험은 정답이 없다는 것을 알려 주고 편안한 마음으로 자신을 돌아볼 수 있도록 수용적인 분위기로 대화를 이끌어 나가세요.
3. 비어 있는 정육면체 도안을 제시하여 PERMA 요인 대신에 다른 주제(관계, 성격 등)를 학생 스스로 정하고 칸을 채우는 방식으로 변형할 수 있습니다.
4. 주사위 도안 2개를 동시에 활용하면 보다 심층적인 이야기를 다룰 수 있습니다. 예를 들어, 하나의 도안에는 중요한 타인 6명, 다른 하나의 도안에는 6가지의 긍정·부정 감정을 작성한 후, 두 주사위를 동시에 굴려 해당 인물에게 해당 감정을 느낀 경험을 이야기합니다. 이처럼 학생의 특성과 상황에 맞게 다양한 주제로 주사위를 만들어 활용할 수 있습니다.

1. 집단원들이 돌아가면서 자신의 PERMA를 소개할 때 시간이 부족하다면 각자 하나의 주제를 맡아 이야기해도 좋습니다.
2. 수용적이고 지지적인 분위기를 조성하여 집단원들이 자기개방을 할 때 서로 긍정적인 피드백을 주고받도록 촉진합니다.
3. 만들기에 지나치게 집중하느라 자기개방이 원활히 이루어지기 어려울 수 있습니다. 도안을 꾸미는 것에 초점을 맞추기보다 해당 요인과 관련된 자신의 경험을 공유하는 것이 중요함을 사전에 안내하는 것이 필요합니다.

P: 긍정적 정서

R: 관계

나

E: 몰입

M: 의미

A: 성취

6. 봉투를 활용한 상담 기법

★ 봉투, 상담에서 어떻게 활용할 수 있을까요?

가면을 만들어 보세요!
불투명한 봉투를 활용할 경우
대상이나 물체를 숨길 수 있고,
구멍을 뚫어 가면으로
활용할 수 있어요!

연을 만들어 보세요!
아무것도 적혀 있지 않은
무지의 봉투를 펜으로 꾸며
나만의 연을
만들어 볼 수 있어요!

**투명봉투와 검은봉투의
기능을 활용해 보세요!**
봉투의 투명성이
다른 점을 활용하여 상담을
진행할 수도 있어요!

★ 봉투는 이런 점이 좋아요!

봉투는 무언가를 담는 기능을 하기 때문에 물체나 대상을 숨길 수 있습니다. 구멍을 뚫으면 가면으로 활용할 수 있다는 장점이 있습니다. 특히 펜을 활용하면 쉽게 봉투를 꾸밀 수 있기 때문에 자유롭게 봉투 위에 글을 쓰거나 그림을 그릴 수도 있습니다. 비닐봉투의 경우, 투명성에 따라 종류가 다양하기 때문에 다양한 종류를 활용하여 상담 장면에 활용할 수도 있습니다.

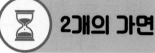 2개의 가면

🧑 어떤 활동인가요?

'2개의 가면'은 종이봉투를 활용하여 학생의 〈페르소나와 그림자〉를 파악하고 표현해 보는 활동입니다. 학생은 봉투에 구멍을 뚫어 타인에게 보이는 자신의 이미지인 '페르소나'와 스스로 의식하기 싫은 자신의 부정적 측면인 '그림자'를 그림으로 표현합니다. 학생은 봉투가면을 차례로 써 보는 경험을 통해 자신의 페르소나와 그림자를 이해할 수 있으며 다양한 모습을 조화롭게 통합할 수 있습니다. 이는 융(Jung, C.)의 분석심리학의 주요 개념인 페르소나와 그림자를 활용한 것으로, 학생의 의식과 무의식을 통합하여 균형감 있고 조화로운 자기상을 형성할 수 있는 효과가 있습니다.

누구에게 도움이 될까요?

- ✔ 감정을 억압하는 학생
- ✔ 자신의 부정적인 모습을 표현하는 데 어려움이 있는 학생
- ✔ 자존감이 낮은 학생

무엇이 필요한가요?

> 🖊 종이봉투, 가위, 사인펜

★ 왜 종이봉투가 좋을까요?

종이봉투는 따로 모양을 변형시키지 않아도 눈에 구멍을 뚫으면 가면처럼 쓸 수 있으며 봉투의 양면을 모두 활용할 수 있다는 장점이 있습니다.

상담 과정

1. 종이봉투와 색연필, 가위를 준비하여 오늘의 활동을 소개하며 학생이 스스로 가면을 만들고 꾸며 보도록 합니다.

"오늘은 종이봉투를 활용해서 2개의 가면을 만드는 활동을 해 볼 거예요."

"첫 번째 가면에는 다른 사람들에게 보여 주고 싶은 내 모습을 표현해 볼 거예요. 사람들은 내가 어떤 모습이기를 바랄까요?"

"반대로 두 번째 가면에는 내가 받아들이기 힘든 내 모습을 표현해 볼 거예요. 사람들이 별로 좋아하지 않을 것 같은 내 모습은 무엇일까요?"

2. 학생이 가면을 완성하면 먼저 첫 번째 가면 (페르소나)에 대해 질문해 봅니다.

"첫 번째 가면은 나의 어떤 모습인가요?"

"내가 이런 모습이기를 바라는 사람들은 누구일까요?"

"나는 이 가면을 쓰면 어떤 마음이 들까요?"

3. 다음에는 두 번째 가면(그림자)에 대해 질문해 봅니다.

"두 번째 가면은 나의 어떤 모습인가요?"

"나의 이런 모습을 별로 좋아하지 않을 것 같은 사람들은 누구일까요?"

"나는 이 가면을 쓰면 어떤 마음이 들까요?"

4. 가면을 번갈아 써 보면서 학생이 하고 싶지만 하지 못했던 말을 표현해 보도록 합니다.

"가면을 차례로 써 보면서 내가 사람들에게 (또는 나 자신에게) 하고 싶은 말을 해 볼까요?"

5. 활동이 끝난 후 다시 가면을 바라보도록 하며 어떤 느낌이 드는지 질문해 봅니다.

"(활동이 끝난 후 다시 가면을 바라보며) 지금은 가면을 바라보니 어떤 마음이 드나요? 만약 가면을 바꿀 수 있다면 어떻게 바꿔 볼 수 있을까요?"

페르소나와 그림자란?

페르소나(persona)란 '소리를 통해'라는 라틴어 'per sonare'에서 비롯된 이탈리아어로, 배우가 연기할 때 사용하는 가면을 의미합니다. 심리학자 융은 페르소나를 개인이 외부에 보이는 이미지라고 정의하였습니다. 그는 사람들이 환경과 역할에 따라 다양한 페르소나를 가질 수 있지만, 이것이 지나치면 본래 자신의 모습을 감추게 될 수 있어 주의해야 한다고 강조하였습니다.

그림자(shadow)란 자신이 받아들이기 어려운 자신의 부정적 측면을 의미합니다. 융은 자아 중에서도 집단에서 받아들여지지 않는 부분은 무의식으로 숨게 되는데, 이때 숨겨지는 부분을 '그림자'라고 말했으며, 이러한 그림자 역시 없어져야 할 것이 아니라 올바로 인식하는 것이 중요하다고 강조했습니다.

Tips 개인상담

1. 자신의 그림자가면을 표현하는 것이 어려운 학생에게는 '사람들이 좋아하지 않는 자신의 모습'에 초점을 두어 표현할 수 있도록 도와주세요.
2. 학생이 가면을 만들 때의 표정과 가면을 썼을 때 몸의 반응이 어떤지 주의 깊게 살펴 상담에 활용해 보세요.
3. 가면은 내가 만들었지만 가면을 쓰고 벗는 것은 나의 선택이라는 점을 알려 주어 학생이 가면을 계속 쓰고 싶은지 벗고 싶은지 스스로 결정할 수 있도록 도와주세요.
4. '두 개의 가면' 활동을 마친 후 가면에 변화를 주고 싶다면 어떻게 변화를 주고 싶은지 질문하며 페르소나와 그림자에 대한 학생의 변화된 태도를 탐색해 보세요.

집단상담으로 진행할 때는 페르소나/그림자를 활용해도 되지만 다양한 주제로 변형시켜 활용할 수 있습니다.

1. 참여 학생들에게 다양한 감정단어를 보여 준 뒤 감정단어를 하나씩 선택하여 그러한 감정을 느꼈을 때의 모습을 가면에 표현하도록 도와주세요.

2. 감정가면을 꾸민 뒤에는 한 명씩 나와 가면을 쓰고 어떤 상황에서 이러한 감정가면을 쓰게 되는지 표현해 보도록 합니다.

3. 감정가면을 썼을 때 자주 하게 되는 말, 하면 안 되는 말, 도움이 되는 행동, 도움이 되지 않는 행동 등을 발표해 보는 활동을 통해 다양한 감정 조절법에 관해 이야기를 나눠 볼 수 있습니다.

4. 친구들의 감정가면을 살펴본 뒤에 내가 가지고 싶은 감정가면에 대해 발표해 본다면 학생들의 숨겨진 욕구를 탐색할 수 있습니다.

날아가라! 스트레스

🧑 어떤 활동인가요?

'날아가라! 스트레스'는 비닐봉투를 활용하여 학생의 스트레스 상황과 원인을 파악하고, 학생이 스스로 만든 비닐연을 직접 날려 보는 활동입니다. 학생은 자신이 가장 스트레스받는 상황들을 떠올려 비닐봉투에 그림으로 표현하고, 어떻게 하면 스트레스를 해소할 수 있을지 스트레스 〈대처 전략〉에 대해 생각해 볼수 있습니다. 또한 실제로 야외에서 연을 날려 봄으로써 스트레스가 하늘 높이 날아가는 것을 시각적으로 경험하게 되고, 이를 통해 누적된 스트레스를 해소하고 감정이 정화되는 것을 경험할 수 있습니다.

👩 누구에게 도움이 될까요?

✔️ 다양한 상황에서 스트레스가 누적된 학생

✔️ 스트레스를 스스로 해소하고 극복하는 데 어려움이 있는 학생

✔️ 스트레스 대처 전략 확보가 필요한 학생

👹 무엇이 필요한가요?

> 🖍️ 비닐봉투, 실이나 끈, 유성매직

★ 어떤 비닐봉투를 사용하든 상관없나요?

비닐봉투 겉에 유성매직으로 그림을 그릴 수 있어야 합니다. 따라서 그림을 그릴 수 없는 검은색 비닐봉투나, 글 또는 그림이 인쇄된 비닐봉투는 사용할 수 없습니다. 가능한 한 '도화지' 역할을 할 수 있는 밝은 색상의 무지 비닐봉투를 준비해 주세요.

👦 상담 과정

1. 활동을 소개하며, '스트레스' 하면 머릿속에 어떤 이미지가 떠오르는지 자유롭게 말해 봅니다.

"오늘은 이 비닐봉투로 연을 만들어서 직접 날려 볼 거예요. 혹시 ○○이는 '스트레스' 하면 머릿속에 떠오르는 그림이 있나요?"

2. 비닐봉투에 자신이 가장 스트레스받는 상황들
   을 그려 보도록 합니다.

   "이제 연을 꾸며 봅시다. OO이는 언제 가장 스
   트레스를 받나요? 유성매직으로 스트레스받는
   상황들을 비닐봉투 위에 마음껏 그려 봅시다."

3. 나는 무엇을 하면 스트레스가 풀리는지, 해당
   상황에서 어떻게 하면 좋을지 상황별 대처 전
   략에 대해 이야기를 나누어 봅니다.

   "OO이는 이런 상황에서 무엇을 하면 스트레스
   가 풀리나요?"

   "이때 어떻게 하는 것이 도움이 될 수 있을까요?"

4. 비닐봉투에 실(끈)을 연결하여 연을
   완성하고, 넓은 공터나 운동장에서
   연을 날려 봅니다.

   "자, 이제 실을 튼튼하게 연결해서 연
   을 완성해 봅시다. 연을 완성하면 밖
   에 나가서 직접 날려 볼 거예요."

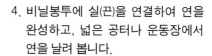

5. 활동에 대한 소감을 나누어 봅니다.

   "연을 날리고 나니 지금은 어떤 마음이 드나요?"

대처 전략(coping strategy)

대처 전략이란 개인이 살아가는 동안 마주하는 다양한 스트레스 상황에서 문제를 극복하거나 최소화하기 위해 보이는 노력이나 대처 반응 양식으로, 대처 기제 또는 대처 기술이라고도 합니다. 라자루스와 포크만(Lazarus & Folkman)은 스트레스 대처 전략을 문제중심 대처(problem-focused coping)와 정서중심 대처(emotion-focused coping)로 구분하였습니다. 문제중심 대처는 스트레스를 유발하는 문제 상황 그 자체를 변화시키기 위해 해결책을 찾는 것을 의미하며, 정서중심 대처는 사건에 대한 해석을 변화시켜 부정적인 감정 반응을 조절하고 해소하는 것을 의미합니다. 이 외에도 대처 전략은 다양하게 분류되는데, '날아가라! 스트레스' 활동은 학생들로 하여금 자신의 스트레스 대처 전략을 돌아보고 문제 상황별 대처 전략을 수립 및 평가하도록 하는 데 도움이 됩니다.

Tips 개인상담

1. 가장 스트레스받는 상황들을 비닐봉투에 그릴 때 개수는 따로 정하지 않습니다. 단, 학생이 상황을 떠올리기 어려워하거나 활동 시간이 부족할 경우에 인당 3~4개 정도로 제한할 수 있습니다.

2. 스트레스 상황에서 자신이 어떤 행동을 하는지 파악하는 것도 중요합니다. 무엇을 하면 스트레스가 풀리는지 이야기하면서 그것이 얼마나 도움이 되는지, 더 좋은 방법은 무엇이 있을지 충분히 탐색해 보세요.

3. 연을 날리기 위해 달리는 신체 활동 자체로 에너지를 발산하고 기분을 전환하는 데 도움이 됩니다. 따라서 연을 만드는 시간과 연을 날리는 시간을 적절히 배분해 주세요.

4. 소극적인 학생은 교사가 먼저 시범을 보이거나 연이 잘 날아갈 수 있도록 뒤에서 잡아 주는 등 도움이 필요합니다.

1. 연을 날리기 전에 집단원들이 돌아가면서 자신이 그린 그림에 대해 설명하면서 스트레스받는 상황에 대한 공감대를 형성할 수 있습니다.

2. 각자 무엇을 하면 스트레스가 풀리는지 집단원들의 이야기를 듣고, 새롭게 알게 된 내용이나 자신에게 가장 도움이 되었던 방법에 대해 이야기를 나누어 볼 수 있습니다. 이때 서로의 스트레스 대처 전략을 공유하는 과정에서 그것이 좋은 전략인지에 대한 평가 기준을 세워 보고 평가하는 시간도 가져 보세요.

3. 장소가 좁은 경우, 연을 날리기 위해 달리다가 서로 부딪히거나 실이 꼬이는 등 안전사고가 발생할 수 있으므로 이에 유의하며 지도해야 합니다.

4. 대형 비닐봉투를 구할 수 있다면 집단원들이 협력하여 하나의 연을 만들어 보세요.
   〈한 걸음 더!〉의 '소망 연날리기'를 참고하여 집단의 소망과 목표를 연의 몸통에 표현하고, 집단원 수만큼 연 꼬리를 만들어 각자 할 수 있는 역할을 적어 봅시다.

한 걸음 더!

★ 연날리기 변형 활동: 소망 연날리기

비닐봉투에 스트레스 상황을 그리는 대신에 자신이 가장 원하는 소망이나 목표를 그려도 좋습니다. 또한 연 꼬리를 만들어서 나의 소망과 목표를 이루기 위해 내가 할 수 있는 일이 무엇이 있는지 구체적인 실천 계획을 적어 볼 수 있습니다. 완성한 뒤에는 야외에서 직접 연을 날려 보고 자신의 소망과 목표에 대해 다짐해 보세요.

피아노 대회 1등하기

★ 기성품 활용: 실제 연 활용하기

시중에 판매되고 있는 연 만들기 세트를 활용해도 좋습니다. 연 만들기 세트를 사용하면 더욱 완성도가 높고 튼튼하다는 장점이 있지만, 살대를 꽂는 등 연을 만드는 데 시간이 오래 걸릴 수 있습니다. 따라서 집단상담이나 블록타임 수업 등 연을 만들 수 있는 충분한 시간이 확보되었을 때 사용하는 것을 추천합니다.

나를 담은 봉투

나만 아는
나의 모습!

다들 아는
나의 모습!

🧑 어떤 활동인가요?

　'나를 담은 봉투'는 비닐봉투의 투명도를 활용하여 나를 탐색해 보는 활동입니다. 비닐봉투의 투명도에 따라 검정봉투는 외부의 사람들에게 보이지 않는 반면, 투명한 비닐봉투의 경우 외부의 사람들에게도 무엇이 들었는지 보이는 특징이 있습니다. 이 활동은 비닐봉투의 특성과 〈조하리의 창〉의 원리를 결합하여 학생들이 보다 다면적으로 자기를 이해할 수 있도록 돕는 활동입니다. 〈조하리의 창〉 이론은 나와 타인과의 관계 속에서 자신이 어떤 특징을 갖고 있고, 어떤 면을 개선하면 좋을지를 보여 주는 대인관계 이해도에 관한 모델입니다. 이 활동을 통해 학생들은 다른 사람들이 보는 내 모습과 자신만 알고 있는 모습을 통합하여 보다 건강한 자기를 형성할 수 있습니다.

누구에게 도움이 될까요?

- ☑ 자신에 대한 이해가 부족한 학생
- ☑ 자의식이 과다하게 높아 다른 사람의 시선과 인식에 지나치게 민감한 학생
- ☑ 자존감이 낮은 학생

무엇이 필요한가요?

> 🖍 형용사 목록, 검정 비닐봉투, 투명 비닐봉투, 여백의 카드 크기의 용지 여러 장

★ 왜 비닐봉투가 필요한가요?

비닐봉투는 투명도에 따라 안에 들어 있는 물체가 타인에게 보이기도 하고, 보이지 않기도 하는 특성을 지니고 있습니다. 이러한 특성을 활용하면 내가 바라보는 나의 모습과 타인이 바라보는 나의 모습을 탐색하는 데 효과적입니다.

상담 과정

1. 오늘의 준비물(불투명한 검정 비닐봉투, 투명한 비닐봉투와 형용사 목록, 빈 카드)을 보고 본인의 특성을 잘 설명하는 형용사와 친구들의 특성을 잘 설명하는 형용사는 무엇일지 생각해 본 후 카드에 적게 합니다.

"오늘은 여기 있는 목록, 카드와 비닐봉투를 활용해서 나를 탐색해 보는 활동을 진행할 거예요. 각자 목록에 제시된 형용사 단어를 보고 나의 특성을 잘 설명하는 단어 5개를 골라서 5개의 카드에 각각 적어 봅시다."

2. 학생들은 각자 자신을 설명하는 형용사 5개를 하나씩 친구들에게 소개하며 해당 형용사가 본인을 잘 설명하는지 친구들의 동의를 구합니다. 친구들이 동의한 카드는 투명한 비닐봉투에 넣고, 친구들이 동의하지 않는 카드는 불투명한 검정 비닐봉투에 넣게 합니다.

> "이제 모두 각자가 갖고 있는 5개의 형용사 카드를 꺼내서 소개하는 시간을 가질 거예요. 나머지 친구들은 소개하는 친구의 이야기를 들으면서 해당 단어가 친구의 특성과 맞는지 판단해 볼 거예요. 만일 모든 친구가 해당 단어에 동의하면 모두가 서로 아는 모습이기 때문에 그 카드를 투명한 봉투에 넣어 주면 되고, 한 명이라도 동의하지 않으면 검정 비닐 봉투에 넣으면 됩니다."

3. 본인이 아닌 친구들의 특성을 잘 설명하는 단어를 개인별로 2개씩 적어 친구에게 나누어 주도록 합니다. 예를 들어, 친구가 3명이면 2장 × 3명 = 6장의 카드를 쓴 후 친구 3명에게 각각 2장씩 카드를 나누어 주도록 합니다. 친구로부터 받은 카드에 대해서도 2번과 마찬가지로 본인이 동의하면 투명봉투에, 동의하지 않으면 검정봉투에 넣도록 합니다.

> "이번에는 반대로 내가 아닌 친구들을 설명하는 형용사로 카드를 만들어 볼 거예요. 옆에 있는 친구들을 생각하면서 그 친구들의 특성을 잘 나타내는 형용사를 생각해 봅시다. 그리고 한 친구당 2개의 형용사를 선택하여 카드 2장을 만들어 해당 친구에게 줍니다. 친구들로부터 카드를 받으면 조금 전 한 것처럼 자신이 동의하면 투명봉투에, 동의하지 않으면 검정봉투에 넣으면 됩니다."

4. 검정봉투에 들어 있는 카드는 2종류로 나뉠 수 있습니다. 첫 번째는 자신이 최초 작성한 5개 중에서 친구들이 동의하지 않은 카드입니다. 이 카드는 조하리의 창에서 숨겨진(hidden) 영역(자신은 알지만, 타인은 모르는 영역)에 속한 카드입니다. 반면, 두 번째는 친구들이 작성해 준 카드 중에서 내가 동의하지 않은 카드입니다. 이 카드는 조하리의 창에서 보이지 않는(blind) 영역(자신은 모르지만, 타인은 아는 영역)에 속한 카드입니다. 이 두 종류의 카드를 탐색하면서 자신에 대한 이해를 높이도록 돕습니다.

"이제 검정봉투에서 카드들을 꺼내며 왜 해당 카드는 동의를 얻지 못했는지 이야기해 보는 시간을 가질 겁니다. 친구들이 동의하지 않은 카드의 경우 친구들에게 그 이유를 물어보고, 반면 내가 동의하지 않은 카드는 내가 그 이유를 설명해 볼 거예요."

5. 검정봉투에 담겨 있던 카드를 서로 설명함으로써 숨겨진 영역이 줄어들고, 보이지 않는 영역이 줄어들게 되면서 결과적으로 열린(open) 영역이 늘어나게 됩니다. 숨겨진 영역과 보이지 않는 영역에 있던 단어들은 왜 서로가 몰랐는지 탐색함으로써 자신에 대한 이해의 폭을 넓힐 수 있습니다. 이 활동을 통해 새롭게 알게 된 자신과 친구들의 모습에 대해 자유롭게 얘기하도록 합니다.

"검정봉투에 있는 카드에 대한 설명이 모두 끝난 것 같네요. 내가 몰랐던 나의 모습, 또 친구들은 몰랐던 나의 모습을 서로 얘기해 보니 어떤 느낌이 드나요? 이번 활동을 통해 배운 점을 나눠 봅시다."

🧑 상담 예시

한창 타인의 시선에 민감한 초등학교 고학년 학생들을 대상으로 한 집단상담 장면입니다. 이 회기는 학생들이 서로 본인이 생각하는 자신의 모습과 타인이 생각하는 자신의 모습을 비교하며 자신에 대한 이해의 폭을 넓히고 통합된 자아상을 형성하도록 돕는 내용입니다.

교사: 자신에게 해당하는 형용사 5개를 모두 적었니? 이제 각자 갖고 있는 형용사 카드를 꺼내서 소개하는 시간을 가질 거야. 다른 친구들은 친구의 형용사 카드를 들으면서 그 카드가 친구에게 잘 맞는지 생각해 보고, 동의하지 않으면 손을 들어 표시해 줄래?

> **key point**
> 투명한 봉투는 '조하리의 창'에서 나도 알고, 다른 사람도 아는 열린(open) 영역을 탐색하기 위한 도구입니다.

예은: 나는 첫 번째로 '다정한'을 골랐어. 나는 동생이 두 명 있어서 동생들에게 항상 다정하게 대한다는 소리를 들어(아무도 손을 들지 않는다. '다정한' 카드는 투명한 비닐봉투에 넣는다.) '외향적인'은…… 나는 친구들이랑 같이 나가서 노는 걸 좋아해. (두 명이 손을 든다.)

> **key point**
> 학생들이 단순히 형용사를 분류하는 것에서 그치지 않고, 왜 그 형용사가 자신을 표현하는지 구체적으로 이야기할 수 있도록 도와주세요.

교사: 유나야, 왜 손을 들었는지 이야기해 줄 수 있니? 예은이가 외향적이지 않다고 생각한 이유가 있을까?

유나: 예은이가 친구들을 좋아하긴 하지만, 친구들에게 먼저 같이 놀자고 이야기하기 부끄러워하는 경우가 많아서 저는 내향적이라고 생각했어요.

> **key point**
> 본인과 다른 의견을 이야기할 때 학생들 간의 감정이 상하는 일이 발생할 수 있습니다. 단순히 의견을 반박하는 것이 중요한 것이 아니라, 어떠한 모습을 보고 그렇게 느꼈는지 이야기할 수 있도록 지도하는 것이 필요합니다.

민지: 저는 예은이가 외향적이라기보다는 그냥 밝은 친구라는 생각이 더 많이 들었어요. 예은이의 설명을 들으니 지금까지 잘 몰랐던 예은이의 외향적인 면이 조금 이해되기는 해요.

교사: 그랬구나. 예은이의 외향적인 모습은 예은이는 알지만 유나는 잘 몰랐던 예은이의 모습이었구나. 자 그럼 '외향적인' 카드를 나만 아는 나의 모습을

key point

검정봉투는 '조하리의 창'에서 다른 사람은 알지만, 나는 모르는 모습인 보이지 않는 (hidden) 영역에 해당합니다.

의미하는 검정봉투에 옮겨 담아 보자.

(중략)

교사: 모두 친구들로부터 카드를 받아서 두 봉투에 넣었지? 그럼 이제 자신은 어떤 카드를 받았는지 소개해 보고, 나도 그렇게 생각했는지 다르게 생각했는지 한번 이야기해 보자.

예은: '독창적인'이요! 저는 한 번도 제가 독창적이고 창의적이라고 생각하지 않았는데 친구들은 제가 독창적이라고 생각했나 봐요. 그래서 검정색 비닐봉투에 넣었어요.

교사: 그랬구나. 예은이도 생각하지 못한 예은이의 모습을 친구들이 알아봐 주었구나.

유나: '겁이 많은'이요. 이건 저도 알고 있는 저의 모습이에요. 저는 겁이 많아서 높은 곳에도 잘 못 올라가거든요. 그래서 투명한 비닐봉투에 넣었어요.

교사: 그래. 예은이도 이미 알고 있는 예은이의 모습이어서 투명한 비닐봉투에 넣어 주었구나.

조하리의 창에서 열린 영역과 숨겨진 영역

조하리의 창은 총 4개의 창(영역)으로 이뤄져 있습니다. 첫 번째 영역은 열린 영역(open area)으로 '나도 나를 알고, 남도 나를 아는 영역'이고, 두 번째 영역은 맹목 영역(blind area)으로 '타인은 나에 대해서 아는데, 나는 나를 모르고 있는 영역'을 말합니다. 세 번째는 숨겨진 영역(hidden area)으로 '남은 나에 대해서 모르고, 나만 알고 있는 영역'이고, 네 번째는 미지의 영역(unknown area)으로 '남도 모르고, 나도 모르는 무의식의 영역'입니다. 본 활동에서는 상담 시간과 학생들의 인지적 수준을 고려하여 열린 영역과 숨겨진 영역에 대해 다루고 있습니다. 이를 통해 학생들은 내가 아는 나와 다른 사람이 아는 나에 대해 생각해 보고, 이를 통합하여 건강한 대인관계 양상을 형성해 나갈 수 있습니다.

개인상담

1. 학생들의 인지적 수준을 고려하여 숨겨진 영역과 미지의 영역 또한 덜 투명한 비닐봉투를 활용하여 다룰 수 있습니다.

2. 형용사 카드를 보고 어디에도 해당되지 않아 어떻게 분류해야 하는지 모를 수 있습니다. 그러한 카드들을 따로 빼 두어도 괜찮습니다.

3. 형용사 카드의 용어가 학생에게 어려울 수 있습니다. 학생의 인지적 수준에 따라 보다 쉬운 용어로 바꾸어 사용해 주세요.

4. 단순히 분류하는 데에서만 그치는 것이 아니라 내가 그러한 특성을 발휘한 사례에 대해서 보다 구체적으로 이야기하고 탐색해 볼 수 있도록 도와주세요.

집단상담

1. 집단에서 활용했을 때 다른 집단원들이 보는 나에 대해 객관적으로 확인해 볼 수 있습니다.

2. 서로 다른 집단원에게 해당하는 형용사를 분류할 때 다른 사람을 평가하거나 비하하는 이야기는 하지 않도록 사전에 충분한 주의와 안내가 있어야 합니다.

3. 다른 집단원들의 형용사를 분류할 때 단순히 분류하는 것에 그치지 않고, 해당 집단원이 언제 그러한 모습을 보이는지 등에 대해 구체적으로 이야기하여 학생들로 하여금 스스로의 모습에 대해 성찰할 수 있는 기회를 제공합니다.

4. 형용사 카드를 학생 수에 맞추어 준비해 주세요. 카드의 색 또한 학생들마다 다른 색으로 분류하게 되면 내가 생각하는 나와 다른 사람이 생각하는 나의 모습을 보다 극명하게 구분할 수 있게 됩니다. 따라서 다양한 색으로 충분한 수의 색지를 준비해 두는 것이 좋습니다.

특징을 나타내는 형용사 목록

1	유머러스한	26	유식한
2	솔직한	27	논리적인
3	고집 있는	28	다정한
4	용감한	29	성숙한
5	이기적인	30	겸손한
6	대담한	31	겁이 많은
7	침착한	32	계획적인
8	친절한	33	참을성 있는
9	활기찬	34	강한
10	영리한	35	여유 있는
11	까다로운	36	조용한
12	자신감 있는	37	생각이 깊은
13	믿음직스러운	38	편안한
14	입이 무거운	39	예민한
15	이해심 많은	40	철저한
16	활동적인	41	현명한
17	외향적인	42	감수성이 풍부한
18	친근한	43	수줍은
19	마음이 넓은	44	둔감한
20	상냥한	45	호기심이 많은
21	엉뚱한	46	마음이 약한
22	독립심이 강한	47	따뜻한
23	창의적인	48	유식한
24	영리한	49	배려심이 많은
25	착한	50	과묵한

✽ 출처: https://blog.naver.com/minissam3030/221539127426

7. 풍선을 활용한
상담 기법

★ 풍선, 상담에서 어떻게 활용할 수 있을까요?

풍선 바람을 빼 보세요!

바람을 빼면서 크기가 달라지는
풍선을 통해 나의 감정을
살펴볼 수 있어요!

감정과 생각을 펑!
터뜨려 보세요!

풍선을 펑! 하고 터뜨리는
과정에서 스트레스와
걱정을 펑! 날릴 수 있어요!

호흡 연습을 해 보세요!

풍선을 불어 보는 과정에서
편안하게 호흡하는 방법을
연습할 수 있어요!

★ 풍선은 이런 점이 좋아요!

풍선을 입으로 불어 보는 과정에서 학생들은 자연스럽게 편안하게 호흡하는 방법을
연습할 수 있습니다. 또한 풍선의 입구를 통해 바람이 빠지고 풍선의 크기가 점차 줄
어드는 모습은 흥분된 감정이 진정되는 모습을 시각화하기에 도움이 됩니다. 그리고
풍선에 공기를 가득 채워서 터뜨리는 놀이 활동을 통해 학생들은 자신의 스트레스와
고민을 날려 버릴 수 있습니다.

분노야 작아져라

분노야 작아져라.

🗨️ 어떤 활동인가요?

'분노야 작아져라'는 풍선을 활용하여 학생의 분노에 대해 이해하고 이를 올바로 표현해 보는 활동입니다. 학생은 크게 부푼 풍선에 자신의 분노 표정을 그림으로 표현하고, 풍선의 바람을 빼 보는 과정을 통해 분노를 판단하지 않고 인정하며 건강하게 표현하는 것의 중요성을 이해할 수 있습니다. 이는 〈수용전념치료〉에서 제안하는 심리적 수용 방법을 활용한 것으로, 분노라는 감정 자체를 문제 삼는 것이 아니라 분노로 인해 표출되는 행동이 때로는 위험할 수 있다는 것을 이해하는 것을 목표로 합니다. 이번 활동을 통해 학생들은 자신의 분노를 들여다보고 살필 수 있는 '관찰자' 능력을 기를 수 있습니다.

누구에게 도움이 될까요?

- ✔ 분노 표현에 어려움을 보이는 학생
- ✔ 자존감이 낮은 학생
- ✔ 자신의 감정을 부정적으로 지각하는 학생

무엇이 필요한가요?

> 🖊 풍선 1개, 매직

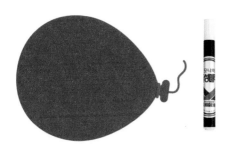

★ 왜 풍선이 좋을까요?

풍선은 바람을 넣고 빼는 과정을 통해 크기가 달라지는 장점이 있습니다. 학생들은 이 활동을 통해 자신에게 분노가 생기고 또 분노가 줄어드는 과정을 눈으로 볼 수 있습니다.

상담 과정

1. 오늘의 활동을 소개하며 학생이 풍선을 불어 보도록 합니다.

"오늘은 풍선으로 내가 화나는 감정에 대해 알아볼 거예요. 풍선을 몸이라고 하고, 풍선 안의 공기를 분노라고 하면 내가 화날 때 풍선은 얼마나 부풀까요?"

2. 학생이 풍선을 크게 불면 매직으로 자신이 화났을 때의 표정을 그려 봅니다. 이때 풍선의 매듭은 묶지 않습니다.

   "그러면 이렇게 화가 났을 때 내 표정은 어떨까요?"

3. 크게 부푼 풍선을 바탕으로 분노에 대해 이야기를 나눠 봅니다.

   "그런데 만약 분노가 점점 더 커지면 풍선은 어떻게 될까요?"

   "어떻게 하면 풍선 안의 분노가 줄어들 수 있을까요?"

4. 풍선의 공기를 빼 보며 줄어든 풍선에 대해 이야기를 나눠 봅니다.

   "풍선이 줄어드니까 표정이 어때요? 크게 부풀었을 때와 지금의 모습 중에서 어떤 모습이 더 화가 나 보이나요?"

5. 풍선의 입구를 통해 바람을 안전하게 배출할 수 있는 것처럼 나의 분노를 안전하게 표현하는 방법에 대해 이야기를 나눠 봅니다.

   "풍선 입구로 바람을 빼는 것처럼, 내가 화가 났을 때 어떻게 하면 나의 분노가 줄어들 수 있을까요?"

상담 예시

지헌이는 분노 조절에 어려움을 보입니다. 풍선을 활용하여 지헌이가 분노라는 감정을 이해하고 올바로 표현할 수 있도록 도와주세요. 이때 풍선에 바람을 불고 빼는 과정을 통해 지헌이는 자신의 감정을 시각화하고 관찰할 수 있습니다. 또한 안전하게 감정을 표현하는 방법에 대해 탐색할 수 있습니다.

교사: 오늘은 풍선으로 화나는 감정에 대해 알아볼 거야. 풍선을 몸이라고 하고, 풍선 안의 공기를 분노라고 하면 내가 화날 때 풍선은 얼마나 부풀까? 지헌이가 한번 풍선을 불어 볼래?

지헌: (풍선을 크게 불어 본다.) 이 정도 될 것 같아요.

교사: 그렇구나. 지헌이가 화가 날 때는 이 정도로 분노가 생기는구나. 주로 언제 이렇게 화가 나는 것 같아?

지헌: 음…… 친구들이 저한테만 뭐라고 하고, 선생님께 이를 때 화가 나요.

교사: 그래. 그러면 지헌이도 굉장히 억울하고 속상하기도 할 것 같아. 그럼 그렇게 화가 날 때 지헌이 표정은 어떻게 될까? 한번 풍선에 그려 볼래?

지헌: (고민하다가 풍선에 표정을 그린다.) 이런 표정일 것 같아요.

교사: 입도 꾹 다물고 있고 눈도 정말 화가 나 보인다. 그럼 이때는 주로 어떻게 너의 분노를 표현하는 것 같아?

지헌: 음…… 눈물도 나는데 친구한테 소리도 지르고……. 가끔은 물건을 던지기도 해요.

교사: 그렇구나. 그러면 지헌이의 분노가 조금 가라앉은 것 같아?

지헌: 소리 지를 때는 그런 것 같기도 한데, 친구도 소리를 지르고 선생님께 다시 혼나니까……. 사실 더 화가 날 때도 있어요.

key point

풍선을 불어 보는 활동을 통해 학생들은 화가 났을 때 자신의 감정을 관찰해 볼 수 있습니다.

key point

주로 어떤 상황, 대상 등에서 분노가 나타나는지 분노를 유발하는 맥락에 대해 탐색해 보세요. 이를 통해 학생의 '분노 스위치'를 발견할 수 있습니다.

key point

자신의 화난 표정을 그려 보는 활동을 통해 학생들은 자신의 모습을 보다 객관적으로 자각할 수 있습니다.

key point

현재의 분노 조절 전략이 건강한 방법인지 탐색해 보며, 이를 바탕으로 보다 효과적인 조절 전략을 회기 후반부에 소개해 주세요.

key point

학생이 그동안 분노를 표현했던 방법이 도움이 되지 않는다는 것을 알아차릴 수 있도록 도와주세요.

교사: 아, 친구한테 소리 지르고 물건을 던져도 여기 이 풍선의 분노가 줄어들지는 않는구나. 그러면 어떻게 하면 풍선의 분노 바람이 줄어들 수 있을까?

지헌: 음…… 이렇게 선생님이랑 이야기도 하고…… 다른 친구들이랑 축구하면 좀 줄어드는 것 같아요.

교사: 그래. 그러면 그렇게 했을 때 바람이 얼마나 빠지는지 직접 풍선의 바람을 빼 볼까? 풍선이 줄어들면 표정이 어떻게 변하는지도 한번 살펴보자.

key point

풍선이 커졌을 때와 줄어들었을 때 자신의 표정에 어떠한 변화가 나타나는지 시각적으로 관찰할 수 있습니다.

지헌: (풍선의 바람을 뺀다.) 아까보다는 조금 덜 화가 난 것 같아요.

교사: 그래 맞아. 풍선에 아무리 바람을 많이 불어도 풍선 입구로 바람을 뺄 수 있다면 다시 내 감정도 편안해질 수 있어. 지헌이가 말한 방법을 사용해 보면 분노 바람도 잘 뺄 수 있지 않을까?

key point

풍선의 바람을 뺄 수 있는 안전한 풍선 입구를 떠올리면서 자신이 가지고 있는 안전한 방법을 함께 떠올릴 수 있도록 도와주세요.

수용전념치료(ACT)에서 바라보는 분노

수용전념치료(Acceptance and Commitment Therapy)란 수용과 마음챙김, 전념과 행동 변화 과정을 통해 심리적인 수용과 유연성을 높이는 인지행동치료입니다. 수용전념치료에서는 부정적인 정서나 행동을 피하고 변화시키는 것이 아니라 그 자체를 경험하고 수용하는 것을 강조합니다. 즉, 분노라는 감정 자체를 문제로 삼지 않고 분노가 행동으로 표출되는 과정에 주목하며 자신의 분노 표현 패턴을 파악하는 것을 중요시합니다. '분노야 작아져라'는 분노가 사라지는 것을 목적으로 하는 것이 아니라 자신과 분노 감정을 구별하고, 호기심을 가지고 분노를 관찰하며, 분노가 유발될 때 자신이 선택한 안전한 방향으로 표현하는 것을 목표로 하고 있습니다.

Tips 개인상담

1. 활동하기 전 '분노'라는 감정에 대해 이야기를 나누며 학생이 분노에 대해 어떻게 생각하는지 먼저 탐색해 보세요.

2. 분노는 부정적인 감정이 아니지만, 분노가 부정적인 행동으로 표현될 때 문제가 발생할 수 있습니다. 풍선에 바람이 가득 차면 터질 수 있는 것처럼, 분노를 잘못 표현해서 자신이 곤경에 빠졌던 상황은 언제인지 대화를 나눠 보세요.

3. 학생이 분노 감정에 대한 통제력을 느낄 수 있도록 도와주세요. 우리는 분노 자체가 아니기 때문에 분노가 일어나면 내가 어떻게 행동하느냐에 따라 분노는 파도처럼 우리를 통과해 지나갈 수 있습니다.

4. 분노가 내 안에 들어와 있음을 인정하고 관찰하면서 나는 어떤 사람이 되고 싶은지 생각해 보도록 도와주세요. 자신의 행동은 스스로 선택할 수 있다는 것을 알려 주며, 분노 감정이 일어나도 자신이 선택한 대로 행동할 수 있다는 것을 강조해 주세요.

1. '분노'라는 감정에 대해 이야기를 나눌 때 참여 학생들이 서로를 비난하지 않도록 도와주세요.

2. '분노가 없으면 어떻게 될까?'라는 주제를 통해 학생들이 분노 역시 나에게 필요한 감정이라는 것을 알아차릴 수 있도록 도와주세요.

3. 풍선에 안전한 입구가 있는 것처럼, 학생들이 생각하는 안전한 방법들에 대해 자유롭게 이야기를 나눌 수 있도록 도와주세요.

4. 친구들의 의견을 들은 후에 "나도 이렇게 해 볼래요."라고 말하며 자신만의 방법을 선택해서 발표할 수 있도록 도와주세요.

 활동플러스 〈레드몬스터〉

　〈레드몬스터〉는 분노를 표출하고 싶을 때 분노를 다스리기 위한 카드입니다. 이 카드를 통해 분노를 해소하는 다양한 방법을 연습하며 스스로 분노를 다스릴 수 있습니다.

생각 펑펑! 터트리기

🧑‍🏫 어떤 활동인가요?

'생각 펑펑! 터트리기'는 풍선을 활용하여 학생들이 가지고 있는 부적응적인 사고를 적응적인 사고로 대체하는 활동입니다. 합리정서행동치료의 주요 개념인 〈비합리적 신념〉은 부적응적인 감정과 행동을 유발하는 사고를 의미하는데, 대표적인 특징이 바로 '반드시 ~해야 한다.'라고 생각하는 당위적 사고입니다. 이처럼 자신이 가지고 있는 비논리적이고 비현실적인 〈비합리적 신념〉을 학생이 직접 풍선 위에 적어 보고, 그것을 터트린 후 새로운 풍선에 긍정적인 말이나 합리적 신념으로 바꾸어 적어 봅니다. 활동을 통해 학생은 자신의 사고 패턴을 돌아보고 부적응적 사고 패턴에서 스스로 벗어날 수 있으며, 합리적 사고방식을 새롭게 학습할 수 있습니다.

🙍 누구에게 도움이 될까요?

☑️ '~해야 한다.'라는 당위적 사고로 인해 어려움을 겪는 학생

☑️ 비합리적이고 부적응적인 사고 패턴을 가진 학생

☑️ 과장되거나 비이성적인 인지적 왜곡이 있는 학생

👑 무엇이 필요한가요?

> 🖍️ 풍선 10개 이상, 유성매직

★ 풍선에 무늬가 있어도 될까요?

풍선에 글을 적을 수 있도록 아무 무늬가 없는 풍선으로 준비해 주세요!

🦭 상담 과정

1. 나를 힘들게 하는 비합리적 신념은 무엇인지 4~5개 떠올려 봅니다.

   "OO이를 힘들게 하는 생각은 무엇이 있을까요? 주로 '~해야 한다.'로 끝나는 말은 꼭 그래야만 하는 것 같아서 부담스럽고 스트레스를 받게 돼요. 혹시 OO이도 그런 생각을 할 때가 있나요?"

2. 문장이 떠오를 때마다 학생이 풍선을 불도록 합니다. 그러한 문장이 주는 문제의 크기만큼 풍선을 불어 봅니다.

"그런 생각이 들 때마다 마음이 불편하고 힘들 것 같은데, 그 생각이 ○○이에게 주는 문제가 얼마나 큰지 알고 싶어요. 그 크기만큼 풍선을 불어 볼래요?"

3. 유성매직으로 각각의 풍선에 비합리적 신념을 적어 봅니다.

"이제 이 풍선들에 ○○이가 했던 생각을 한 문장으로 적어 봅시다."

4. 비합리적 신념을 대체하는 합리적 신념 또는 긍정적인 문장을 말하면서 풍선을 하나씩 터트립니다.

"○○이를 힘들게 하는 생각들을 모두 터트려서 없애 볼 거예요. 대신에 그 생각을 대체할 수 있는 새로운 문장이 필요해요. 예를 들면, '나는 꼭 1등을 해야 해.'라고 적은 풍선은 '최선을 다했으니 괜찮아.'라고 외치면서 터트리면 돼요. 가장 작은 풍선부터 해 볼까요?"

5. 새로운 풍선을 불고, 그 위에 유성매직으로 합리적 신념 또는 긍정적인 문장을 적습니다.

"이번에는 새로운 풍선을 불고 나에게 더 도움이 되는 말을 적어 볼 거예요. 풍선을 불고, 그 위에 아까 풍선을 터트리면서 했던 말들을 적어 봅시다."

비합리적 신념(irrational belief)

비합리적 신념은 합리정서행동치료(Rational Emotive Behavior Therapy: REBT)의 창시자인 알버트 엘리스(Ellis, A.)가 소개한 개념으로, 인간의 부적응적인 정서와 행동을 유발하는 비현실적이고 경직된 사고방식을 의미합니다. 비합리적 신념은 일반적으로 '절대', '반드시', '항상' 등의 단어로 표현되며, 당위적 사고, 지나친 과장, 자신 또는 타인에 대한 비하, 좌절에 대한 인내심 부족이라는 4가지 특징을 지닙니다. 엘리스는 개인의 심리적 장애나 정서 문제가 사건 그 자체 때문이 아니라 사건에 대한 비합리적 신념 때문에 일어난다고 주장했습니다. 따라서 논박을 통해 비합리적 신념을 합리적 신념으로 변화시키는 과정을 강조하였고, 이러한 과정을 '생각 펑펑! 터트리기' 활동에 담았습니다.

Tips 개인상담

1. 반드시 '~해야 한다.'로 끝나는 당위적 사고가 아니어도 좋습니다. 학생이 가지고 있는 비합리적인 신념이라면 무엇이든지 가능합니다.

2. 풍선을 터트리는 방법은 다양합니다. 자신을 힘들게 하는 생각을 어떤 방법으로 없애고 싶은지 학생의 의견을 들어 보고 선택권을 주세요.

3. 비합리적 신념을 합리적 신념으로 대체하는 과정에서 논박이 필요할 수 있습니다. 왜 그렇게 생각하는지, 그것이 절망적으로 나쁜 상황인지 등 적절한 논박을 통해 학생 스스로 적응적인 사고를 떠올릴 수 있도록 도와주세요. '~해야 한다.'라는 당위적 사고는 '~했으면 좋겠다.'와 같이 선호나 소망의 표현으로 변화시킬 수 있습니다.

   ex) 반드시 그렇게 되는 걸까?(논리성), 그런 생각을 뒷받침하는 증거가 있니(현실성), 그 생각이 너에게 도움이 되니?(실용성)

4. 새롭게 만든 풍선은 학생이 집에 가져가서 눈에 잘 보이는 곳에 붙여 두거나, 상담실 또는 교실에 붙여 두어도 좋습니다.

1. 자신의 비합리적 신념은 무엇인지 자유롭게 이야기 나누는 시간을 먼저 가져 보세요. 비슷한 생각을 하는 집단원끼리 쉽게 공감대가 형성되고 집단 활동이 촉진될 수 있습니다.

2. 비합리적 신념을 대체하는 합리적 신념을 다른 집단원이 대신 찾아 주는 활동으로 변형할 수도 있습니다. 적절한 문장을 찾기 위해 함께 고민하는 과정은 집단응집력 향상에도 도움이 됩니다.

3. 자신이 완성한 새로운 풍선에 대해 발표해 봅시다. 나에게 가장 도움이 되고 위로되는 말이 무엇인지 집단원들에게 소개하고 공유하는 시간을 가져 보세요.

4. 집단원들이 돌아가면서 서로의 풍선에 긍정적인 말을 적어 주는 활동을 추가해도 좋습니다.

한 걸음 더!

★ 복잡한 감정풍선: 여러 가지 감정을 담아요!

우리는 한 가지 사건에 대해서 여러 가지 감정을 복합적으로 경험합니다. 화가 나는 순간에 슬픔, 억울함, 후회, 원망 등의 감정들을 동시에 느끼기도 합니다. 학생들에게 부정적인 감정이 가장 강력했던 순간을 떠올리게 하고, 그때의 감정을 쪽지에 적고 돌돌 말아서 풍선 입구를 통해 넣어 봅니다. 그 뒤에 강력했던 자신의 감정의 크기만큼 풍선을 크게 불어 본 뒤에 입구를 묶어 주세요. 그리고 풍선을 터트려서 복잡한 감정을 해소해 봅시다.

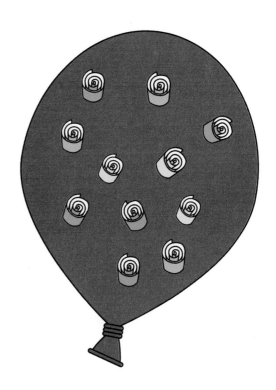

★ 감정 해소 활동: 나의 감정 날려 보내기!

　　풍선을 불다가 입구를 묶지 않고 손에서 놓아 버리면 풍선이 방 안을 이리저리 날아다 닙니다. 학생이 직접 풍선을 불어서 자신의 부정적인 감정을 글과 그림으로 꾸며 본 뒤에, 풍선을 묶지 말고 그냥 날려 보내 봅시다. 풍선과 함께 나의 감정도 함께 날려 보내는 것 입니다. 공기가 빠지면서 방 안을 휘젓고 다니는 풍선을 보며 학생은 해방감과 카타르시 스를 경험할 수 있습니다.

⏳ 풍선호흡법

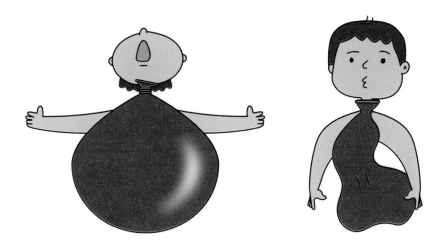

👨 어떤 활동인가요?

'풍선호흡법'은 풍선을 활용하여 보다 쉬운 방법으로 복식호흡법을 연습하는 활동입니다. 복식호흡법은 우리가 일상생활에서 흔히 하는 흉식호흡법과 다르게 복부를 이용하여 하는 호흡법으로, 긴장을 이완하여 심신의 안정을 가지고 오고 마음을 편안하게 하는 효과가 있습니다. 그러나 우리는 일상생활에서 흉식호흡에 익숙해져 있어 의식하지 않으면 복식호흡을 실천하기 어렵습니다. 호흡은 눈에 보이는 개념이 아니기 때문에 어린 아동에게 더욱 어렵게 다가올 수 있습니다. 이때 풍선을 활용하여 호흡을 시각적으로 보여 줌으로써 보다 쉽게 복식호흡법을 익히고, 이를 활용하여 감정 폭발의 상황이나 극도의 긴장감에 놓인 상황에서 스스로를 돌보고 보살피기 위한 방법으로 활용할 수 있습니다.

🧑 누구에게 도움이 될까요?

☑ 불안이 높은 학생

☑ 감정 조절에 어려움을 보이는 학생

☑ 주변의 자극에 쉽게 공격적으로 반응하는 학생

👦 무엇이 필요한가요?

> ✏️ 여분의 풍선

★ 왜 여분의 풍선이 필요한가요?

교사가 풍선을 활용하여 학생들이 복식호흡을 따라 하도록 도울 수 있지만, 역할을 바꾸어 학생들이 풍선을 활용하여 복식호흡의 원리를 이해할 수 있도록 할 때 더욱 적극적인 참여가 가능하므로 여분의 풍선을 마련해 두는 것이 좋습니다.

👶 상담 과정

1. 오늘의 활동을 소개하며 호흡이 가빠졌던 경험을 공유해 보도록 합니다.

"오늘은 풍선으로 우리 몸을 편하게 만들어 주는 호흡법을 배워 볼 거예요. 나의 호흡이 어떤 상황에서 가빠졌는지 생각해 봅시다."

2. 복식호흡의 방법을 언어적으로만 설명합니다.

"우리는 평소에 숨을 쉴 때 숨을 들이마시면서 배가 쏘옥 들어가고, 숨을 내쉴 때 배가 나오게 되죠. 그런데 복식호흡법은 그와 반대로 숨을 들이마시면서 배가 나오게 되고, 숨을 내쉬면서 배가 들어가게 되어요."

3. 교사가 부는 풍선에 따라 본인의 배를 풍선이라고 생각하고 복식호흡을 실천해 보도록 합니다.

"여기 선생님이 풍선을 불면, 여러분도 숨을 들이마시면서 여러분의 배도 마치 풍선처럼 부풀려 주세요. 반대로 선생님이 풍선에 공기를 빼면, 여러분은 숨을 내쉬면서 배도 마치 풍선처럼 쏘옥 들어가도록 하는 거예요."

4. 학생들이 돌아가며 풍선을 불고, 다른 학생들은 그에 맞춰 복식호흡을 연습해 볼 수 있도록 한다.

"이번에는 선생님이 여러분에게 돌아가면서 풍선을 줄 거예요. 친구가 부는 풍선의 크기에 맞춰 복식호흡을 함께 연습해 봅시다."

5. 복식호흡법 활동을 마무리하며, 복식호흡을 할 때 나의 신체가 어떻게 반응하는지 관찰하고 이야기를 나누도록 합니다.

"오늘 복식호흡을 하면서 나의 몸에 어떤 변화가 있었는지 함께 이야기를 나누어 봅시다."

호흡법으로 시작하는 마음챙김

마음챙김이란 현재 순간과 자각, 수용의 3요소로 이루어진 개념으로, 현재 순간을 있는 그대로 수용적인 태도로 자각하는 것을 의미합니다. 그동안의 심리학 이론들이 서양의 철학에 토대가 된 데에 반해, 마음챙김은 불교 수행 전통에서 기원하는 심리학적 구성 개념이라는 데에 독특한 점이 있습니다. 현재의 순간을 있는 그대로 받아들이는 것을 중요시하기 때문에 현재 순간의 자각을 향상시키기 위한 마음챙김 명상을 중요한 마음 수행법으로 내세우고 있습니다. 이때 중요한 것이 바로 호흡법입니다. 마음챙김에서는 호흡을 통해 신체를 이완시킬 때 현재의 순간을 있는 그대로 자각할 수 있다고 보고 있습니다. 실제로 호흡만으로도 격한 감정이나 충동적인 생각들을 억누를 수 있는 효과가 있으므로, 감정 조절에 미숙한 학생들에게 풍선호흡법은 자신의 마음을 스스로 돌볼 수 있는 중요한 기술이 될 것입니다.

Tips 개인상담

1. 호흡법을 통해 일어나는 신체 변화를 느끼기 위하여 활동 이전에 호흡이 가빠졌던 순간과 그 순간의 신체 반응에 대해 충분히 탐색할 수 있도록 도와주세요.

2. 호흡법 연습이 충분히 이루어졌다면 호흡에 숫자를 붙여 더 길게 심호흡할 수 있도록 도와주세요. 천천히 들이마시고 내시는 호흡은 신체 이완에 더욱 도움이 됩니다.

3. 호흡법을 배웠다 하더라도 일상생활 속에서 바로 실천하는 것이 어려울 수 있습니다. 상담 내에서 함께 호흡이 가빠지는 순간을 포착하고 이를 적용하기 위한 연습까지 함께 다루어 주세요.

집단상담 Tips

1. 집단 활동을 통해서 학생들과 함께 각자 풍선호흡법을 하고 난 후의 느낌과 개인적인 경험들을 나누어 볼 수 있는 시간을 충분히 제공해 주세요.

2. 둘씩 짝지어 서로의 호흡법 실습을 관찰해줄 수 있습니다. 파트너를 지정해 주어 호흡법을 잘 적용하고 있는지 확인할 수 있도록 도와주세요.

3. 여러 학생 중 가장 잘 수행하고 있는 학생을 뽑아 시범을 보일 수 있도록 해 주세요. 학생들에게 대리강화의 기회가 되어 호흡법을 더 잘 수행하게 될 수 있습니다.

➕ 활동플러스 〈마음챙김 기본 세트〉

〈마음챙김 기본 세트〉는 아이들에게 다소 어렵게 느껴질 수 있는 '마음챙김'을 카드라는 놀이 형식을 통해 재미있게 배울 수 있도록 도와줍니다. 학생들은 다양한 호흡 동작과 요가 움직임을 바탕으로, 자신의 몸에 주의를 기울이고 차분히 호흡하면서 마음챙김을 즐겁게 경험할 수 있습니다.

🧑 한 걸음 더!

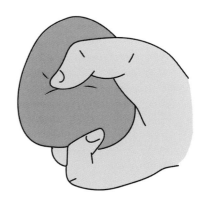

★ 풍선 스트레스볼: 풍선을 통한 신체 이완

호흡뿐만 아니라 감각을 통해 신체 이완을 도울 수 있습니다. 손의 감각을 활용하여 스트레스볼을 만지는 활동을 통해 신체 이완을 도울 수 있으며, 충동적으로 올라오는 감정을 가라앉히는 효과가 있습니다.

① 풍선에 깔때기를 이용하여 밀가루, 베이킹파우더, 옥수수녹말, 말린 쌀, 렌틸콩 등을 넣는다.
② 공기를 최대한 빼내고 풍선 입구를 묶는다.
③ 남는 부분을 잘라 내고 두 번째, 세 번째 풍선을 씌워 튼튼하게 만든다.

★ 벌룬 밸런스: 풍선으로 균형 잡기

마음챙김에서는 신체감각을 스스로 알아차리고 몸의 균형을 바로 잡는 것을 강조하고 있습니다. 풍선을 통해 간단히 아이들이 몸의 균형을 찾을 수 있도록 도울 수 있습니다.

① 종이테이프를 활용하여 바닥에 길을 만들어 준다.
② 풍선에 바람을 넣고 풍선을 묶어 준다.
③ 배드민턴 채에 풍선을 올려 둔다.
④ 배드민턴 채에 올려 둔 풍선을 떨어뜨리지 않고 길을 따라 걸을 수 있도록 한다.

★ 벌룬 터치: 풍선으로 자기통제력 기르기(집단 활동)

① 집단을 두 그룹으로 나눈다.
② 한 집단은 노란색 풍선만, 한 집단은 파란색 풍선만 터치할 수 있다(색은 변경 가능).
③ 정해진 시간 동안 자유롭게 풍선을 던지고 튀기는 등의 신체 활동을 진행할 수 있지만, 해당 집단에게 허락된 색의 풍선만 만질 수 있다.

학생들은 본인에게 허락된 색의 풍선만 터치하는 연습을 통해 자기통제력을 향상시킬 수 있습니다.

8. 클레이를 활용한 상담 기법

★ 클레이, 상담에서 어떻게 활용할 수 있을까요?

★ 클레이는 이런 점이 좋아요!

누구나 손쉽게 원하는 모양과 색상을 만들어 낼 수 있는 클레이는 학생들이 가지고 있는 이미지나 감정, 욕구를 자유롭게 표현하도록 도와줍니다. 클레이의 부드러운 촉감은 특히 불안이 높은 학생들의 심리적 안정감을 증진하는 데 도움이 됩니다. 활용도가 높은 클레이를 다양한 상담 활동에 적용하여 학생들의 창의력과 상상력을 키워 주세요!

가족을 소개해요

우리 가족을 소개해요.

👨 어떤 활동인가요?

　'가족을 소개해요.'는 클레이를 활용하여 학생이 생각하는 가족의 이미지에 대해 탐색하는 활동입니다. 학생은 클레이를 통해 가족의 모습이나 행동, 상황 등을 표현하고 자신의 감정을 자유롭게 표현할 수 있습니다. 이는 〈경험적 가족치료〉에서 제안하는 〈가족조각 기법〉을 활용한 것으로, 가족의 의사소통 유형이나 권력 구조, 소속감 등의 역동성이 가시화될 수 있습니다. 또한 자신이 소망하는 가족의 모습을 표현하는 과정에서 가족에 대한 학생의 무의식적인 욕구와 바람을 파악할 수 있다는 장점이 있습니다.

🙍‍♀️ 누구에게 도움이 될까요?

- ☑ 가족 구성원과 갈등을 겪고 있는 학생
- ☑ 대인관계에 어려움을 보이는 학생
- ☑ 자신의 속마음을 표현하는 데 어려움을 보이는 학생

👑 무엇이 필요한가요?

> ✏️ 클레이

★ 왜 클레이가 좋을까요?

클레이는 다양한 색깔로 이루어져 있으며 학생이 원하는 모습대로 가족의 형태를 조각할 수 있다는 장점이 있습니다. 또한 입체적인 가족의 모습을 자유롭게 배치하는 과정을 통해 가족의 특성을 쉽게 파악할 수 있습니다.

😊 상담 과정

1. 오늘의 활동을 소개하며 학생이 클레이를 활용해 가족의 모습을 만들어 보도록 합니다.

   "오늘은 클레이로 우리 가족을 표현해 볼 거예요. 나를 포함한 가족 모두가 무언가를 하고 있다면 어떤 모습일까요? 한번 자유롭게 표현해 봅시다."

2. 학생이 만든 클레이를 바탕으로 가족의 전체적인 역동을 파악해 봅니다.

"가족들은 지금 뭘 하는 걸까요? 한번 소개해 줄래요?"

3. 가족모형을 바탕으로 각 구성원에 대해 학생에게 질문해 봅니다.

"지금 이 사람은 무슨 말을 하고 있을까요?"

"이때 내 속마음은 어떨까요?"

4. 가족모형을 학생이 소망하는 모습으로 변형시켜 보도록 합니다.

"그러면 이제는 지금의 가족모형을 다시 배치해 볼 거예요. 원하는 대로 위치를 바꿀 수 있다면 어떻게 바꿔 보고 싶어요?"

5. 변형된 가족모형을 보면서 학생의 소망을 탐색해 봅니다.

"지금의 모습은 이전과 어떻게 달라진 걸까요?"

"지금처럼 변화하기 위해서는 어떤 노력이 필요할까요?"

경험적 가족치료와 가족조각 기법

경험적 가족치료는 가족 갈등의 원인이 각 구성원들에 대한 정서적 억압에 기초한다고 가정하며, 변화를 위해서는 각 구성원들이 현재 자신의 정서를 알아차리는 것이 중요하다고 강조합니다. 가족조각 기법은 과거의 어느 시점에 가족이 경험한 내용을 동작과 공간을 이용하여 표현하는 기법입니다. 사이코드라마에서는 집단 구성원들에게 자기 가족의 모습을 떠올리도록 한 후, 지원자에게 집단 구성원을 자기 가족 구성원이라고 생각하고 무대 위에 가족의 모습을 조각처럼 배치하도록 하여 가족의 역동을 탐색합니다. 이러한 가족조각을 통해 상담자는 내담자 가족의 의사소통 유형과 권력 구조, 가족 체계, 감정, 스트레스를 받을 때의 대처 방법 등을 탐색할 수 있습니다.

Tips 개인상담

1. 학생이 가족모형을 만들 때 누구부터 만드는지, 가족모형을 만들 때 표정은 어떤지 주의 깊게 살펴보세요.

2. 만약 가족 중 만들지 않은 사람이 있는 경우에는 "누구는 없네. 한번 만들어 볼까?"라고 제안하지 않습니다.

3. 다양한 색깔을 활용해도 좋습니다. 색깔이 다양한 클레이를 활용하는 경우, 학생이 각 가족 구성원들을 어떤 색깔로 표현했는지, 그 이유는 무엇인지도 함께 탐색해 보세요(〈부록〉의 질문리스트 참고).

4. 학생의 가족모형을 새롭게 변화시킬 때 어떤 가족 구성원을 먼저 변화시키는지 탐색해 보세요. 이를 통해 학생의 소망이 투영된 대상이 누구인지 파악할 수 있습니다.

1. 가족이 아닌 친구관계 등으로 주제를 바꾸어도 괜찮습니다.

2. 학생들이 다른 집단원에게 자신의 가족이나 친구관계를 이야기하는 것을 어려워할 수도 있습니다. 이때는 가족이나 친구의 이름을 지칭하기보다는 가명을 쓰도록 하거나 동물, 물고기 등으로 변형시키는 방법도 소개해 주세요.

3. 학생이 가족모형을 소개한 뒤에는 학생들이 가족모형을 바탕으로 역할극을 해 볼 수 있도록 도와주세요. 이때 학생이 자기 자신의 역할도 해 보고, 다른 구성원의 역할도 연기해 본다면 자신과 타인의 입장을 통합적으로 생각해 볼 수 있습니다.

 활동플러스 〈가족모형 세우기〉

〈가족모형 세우기〉는 나무인형으로 가족의 관계를 표현하는 상담 도구입니다. 가족모형을 세워 보는 활동을 통해 관계 속에서 자신과 가족 구성원을 새롭게 인식하고 서로를 수용하며 이해할 수 있습니다.

🧑 한 걸음 더!

★ 비유적 활동: 가족을 변신시킨다면?

가족 형상을 만들기 어려워하는 학생이 있다면 가족을 다른 사물/동물로 형상화할 수 있도록 도와주세요. 활동 후에는 가족을 그렇게 비유한 이유가 무엇인지 탐색해 보며 가족 구성원의 속성에 대해 파악해 보는 것도 좋습니다.

★ 중요한 관계 탐색: 클레이로 표현해 보자!

학생의 주 호소문제에 따라 가족모형은 친구모형/교실모형 만들기로 변형할 수 있습니다.
학생이 활동을 마친 뒤에는 〈부록〉에 제시된 질문 내용을 참고하여 상담을 진행해 보세요.

| 질문 리스트 |

1. 누구를 제일 먼저 만들기 시작했나요? 그 이유는 무엇인가요?

2. 누구를 만들 때 가장 힘들었나요? 그 이유는 무엇인가요?

3. (클레이 색깔이 다양한 경우) 가족을 특정 색깔로 표현한 이유는 무엇인가요?

4. 지금 가족은 무엇을 하고 있나요? 자유롭게 소개해 주세요.

5. 혹시 지금 가족모형 중에 만들지 않은 가족이 있나요? 그 사람은 누구인가요?

6. 가족 중 나와 가장 가까운/먼 사람은 누구인가요?

7. 이러한 모습은 내가 평소 생각하는 가족의 모습과 어떠한 차이가 있나요?

8. 가족들은 평소에 나에게 어떤 말을 많이 하나요? 그 말을 들을 때 기분이 어떤가요?

9. 지금 내가 가족모형을 보고 각 가족 구성원에게 하고 싶은 말을 해 본다면 뭐라고 말하고 싶은가요?

10. 내가 마음대로 가족의 모형을 바꿀 수 있다면 어떻게 바꾸고 싶나요? 그 이유는 무엇인가요?

11. 새롭게 바뀐 가족모형은 이전과 어떤 점이 달라졌나요?

12. 새롭게 바뀐 가족모형을 바라보면 어떤 느낌이 드나요?

13. 실제 가족의 모습도 이렇게 변화되기 위해서는 어떤 노력을 해야 할까요?

말랑말랑 내 마음

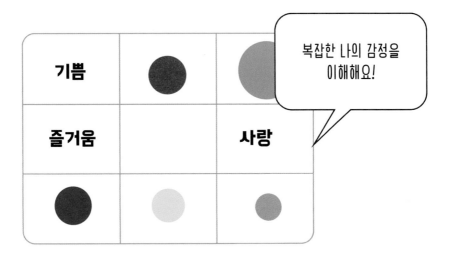

복잡한 나의 감정을
이해해요!

😊 어떤 활동인가요?

'말랑말랑 내 마음'은 클레이를 활용하여 자신의 복합적인 〈감정〉을 이해하고 표현하는 활동입니다. 인간이 경험하는 감정은 매우 다양하고 복잡하지만, 학생들은 그러한 감정을 세세하게 관찰하고 느끼기보다는 여러 감정이 섞여 있는 상태인 '감정의 덩어리'로 경험하게 됩니다. 다양한 색상의 클레이로 감정의 덩어리 속에 있는 감정들을 세분화하여 표현해 보는 과정에서 학생들은 해당 감정에 충분히 머무르고 자신의 감정을 폭넓게 이해하는 경험을 할 수 있습니다. 또한 클레이를 다시 한 덩어리로 합치는 작업은 긍정적 감정과 부정적 감정을 동시에 느낄 수 있으며, 인간의 감정이 매우 복합적이라는 것에 대한 직관적 이해를 도울 수 있습니다.

🧒 누구에게 도움이 될까요?

☑️ 자신의 감정을 인식하고 표현하는 데 어려움을 겪는 학생

☑️ 복합적인 감정으로 힘들어하는 학생

☑️ 다양한 감정에 대한 이해가 부족한 학생

👑 무엇이 필요한가요?

> 🖍️ **클레이, 감정판**(A4 용지 크기)

★ 클레이 색깔은 얼마나 다양해야 할까요?

8가지 감정의 색깔을 정해야 하므로 클레이 색깔이 많을수록 좋습니다. 클레이 색깔이 적은 경우에는 반드시 색의 삼원색(빨강, 파랑, 노랑)을 포함시켜서, 색을 조합하여 여러 가지 색을 만들어 사용할 수 있도록 합니다.

👧 상담 과정

1. 인간의 8가지 감정이 적힌 감정판에 대해 소개하고, 최근에 내가 경험했던 감정을 자유롭게 떠올려 봅니다.

   "오늘은 ○○이의 감정을 클레이로 만들어 볼 거예요. 여기 이 감정판에는 우리의 많은 감정들 중에 8가지가 적혀 있어요. 감정은 한 번에 하나씩이 아니라 동시에 여러 감정이 느껴지기도 해요. ○○이가 최근에 느낀 감정 중에서 가장 복잡한 감정을 떠올려 봅시다."

2. 각각의 감정에 어울리는 클레이의 색깔을 정합니다.

"이제 클레이로 감정 덩어리를 만들어 볼 텐데, 그 전에 ○○이가 감정의 색을 정해 주어야 해요. 각각의 감정에 어울리는 색깔을 정해 줄래요?"

기쁨	화남	슬픔
즐거움		사랑
미움	욕심	두려움

3. 8가지 감정에 해당하는 색깔의 클레이를 감정의 크기만큼 떼어 내어 감정판 위에 올려봅니다.

"감정의 색깔을 모두 정했네요. 이제 그 감정의 크기만큼 클레이를 떼서 올려 볼 거예요. 어떤 감정부터 해 볼까요?"

기쁨	화남	⬤
즐거움		사랑
미움	욕심	두려움

4. 각각의 감정에 대해 이야기를 나눕니다.

"감정의 크기가 정말 다양하네요. 감정이 가장 강렬했던 순서대로 이야기를 나눠 보고 싶어요. ○○이는 슬픈 감정을 가장 많이 느꼈네요. 슬픈 감정에 대해 얘기해 줄 수 있나요?"

기쁨	⬤	⬤
즐거움		사랑
⬤	⬤	두 움

5. 감정클레이를 한 덩어리로 합쳐 보고 활동 소감을 나누어 봅시다.

"원래는 이 감정들이 한 덩어리로 섞여 있었을 텐데, 그때 한꺼번에 이 감정들을 느끼면서 정말 마음이 복잡하고 어려웠겠어요. 이제 따로 떨어져 있는 감정들을 원래대로 합쳐 볼까요?"

"감정 덩어리를 보니 기분이 어때요?"

기쁨	화남	슬픔
즐거움	⬤	사랑
미움	욕심	두려움

감정, 정서(emotion)

감정이란 외부 자극에 대한 단기적 반응으로, 감정과 신체적 감각을 모두 포함하는 느낌(feeling)이나 오래 지속되는 기분(mood)과는 구분되는 개념입니다. 인간의 기본 감정은 서양에서는 주로 '공포, 분노, 혐오, 기쁨, 슬픔'의 5가지로 분류하며, 여기에 '놀라움'을 추가해 6가지로 설명하기도 합니다. 동양의 한의학에서는 희(喜, 기쁨)·노(怒, 분노)·우(憂, 근심)·사(思, 생각)·비(悲, 슬픔)·공(恐, 두려움)·경(驚, 놀람)이라는 7가지 감정, 즉 칠정(七情)으로 분류합니다. '말랑말랑 내 마음' 활동은 관계를 파악할 수 있는 '미움', 심리적 욕구를 나타내는 '욕심' 등을 추가한 8가지 감정판을 활용하여 학생들이 더욱 다양한 감정을 인식하고 표현할 수 있도록 하였습니다.

개인상담

1. 감정판에서 8가지 감정 중 학생에게 해당하지 않는 감정은 비워 놓아도 됩니다.

2. 감정의 색을 정할 때 학생은 무의식적으로 의미를 부여할 수 있습니다. 왜 이 감정을 해당 색깔로 정했는지 물어봐도 좋습니다.

3. 감정판 위에 클레이를 떼서 올릴 때 단순히 공을 만들지 않고 해당 감정을 상징하는 사물이나 인물 동작의 모양을 빚어서 올려도 좋습니다.

4. 한 덩어리로 뭉쳐진 감정클레이에 이름을 붙여 보고, 뭉쳐진 나의 감정 덩어리를 보는 지금-여기의 감정은 어떤지 탐색해 보세요.

5. 시간이 흐르면 각 감정의 크기를 잊어버릴 수 있으므로, 클레이를 하나로 합치기 전에 8가지 감정판 위에 올려 둔 모습을 촬영해 둡니다. 복합 감정을 설명할 때 사진을 보며 대화하는 등 상담에 활용할 수 있습니다.

집단상담 Tips

1. 8가지 감정의 색은 집단원이 각자 다르게 선택해도 되고, 함께 합의하여 공통의 색상을 정해도 됩니다.

2. 자신의 감정클레이에 대해 모든 집단원이 이야기할 수 있도록 충분한 시간을 확보해 주세요. 시간이 부족하다면 두 명씩 짝을 지어 이야기를 나누도록 해도 좋습니다.

3. 각자의 감정클레이를 모두 한 덩어리로 합친 후에 모든 집단원이 돌아가면서 자신의 감정에 대해 소개하는 시간을 가져 보세요.

4. 다른 집단원의 감정클레이를 보고 지금-여기에서 떠오르는 느낌과 감정을 탐색해 보세요.

 활동플러스 〈감정그래프〉

〈감정그래프〉는 다양한 감정의 상대적 강도 차이와 복합성을 표현하는 그래프입니다. 이 그래프를 활용하면 자신의 복합적인 감정 상태를 들여다보고 효과적으로 이해할 수 있습니다.

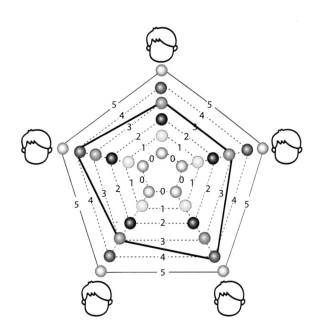

한 걸음 더!

★ 인지적 활동: 우리는 왜 다르게 생각할까요?

심리학자 장 피아제(Piaget, J.)는 인지 발달 과정을 동화와 조절로 설명했습니다. 우리가 새로운 것을 배울 때 외부의 지식(노랑)은 기존의 지식(파랑)과 합쳐지면서 새로운 지식(노랑+파랑→초록)이 형성됩니다. 따라서 기존 지식이 다른 사람(빨강)은 같은 내용을 배워도 또 다른 지식을 형성하게 됩니다(노랑+빨강→주황).

이러한 '생각의 차이'를 클레이로 설명하면 학생들이 더욱 쉽게 이해할 수 있습니다. 이 활동은 특히 친구의 의도를 부정적으로 해석하여 갈등이 생긴 경우 서로 오해를 풀도록 돕는 데 유용합니다.

"사람마다 똑같은 상황을 보아도 그걸 각자 다르게 받아들일 수 있어. 사람은 모두 각자 생각에 비추어서 상황을 해석하기 때문이지. 너의 마음은 파란색이고, 친구의 마음을 빨간색이라고 생각해 보자. 이 노란색 클레이는 수학에서 90점을 받은 상황이야. 과연 이 노란색 상황을 파란색인 너와 빨간색인 친구가 똑같이 받아들일까? 각각 어떤 색이 나오는지 한번 섞어 보겠니?"

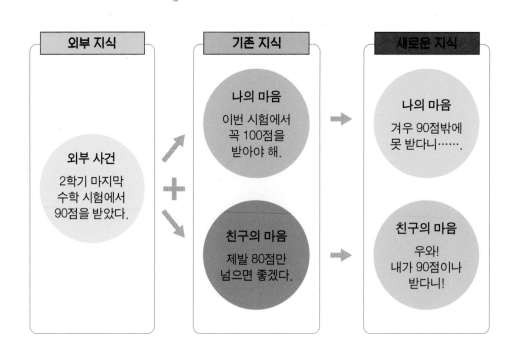

슬픔	사랑	두려움
화남		욕심
기쁨	즐거움	미움

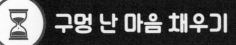 구멍 난 마음 채우기

🧢 어떤 활동인가요?

　'구멍 난 마음 채우기'는 클레이를 활용하여 학생이 들었던 마음의 상처가 되는 말을 표현하도록 하고, 이를 〈비폭력 대화법〉에 따라 내가 듣고 싶었던 말로 바꾸어 봄으로써 마음의 상처를 치유하는 활동입니다. 다양한 크기로 상처를 형상화하여 모양 틀로 클레이에 구멍을 뚫고, 다시 클레이를 붙여 원래의 상태로 되돌림으로써 학생들은 상처 난 마음을 다시 회복할 수 있다는 믿음을 가질 수 있습니다. 또한 심리적인 어려움의 경험을 단순히 회피하려고 하는 학생들이 자신의 상처에 직면하고, 스스로 이를 해결할 수 있는 방안을 생각해 봄으로써 상처에 대처하는 심리적 자원을 키우는 데 도움이 됩니다.

👩 누구에게 도움이 될까요?

☑ 과거 타인의 말로 인해 마음의 상처를 경험한 학생

☑ 마음의 상처를 회피하려는 학생

☑ 스스로에게 응원과 격려가 필요한 학생

👑 무엇이 필요한가요?

> 🖍 클레이와 구멍을 뚫을 수 있는 여러 가지 틀

★ 왜 여러 가지 틀이 필요한가요?

학생들이 받은 상처의 크기는 다양하기 때문에 다양한 틀을 활용하여 상처의 크기를 달리 표현할 수 있도록 돕는 것이 중요합니다. 이를 통해 학생들은 본인의 상처를 형상화하고 보다 구체적으로 직면할 수 있게 됩니다.

👶 상담 과정

1. 기본 바탕이 되는 클레이를 나의 마음을 상징하는 모양으로 형상화합니다.

"여기 있는 클레이를 가지고 우리의 마음을 평평한 하트 모양으로 형상화해 볼 거예요."

2. 과거에 다른 사람의 말로 인해 상처를 받았던 경험을 나누어 봅니다.

"여기 있는 나의 마음에 상처를 주었던 다른 사람들의 말은 무엇이 있는지 생각해 봅시다."

3. 학생이 개방한 상처를 여러 모양 틀로 형상화하여 기본이 되는 하트 모양의 클레이에 구멍을 뚫어 줍니다.

"나의 마음에 상처를 주었던 경험이나 말을 생각해 보며 나의 마음 클레이에 틀을 활용하여 구멍을 뚫어 봅시다."

"큰 상처를 준 경험이라면 큰 모양의 틀을 사용하고, 작은 상처였다면 작은 모양의 틀을 사용할 수 있겠지요?"

4. 비폭력 대화법 중 하나인 기린의 대화법을 자칼의 대화법과 비교하여 소개하며, 학생이 들었던 상처가 되었던 말을 기린의 대화법으로 바꾸어 봅니다.

"대화법에는 자칼의 대화법과 기린의 대화법이 있어요. 자칼의 대화법은 폭력적이고 상대에게 상처를 주는 대화법을 말하고, 기린의 대화법은 따뜻하고 평화로운 대화법을 말해요."

"○○이가 아까 들었던 상처가 되는 말은 자칼의 대화법이었겠지요? 만약 기린이었다면 그 말을 어떻게 다르게 표현했을까요?"

5. 기린의 대화법으로 바꾸어 표현해 보며 구멍이 난
   하트 모양의 클레이를 다른 클레이로 채워 봅니다.

   "아까 자칼의 대화법으로 인해 상처받았던 마음을
   기린의 대화법으로 다시 바꾸어 표현해 보면서 구멍
   을 다른 클레이로 메꾸어 봅시다."

   "다시 원래대로 돌아온 하트 모양을 보니 어떤 마음
   이 드나요?"

 상담 예시

예은이는 친구의 거친 말에 상처를 받은 학생입니다. 또래들 사이에서 흔히 주고받을
수 있는 거친 말에 예민한 예은이는 상처를 받아 친구에게 마음의 문을 닫은 상태입니
다. 클레이를 활용하면 마음속의 상처를 형상화하고 그 상처를 보듬을 수 있는 공감적
대화를 이끌어 내는 데 도움이 됩니다.

교사: 이제 예은이가 표현한 하트 모양의 클레이에 상처를 주는 말들을 한번 떠
     올려 보자. 무엇이 있을까?

예은: 지난번에 체육 시간에 피구를 하는데 제가 우리 팀에서 마지막까지 살아남
     은 사람이었거든요. 그런데 제가 공을 맞고 아웃이 되어서 우리 팀이 지게
     되었어요. 그랬더니 우리 팀 남자 애 중 한 명이 저에게 '느림보야, 네가 못
     피해서 우리 팀이 졌잖아.'라고 이야기했어요.

교사: 마지막까지 살아 있었다면 오히려 칭찬을 받을 수 있었을 텐데, 오히려 그
     런 말을 들었으니 매우 억울했겠구나. 여기 있는 다양한 틀 중에서 그때 받
     은 상처를 잘 표현할 수 있는 틀을 골라서 하트 모양의 클
     레이에 구멍을 내 보자. 그때 받은 상처가 컸다면 큰 모
     양의 틀로, 작았다면 작은 모양의 틀을 골라 구멍을 낼 수
     있어.

> key point
> 학생들이 받은 상처를 다양
> 한 틀로 형상화할 수 있도록
> 크기/모양별로 틀을 준비해
> 두는 것이 좋습니다.

예은: (여러 가지 틀 중 하나의 뾰족한 모양의 틀을 골라 하트 모양의 클레이에 구멍을 뚫는다.) 그 친구의 말이 저에게는 너무 날카로웠고 뾰족했어요. 그래서 이렇게 뾰족한 모양의 틀로 찍을 거예요.

(중략)

교사: 그 친구의 말이 날카롭고 뾰족해서 마음의 구멍이 이렇게 생겼구나? 예은이는 살아남기 위해 최선을 다했는데 그러한 마음을 알아주기는커녕 비난하니까 속상했겠어. 그럼 그때 그 친구가 어떻게 얘기해 줬으면 좋았을까? 어떻게 얘기해 주었기를 바라니?

예은: 글쎄요? 잘 모르겠어요.

교사: 친구가 만일 '마지막에 죽어서 아쉽지만 끝까지 최선을 다해서 고마워!' 이렇게 얘기해 줬으면 어땠을 것 같아?

친구: 그럼 제 마음이 오히려 편해질 것 같아요.

교사: 아쉬웠던 예은이의 마음을 헤아려 주며 공감해 주면 누구든지 마음이 편안해지지. 이런 공감 대화법을 '기린 대화법'이라고 해. 기린은 동물 중에서 가장 큰 심장을 가진 따뜻한 동물이거든. 반면에 아까처럼 상처를 주는 대화는 '자칼 대화법'이라고 하지. 자 그럼 상처받고 구멍이 뚫렸던 하트 모양의 클레이를 기린의 대화법을 사용하여 다시 메꿔 볼까?

key point

공감적 대화, 즉 상대방의 감정을 읽어 주는 대화의 예시를 제시해 줍니다. 예은이의 당시 감정(예: 아쉬움)을 반영해 줌으로써 예은이의 상처를 보듬어 줄 수 있는 예시를 교사가 제시해 줍니다.

key point

비폭력 대화에서 소개하는 기린 대화법과 자칼 대화법을 설명하며, 자칼 대화로 인해 상처난 마음의 구멍을 기린 대화를 통해 어루만져 주는 방식으로 접근할 수 있습니다.

비폭력 대화(Non-Violent Communication): 자칼의 대화 & 기린의 대화

비폭력 대화란 자신의 행동을 관찰함과 동시에 어떻게 느끼고 있는지 파악하고, 나아가 그 행동으로 나의 욕구가 충족되고 있는지를 인식하면서 대화하는 의사소통 방법을 말합니다. 이러한 대화법은 폭력성을 가라앉히고 인간의 본성인 연민을 바탕으로 상대방과 좀 더 깊이 있는 관계를 맺는 데 도움이 됩니다. 비폭력 대화의 개념이 학생들에게는 추상적으로 다가올 수 있으므로 친숙한 동물인 기린과 자칼에 비유하여 대화법을 교육할 수 있습니다. 폭력성을 상징하는 자칼은 친구의 상황에 공감하지 않고 비난하며 상처를 주는 대화법을 말하고, 반면에 평화를 상징하는 기린은 친구의 상황에 공감하고 감정을 읽어 주며 위로해 주거나 격려해 주는 대화법을 말합니다. 학생들은 본 활동을 통해 자칼과 기린의 대화법을 알게 되고, 기린의 대화법을 연습할 수 있습니다.

Tips 개인상담

1. 학생이 자신이 받았던 상처를 다양하게 형상화할 수 있도록 다양한 모양과 크기의 틀을 준비해 주세요.

2. 학생이 상처받은 경험을 떠올리며 스스로 그때의 경험을 치유할 수 있도록 당시에 듣고 싶은 말을 보다 구체적으로 이끌어 낼 수 있도록 도와주세요.

3. 다시 완전한 하트 모양을 갖춘 클레이를 보며 어떠한 마음이 드는지 충분히 이야기하고 탐색할 수 있도록 도와주세요.

4. 자칼이라는 동물이 학생들에게는 낯설게 다가올 수 있습니다. 학생들의 인지적 수준을 고려하여 무섭고 포악한 이미지를 가진 다른 육식동물로 대체하여 설명해 줄 수 있습니다.

1. 자신이 받았던 상처를 솔직하게 개방할 수 있을 만큼 집단의 응집력이 높아졌을 때 본 활동을 진행해 주세요.

2. 집단원들이 서로의 상처받은 경험에 대해 함부로 평가하거나 비난하지 않도록 하고, 수용적이고 따뜻한 분위기를 조성해 주세요.

3. 집단원들이 돌아가면서 위로와 공감을 주고받으며 다른 집단원의 구멍 난 클레이를 대신 채워 주는 집단 활동 시간을 마련해 주는 것도 좋습니다.

9. 실/끈을 활용한 상담 기법

★ 실/끈, 상담에서 어떻게 활용할 수 있을까요?

실 꿰매기를 해 보세요!

실을 통해 서로 다른 두 대상을 꿰매서 연결하고 합칠 수 있어요!

걱정을 실로 표현해 보세요!

실로 길이를 표현하여 추상적인 것들을 표현해 볼 수 있어요!

실로 연결해 보세요!

실을 활용해서 단계별 활동을 순차적으로 연결해 볼 수 있어요!

★ 실/끈은 이런 점이 좋아요!

실은 서로 다른 두 대상을 엮어 주는 기능을 하기도 합니다. 특히 두 대상을 잇지 않더라도 구멍에 실을 순차적으로 꿰는 활동을 통해 단계별로 익혀야 하는 과제를 학습할 때 유용하게 사용할 수 있습니다. 또 실은 길이를 시각화하여 잘 보여 주기 때문에 걱정과 같은 추상적인 것을 시각화하여 표현하는 데 유용합니다. 실을 상담에 활용하여 학생의 흥미와 참여도를 높여 보세요!

우리 마음 다시 합체!

🧑 어떤 활동인가요?

'우리 마음 다시 합체!'는 실을 활용하여 학생들이 대인관계에서 경험한 갈등을 다시 바라보고 회복할 수 있도록 돕는 활동입니다. 학생들은 갈등으로 인해 자신의 다친 마음을 바라보며 좌절되었던 욕구에 대해 생각하고, 실로 다친 마음을 꿰매고 서로에게 편지를 써 보면서 깨진 관계를 회복하는 경험을 할 수 있습니다. 이는 〈회복적 생활교육〉에서 갈등을 문제가 아닌 회복의 기회로 바라보는 관점을 활용한 것으로, 학생들은 이 활동을 통해 자신의 욕구를 건강하게 표현하고 대화하는 방법을 익힐 수 있습니다.

🙂 누구에게 도움이 될까요?

☑ 대인관계 갈등 해결에 어려움을 보이는 학생

☑ 자신의 욕구 파악을 어려워하는 학생

☑ 자신의 감정을 표현하는 것이 어려운 학생

👑 무엇이 필요한가요?

> 🖍 종이(조금 두꺼운 종이나 펠트지), 가위, 실, 펀치

★ 왜 실이 좋을까요?

종이에 구멍을 뚫고 실로 연결해 보는 과정은 관계가 회복되는 것을 시각화할 수 있다는 장점이 있습니다. 학생들은 종이에 구멍을 뚫으며 갈등으로 자신의 다친 마음을 표현할 수 있고, 실을 통해 다시 연결하는 과정에서 간접적으로 회복을 경험할 수 있습니다.

😊 상담 과정(집단 활동)

1. 오늘의 활동을 소개하며 학생들이 종이를 활용해 자신의 구멍 난 마음을 표현하도록 합니다. (종이 2장을 겹쳐서 구멍을 함께 뚫어 주세요.)

"오늘은 여기 있는 준비물로 친구와 갈등이 생겨서 다친 마음을 표현해 볼 거예요. 내 마음을 하트라고 했을 때 마음이 다치면 어떤 모습일까요? 펀치를 사용해서 종이에 구멍을 뚫어 봅시다."

2. 학생들이 뚫은 구멍을 바탕으로 좌절된 느낌과 욕구를 번갈아 가면서 관찰합니다.

"○○이와 ●●이 마음에 이렇게 구멍이 났군요. 그러면 어떤 부분이 속상해서 마음에 구멍이 난 걸까요?

3. 학생의 욕구를 건강하게 표현해 보는 연습을 하며 서로에게 바라는 부분을 편지로 작성합니다.

"그런 부분이 속상했군요. 그러면 내 속마음을 어떻게 표현하면 좋을까요?"

"서로에게 바라는 부분이 있다면 편지에 작성해 봅시다."

4. 학생들이 작성한 편지를 종이 사이에 넣고 구멍 난 마음을 실로 꿰매 봅니다.

"이제는 우리가 같이 쪽지를 넣고 구멍 난 마음을 실로 꿰매 볼 거예요. 실로 꿰맬 때 내 마음도 같이 회복된다고 상상해 봅시다."

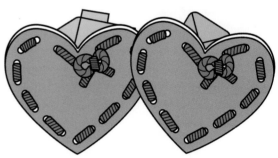

5. 종이를 실로 꿰맨 뒤에는 관계 회복을 위해 스스로 노력할 다짐을 말하며 친구에게 전달합니다.

"앞으로 어떻게 하면 실로 꿰매는 것처럼 우리 마음이 회복될 수 있을까요? 나의 다짐과 노력을 이야기하며 하트를 전달해 주세요."

회복적 생활교육

　　회복적 생활교육이란 학생들이 갈등을 해결하기 위해 참여하고 관계를 회복하는 데 초점을 두는 교육을 의미합니다. 회복적 생활교육은 서로의 잘잘못을 가려내어 처벌하는 응보적 관점이 아닌, 학생과 공동체의 성장과 변화를 목표로 하는 회복적 정의를 패러다임으로 삼고 있습니다. 회복적 생활교육이 이루어지기 위해서는 갈등 상황에서 서로의 의견을 존중하고 의사 결정에서도 공정성을 확립하는 것이 중요합니다. 신뢰와 상호 존중을 바탕으로 서로의 감정과 욕구를 표현했을 때, 비로소 상호 간의 공감과 회복이 이루어질 수 있습니다. 학생들은 서로의 감정과 욕구를 이해하고 공감하는 과정에서 자신의 행동을 성찰하게 되며, 비로소 마음으로 연결하여 대화하고 공존하는 법을 배울 수 있습니다.

Tips 개인상담

1. 학생이 대인관계나 외부 상황에서 경험한 상처에 대해 이야기를 나눈 후에 펀치를 사용해서 종이에 구멍을 뚫어 볼 수 있도록 도와주세요.

2. 학생이 뚫은 구멍을 바탕으로 좌절된 느낌과 욕구가 무엇이고 어떤 점에서 마음의 상처가 되었는지 탐색하세요.

3. 자신의 욕구를 건강하게 충족시키는 방법에 대해 함께 이야기하고 쪽지에 작성해 봅니다.
   ex) 친구에게 직접 가서 말하기, 믿을 만한 친구에게 속마음 털어놓기 등

4. 학생이 작성한 쪽지를 하트 모양의 종이 사이에 넣고 구멍 난 마음을 실로 꿰매는 활동을 통해 마음이 회복된 자신의 모습을 떠올려 보며 구체적인 실천 계획을 세워 봅니다.

집단상담 Tips

1. 갈등이 발생한 학생들이 각자 자신의 구멍 난 마음을 설명할 수 있도록 도와주세요. 구멍은 2장의 종이를 함께 겹쳐서 가장자리를 중심으로 뚫는 것이 좋습니다.

2. 학생들의 갈등에 대해 질문할 때 응보적 질문이 아닌 회복적 관점으로 질문해 봅니다.

(참고: 회복적 생활교육 학급운영 가이드북, 정진 저)

응보적 질문	회복적 질문
누가 잘못했지?	무슨 일이 일어났지?
어떤 잘못을 했지?	그 일로 가장 힘들어하는 사람은 누구일까?
어떤 규칙을 어긴 거야?	어떤 영향을 주었을까?
어떤 벌을 받아야 하지?	어떻게 그 피해를 회복할 수 있을까?

3. 문제해결을 위한 대안은 모두에게 공정해야 하고 합의되어야 합니다. 서로 대화를 통해 함께 만드는 대안이 가장 좋은 문제해결 방법이라는 것을 학생들이 알 수 있도록 도와주세요. 그리고 이러한 서로에 대한 부탁을 친구가 지켜 줬다고 상상하면서 고마움의 마음을 담아 편지를 쓸 수 있도록 도와주세요.

4. 편지를 언제 다시 꺼낼지 미리 정하여 정해진 날 함께 실을 풀어 쪽지를 함께 확인해 보세요. 서로가 노력한 점에 고마움을 표현하고, 아직 노력이 필요한 부분은 함께 노력하도록 독려해 주세요.

걱정미용실

어서 오세요! 걱정미용실입니다.
여러분의 고민을 싹둑 잘라 보아요!

할머니의 병
학교성적
숙제
왕따
알콩

🧑 어떤 활동인가요?

'걱정미용실'은 학생들이 자신이 갖고 있는 문제, 걱정, 불안 등이 무엇인지 명확하게 인식하고, 그것의 심각성 정도나 우선순위를 털실의 길이로 나타내 보는 활동입니다. 이처럼 걱정과 불안의 크기만큼 털실을 잘라 길이로 표현하는 것은 해결중심상담의 〈척도질문〉을 활용한 기법입니다. 이 활동은 단회기에서 그치지 않고 매 회기를 시작할 때마다 작품을 꺼내어 길이를 조절해 봄으로써 학생의 문제에 대한 인식을 촉진하고 변화 정도를 확인하는 데 도움이 됩니다. 또한 털실의 길이를 짧게 만들기 위해서 무엇을 할 수 있을지 생각해 보는 과정에서 학생은 문제해결을 위한 자신의 대처 자원과 전략을 확보할 수 있습니다.

👩 누구에게 도움이 될까요?

✅ 걱정과 불안이 많은 학생

✅ 자신이 갖고 있는 문제의 우선순위를 정하는 것이 어려운 학생

✅ 문제해결을 위한 대처 자원 및 전략이 부족한 학생

👦 무엇이 필요한가요?

> ✏️ 털실, A4 용지 2장, 사인펜, 마스킹테이프, 가위

★ 털실은 몇 가지 색상이 필요한가요?

한 가지 색상만 있어도 활동은 할 수 있지만, 털실의 색상이 다양할수록 좋습니다. 걱정거리마다 문제의 특성이 다르므로 각각 다른 색깔의 털실로 표현해 보세요.

👧 상담 과정

1. 종이에 최근 나의 걱정거리를 적어 봅니다. 그중에서 가장 큰 걱정거리 5가지를 골라 동그라미 치고, 가장 큰 것부터 가장 작은 것 순서대로 순위를 정해 봅니다.

   "최근 나의 걱정거리를 떠오르는 대로 쭉 적어 보고, 가장 큰 걱정거리부터 순위를 매겨 볼까요?"

2. 머리의 밑그림을 그린 뒤, 각 걱정의 크
기만큼 털실을 잘라 냅니다.

"많이 걱정되는 고민은 털실의 길이를 길
게 자르고, 사소한 고민은 짧게 자를 거
예요. 가장 큰 고민부터 잘라 봅시다."

3. 마스킹테이프에 걱정 내용을 써서 털실
을 머리 밑그림이 그려진 종이 위에 붙입
니다.

"이제 테이프에 걱정 내용을 적고, 자른
털실을 머리 부분에 붙여 봅시다."

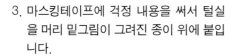

4. 자신의 걱정과 불안을 줄이기 위해 할 수
있는 일이 무엇이 있을지 학생의 대처 자
원과 대처 전략을 탐색해 봅니다.

"길이가 짧아지려면 무엇이 필요할까요?"

"머리를 깔끔하게 다듬기 위해서 ○○이
가 무엇을 할 수 있을까요?"

5. 다음 회기부터는 털실을 자르는 것으로
상담을 시작합니다.

"○○이의 걱정하는 마음이 지금 얼마나
줄어들었는지 그만큼 잘라 볼까요?"

"(털실을 잘라 낸 뒤에) 걱정하는 마음이 어
떻게 이만큼 줄어들 수 있었나요?"

9. 실/끈을 활용한 상담 기법 **197**

상담 예시

동현이는 학교에 가는 것을 두려워하고 등교를 거부하는 학생입니다. 걱정미용실 활동은 불안의 원인과 심각성 정도를 시각적으로 표현하고 탐색하는 활동입니다. 이 활동을 활용하여 척도질문을 사용하면 현재의 상태와 목표 점수를 확인하고 변화의 정도를 평가하는 데 효과적입니다.

교사: 동현이가 다섯 가지 걱정거리를 1위부터 5위까지 잘 정해 주었구나. 이제 이 털실을 걱정의 크기만큼 잘라 볼까? 제일 걱정이 많이 되는 것은 길이를 길게 자르고, 조금 걱정되는 것은 짧게 잘라 보자. 그리고 나서 마스킹테이프에 걱정거리를 적고 머리 위에 털실을 붙여 볼까?

동현: (털실을 종이에 붙인다.) 다 붙였어요.

key point

열린 질문을 통해 걱정의 내용을 탐색하도록 돕습니다.

교사: 동현이는 수업 시간에 발표하는 게 가장 많이 걱정되는구나. 어떤 점이 가장 걱정이 되는데?

동현: 네, 저는 수업 시간에 앞에 나가서 발표하는 게 너무 싫어요. 선생님이랑 친구들이 모두 저만 쳐다보는 것도 무섭고, 제가 발표를 잘 못하면 저보고 못한다고 얘기하거나 바보라고 놀릴까 봐 불안해요.

key point

목표 길이(점수)를 확인하면 해결중심적인 질문을 통해 자원을 탐색합니다.

ex) "길이가 짧아진 상태는 무엇을 보면 알 수 있을까?, 그러기 위해서 동현이가 할 수 있는 것은 무엇일까?" 등등의 질문을 활용할 수 있습니다.

교사: 선생님과 친구들이 나를 평가하는 것 같아서 발표하는 게 싫구나. 동현이는 이 털실의 길이가 얼마나 짧아졌으면 좋겠어?

(다음 회기)

교사: 지난 시간에 동현이의 걱정을 털실의 길이로 표현했던 거 기억나지? 혹시 이것들 중에 줄어든 걱정이 있다면 한번 잘라 볼래?

동현: 네. (가위로 털실을 자른다.)

교사: 우와. 수업 시간에 발표하는 것이 정말 많이 짧아졌네. 0부터 10점 사이 중

에서 지난번 걱정의 정도가 10점이었다면, 지금은 몇 점 정도일까?

동현: 음…… 5점이요. 원래는 발표하는 게 너무 무섭고 싫었는데, 이제는 조금 괜찮아졌어요. 오늘도 수학 시간에 발표했어요.

교사: 대단한걸? 어떻게 10점에서 5점으로 걱정을 줄일 수 있었니?

key point

해결중심 이론에서는 학생이 긍정적 변화를 이미 이룬 경우 이를 상담자가 적극적으로 칭찬하여 흥을 북돋는 것(cheerleading)을 강조합니다.

key point

어려운 상황을 극복할 수 있었던 자신의 구체적인 전략이나 자원을 확인하고, 이를 활용하여 변화를 이어 갈 수 있도록 돕습니다.

척도질문(scaling question)

척도질문은 해결중심상담 이론의 질문 기법 중 하나로, 내담자가 자신의 문제, 문제의 우선순위, 문제해결 정도 등에 대해 주관적인 평가를 내리고, 이를 0부터 10까지의 척도로 평정하도록 하는 기법입니다. 척도질문은 문제의 심각성 정도를 나타내는 데 효과적이며, 목표 달성 정도와 결과에 대한 평가를 수치로 명확히 하는 데 도움이 됩니다. 또한 "1점을 더 올리기 위해서 무엇을 할 수 있을까요?"와 같이 실행 가능한 작은 변화를 목표로 삼아 내담자의 문제해결을 도울 수 있습니다. '걱정미용실'에서 털실의 길이로 불안의 정도를 표현하는 작업이 바로 이 척도질문을 활용한 것입니다.

1. 종이 위에 이리저리 섞이고 뭉친 털실을 보며 걱정이 학생의 머릿속을 얼마나 차지하며 그것이 미치는 영향은 어떤지 이야기를 나누어 보세요. 머리에 걱정과 고민이 가득 차 있으면 다른 일에 집중할 수 없다는 것을 이해할 수 있습니다.

2. 단회기 활동으로 끝낼 경우, 대처 자원과 대처 전략을 충분히 탐색한 후 학생이 직접 털실을 자르게 해 보세요. 걱정에 대한 불안이 줄어든 것을 시각적으로 보여 줄 뿐만 아니라, 자르는 행위 그 자체로 학생은 해방감과 성취감을 경험할 수 있습니다.

3. 걱정을 마스킹테이프에 붙인 이유는 나중에 쉽게 제거하기 위해서입니다. 결과물을 집에 가져가거나 상담실에 보관해 두었다가 언제든지 걱정이 해소되면 떼어 내고, 새로운 걱정이 생기면 새로 작성하여 붙일 수 있도록 합니다.

4. 다음 회기에 학생이 털실을 많이 자른다면 어떻게 그렇게 좋아질 수 있었는지, 자르지 않는다면 이번 주는 무엇이 힘들었는지 이야기를 나눠 봅니다.

5. 털실은 학생이 임의로 잘라도 되지만, 5cm, 10cm, 15cm 등의 길이로 미리 잘려 있는 털실을 제공해도 좋습니다. 정해진 길이 중 선택하도록 하면 털실이 조금 더 정확한 척도로서 기능할 수 있습니다. 길이별로 척도를 잘 나타내려면 길이마다 털실의 색깔을 각각 다르게 정해 보세요.

1. 다른 집단원의 걱정에 대해 경청하고, 자신에게 도움이 되었던 방법, 새로운 해결책 등에 대해 자유롭게 이야기 나누는 시간을 가져 보세요.

2. 같은 고민이라도 어떤 집단원에게는 큰 걱정거리일 수 있고, 다른 집단원에게는 사소한 고민일 수 있습니다. 다른 집단원들과 털실의 길이를 비교해 보는 활동을 통해 타인의 입장과 다양한 관점에 대해 이해할 수 있습니다.

3. 자신의 걱정과 불안을 상징하는 털실을 잘라 내는 행위에는 큰 용기가 필요합니다. 한 집단원이 털실을 잘라 내면 다른 집단원들이 함께 기뻐해 주고 박수를 쳐 주는 등 지지적이고 수용적인 분위기를 조성해 주세요.

한 땀 한 땀 목표로

🧑 어떤 활동인가요?

'한 땀 한 땀 목표로'는 실을 활용하여 목표를 세분화 및 구체화하여 목표를 달성하기 위한 계획을 세우는 활동입니다. 목표가 너무 크거나 모호할 때 학생들은 본인이 해야 하는 과제에 대해 인식하는 것이 어려운 경우가 많습니다. 이때 학생들에게 과제를 세분화하여 순차적으로 해 나갈 수 있는 과제를 인식할 수 있도록 하고 〈목표 달성 계획〉 설정을 통해 목표 달성에 한 걸음 더 가까워질 수 있습니다. 이를 위해 '한 땀 한 땀 목표로' 활동을 통하여 학생들이 목표를 세분화하여 인식할 수 있도록 돕고, 단계별로 목표를 제시함에 따라 최종적인 목표에 보다 쉽고 빠르게 도달할 수 있도록 합니다.

🙂 누구에게 도움이 될까요?

✅ 목표가 포괄적이고 모호한 학생

✅ 목표 성취를 위하여 무엇을 해야 할지 모르는 학생

✅ 목표를 달성하기 위한 단계적인 계획 수립을 어려워하는 학생

👾 무엇이 필요한가요?

> 🖍 운동화 모형 부록, 두꺼운 도화지, 운동화 끈

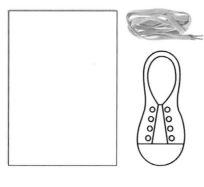

★ 왜 두꺼운 도화지와 운동화 끈이 좋을까요?

목표를 세분화한 결과물을 학생이 보상으로 여기고, 이를 통해 본인의 상담 목표를 상기시킬 수 있어야 합니다. 따라서 보다 튼튼한 재료를 통해 완성도 높은 결과물을 완성시키는 것이 좋습니다. 불가피하게 A4 용지를 사용해야 하는 경우라면 얇은 실을 사용할 수 있도록 도와주세요.

🦭 상담 과정

1. 운동화 활동지를 제시하며 목표를 달성하기 위해서는 여러 단계의 노력이 필요함을 안내합니다.

"오늘은 운동화 활동지에 나의 최종 목표와 세부적인 목표들을 단계적으로 실로 꿰매는 활동을 진행할 거예요."

"우리는 어떤 목표를 이루고자 할 때 여러 단계의 노력을 통해 해당 목표를 이루는 경우가 많아요."

2. 학생이 설정한 포괄적인 목표에 대해 이야기를 나누며 운동화 활동지의 최종 목표란에 작성할 수 있도록 합니다.

"우리가 지난 번 상담을 통해 정하였던 최종 목표가 무엇이었지요? 여기 최종 목표에 적어 볼까요?"

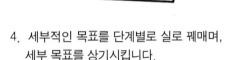

3. 학생의 최종적인 목표를 달성하기 위해 필요한 세부적인 목표에 대해 함께 이야기를 나누며 세부적인 목표란에 작성할 수 있도록 합니다.

"최종 목표를 이루기 위해 우리는 어떤 행동을 할 수 있을까요?"

"단계별로 나누어서 함께 생각해 볼까요?"

4. 세부적인 목표를 단계별로 실로 꿰매며, 세부 목표를 상기시킵니다.

"자 우리가 정한 순서대로 실을 꿰매어 볼 거예요. 실로 한 단계씩 꿰매 보면서 목표를 이루기 위해 내가 해야 할 일을 단계별로 생각해 봅시다."

5. 완성된 운동화를 보며 소감을 나누고, 내가 지금 당장 최종 목표를 달성하기 위해 할 수 있는 일에 대해 함께 이야기합니다.

"우리의 최종 목표와 세부적인 목표가 담긴 운동화가 완성됐어요."

"이걸 보니 어떤 마음이 드나요? 지금 당장 내가 최종적인 목표를 달성하기 위해 할 수 있는 것이 무엇이 있을까요?"

현실치료의 SAMIC3

현실치료의 학자 우볼딩(Wubbolding, R.)은 목표를 설정하고 실행 계획을 세울 때 고려해야 할 7가지 기준을 내세우며 이를 SAMIC3라고 칭하였습니다.

① Simple: 계획은 단순해야 한다.
② Attainable: 달성할 수 있어야 한다.
③ Measurable: 측정 가능해야 한다.
④ Immediate: 즉각적이어야 한다.
⑤ Controlled by planner: 계획은 계획자가 통제해야 한다.
⑥ Committed to: 계획자가 참여하고 이행해야 한다.
⑦ Continuously: 지속적으로 실천할 수 있어야 한다.

이러한 7가지 기준을 충족시키는 목표와 목표 달성 계획을 세우는 것이 바람직하다고 보았습니다. 그러나 학생들이 스스로 이러한 기준을 고려하여 목표를 세우는 것은 쉽지 않습니다. 따라서 '한 땀 한 땀 목표로' 활동을 통해 학생들이 바람직한 목표를 설정하고 이를 성취해 나가는 과정에서 효능감을 느낄 수 있도록 돕는 것이 중요합니다.

Tips 개인상담

1. 학생이 최종 목표와 관련하여 세부적인 목표를 설정할 수 있도록 다양한 측면(가정, 학교, 교우관계 등)에서 이야기를 이끌어 주세요.
2. 세분화된 목표가 위계적으로 성취 가능한 목표가 될 수 있도록 도와주세요. 최종 목표를 달성하기 위해 세분화된 목표를 단계별로 성취하게 되면, 학생들은 세분화된 목표를 성취하면서 동기와 성취감이 향상될 수 있습니다.
3. 최종 결과물이 학생에게 하나의 강화물이 될 수 있도록 완성한 결과물이 학생에게 어떠한 의미를 갖게 되는 것인지 설명해 주세요. 또 완성된 결과물을 상담실 밖으로 가져갈 수 있게 함으로써 목표 달성을 위한 노력이 지속적으로 필요한 것임을 상기시켜 주세요.

1. 다른 학생들의 목표를 평가하거나 판단하는 것이 아니라 존중하고 수용해 주는 분위기를 형성해 주세요.

2. 학생들이 세분화된 목표를 생각해 내는 것을 어려워할 때, 다른 학생들과 함께 이야기 나눔으로써 보다 다양한 측면에서 세분화된 목표를 생각해 보도록 할 수 있습니다.

3. 완성된 최종 목표와 세분화된 목표를 보면서 서로에게 응원과 격려의 한마디를 주고받을 수 있는 집단 활동 시간을 마련해 주세요. 학생들은 본인의 목표를 다른 사람들 앞에서 이야기함으로써 해당 목표를 달성하기 위해 보다 구체적인 노력을 기울일 수 있습니다.

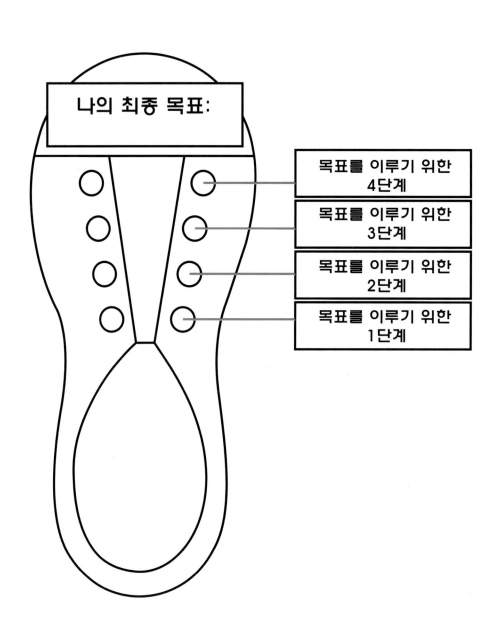

나의 최종 목표:

목표를 이루기 위한
4단계

목표를 이루기 위한
3단계

목표를 이루기 위한
2단계

목표를 이루기 위한
1단계

10. 공을 활용한
상담 기법

★ 공, 상담에서 어떻게 활용할 수 있을까요?

공으로 대화를
주고받아 보세요!
둥글고 가벼운 특성을 활용해서
공을 주고받으며
대화를 나눌 수 있어요!

공을 통통 튀겨 보세요!
통통 튀어 오르는
공을 회복탄력성으로
시각화할 수 있어요!

공을 뽑아 보세요!
탁구공에 상담 키워드를
작성한 후에 공을 뽑으면서
대화를 나눠 보세요!

★ 공은 이런 점이 좋아요!

공의 둥글고 가벼운 특성을 활용하여 상담에 다양하게 활용할 수 있습니다. 먼저, 공에 다양한 질문을 작성하고 공을 주고받으며 대화를 나눠 보세요. 또는 튀어 오르는 공의 특성을 활용하여 회복탄력성을 효과적으로 설명하고 시각적으로 표현해 보세요. 그리고 작은 공에 상담 키워드를 작성하여 뽑아 보도록 할 수도 있습니다. 공의 다양한 특성을 활용하여 상담을 진행해 보세요!

대화를 주공받공

🧢 어떤 활동인가요?

 '대화를 주공받공'은 비치볼을 활용하여 대화를 촉진하는 활동입니다. 학생은 비치볼을 주고받으며 비치볼에 작성된 다양한 질문에 대해 생각하고 대답할 수 있습니다. 공은 아이들에게 모두 친숙한 도구이며 비치볼의 둥글고 가벼운 특성과 회전하는 특성은 학생들이 다치지 않고 즐겁게 활동에 참여할 수 있도록 돕습니다. 이는 〈놀이를 활용한 상담 활동〉의 일종으로 아동, 청소년 그리고 성인 등의 다양한 대상에 활용할 수 있다는 장점이 있습니다. 이번 활동을 통해 학생들은 자연스럽게 자신의 생각을 표현하고 대화를 주고받을 수 있는 경험을 할 수 있습니다.

🙎‍♀️ 누구에게 도움이 될까요?

☑️ 자신의 생각을 표현하는 데 어려움을 보이는 학생

☑️ 자존감이 낮고 소극적인 태도를 보이는 학생

☑️ 상담에 대한 동기가 낮은 학생

🐱 무엇이 필요한가요?

> ✏️ 비치볼 1개, 매직

왜 비치볼이 좋을까요?

비치볼의 가벼운 특성은 학생들이 다치지 않고 공을 주고받을 수 있도록 도움을 줍니다. 또한 공의 둥글고 회전하는 특성은 학생들이 다양한 질문을 우연적으로 받을 수 있게 하여 재미를 더해 줍니다.

🙆‍♀️ 상담 과정

1. 오늘의 활동을 소개하며 학생이 비치볼에 질문을 적도록 합니다. 그 후에 학생과 교사가 번갈아 질문을 비치볼에 작성해 봅니다.

   "오늘은 비치볼로 함께 대화를 나눠 볼 거예요. 비치볼에 서로에게 하고 싶은 질문을 작성해 봅시다"

2. 학생과 공을 주고받으며 질문을 선택하는 규칙을 함께 정해 봅니다.

"공을 주고받을 때 어떻게 질문을 선택할지 그 방법을 정해 볼까요?"

"왼쪽 엄지손가락과 가장 가까운 질문에 대답해 봅시다."

"최근에 속상했을 때는 언제였나요?"

"친구한테 쉽게 다가가는 편인가요?"

3. 비치볼을 주고받으며 선택된 질문으로 대화를 나눠 봅니다.

〈감정〉 주제 중 :

최근에 속상했을 때는 언제였나요?

〈친구〉 주제 중 :

친구한테 쉽게 다가가는 편인가요?

"선생님이 대답하면 ○○이도 선생님에게 추가로 질문해 보면서 인터뷰를 해 볼까요?"

"그러면 선생님은 속상할 때 어떻게 하셨어요?"

4. 선택된 질문에 대답을 하면 그 대답을 바탕으로 추가로 질문해 볼 수 있도록 격려합니다.

"그 질문이 기억에 남는 이유는 무엇일까요?"

"오늘 활동에서 어떤 질문이 가장 기억에 남나요?"

5. 활동이 끝난 뒤, 가장 인상 깊었던 질문 3가지를 선택하여 이를 바탕으로 상담을 진행합니다.

"그 질문을 보았을 때 어떤 생각이 들었나요?"

놀이를 활용한 상담

놀이치료란 놀이를 통해 행해지는 심리치료를 말합니다. 놀이치료는 주로 아동을 대상으로 진행하지만, 매체에 따라 대상은 다양해질 수 있습니다. 놀이는 심리적 저항감을 줄이며 언제 어디서나 할 수 있다는 장점이 있습니다. 따라서 놀이는 강요가 아닌 자발적으로 참여하는 것이 좋으며 즐거울 때 효과가 배가 될 수 있습니다. 특히 언어 능력이나 표현력이 부족한 학생들에게 놀이는 자신을 탐색하고 표현할 수 있는 좋은 매체가 됩니다. 학생들은 이 활동을 통해 자신을 탐색하고 표현하며 대인관계 능력을 향상할 수 있습니다.

Tips 개인상담

1. 질문의 주제는 감정, 친구, 가족, 학교 등의 다양한 주제로 정할 수 있으며, 학생이 어려움을 보이는 호소문제를 바탕으로 정하는 것이 가장 좋습니다.
2. 비치볼에 질문을 작성할 때 학생이 어떠한 질문을 먼저 작성하는지 눈여겨본 뒤에 이후 상담을 통해 질문해 보세요.
3. 놀이가 지나치게 목표중심으로 진행된다면 학생들은 쉽게 흥미를 잃을 수 있습니다. 따라서 학생의 대답에 추가로 질문하는 것은 1~2개로 제한해 주세요.
4. 비치볼에 질문 대신 번호를 적고 번호에 해당하는 질문지를 따로 마련해 둔다면 비치볼을 재사용할 수 있습니다.

1. 참여한 학생들이 공통으로 관심을 가질 수 있는 주제를 선택해 주세요.

2. 비치볼이라고 하더라도 세게 던지면 다른 참여 학생과 감정이 상할 수도 있습니다. 이때 활동의 규칙이 공을 떨어뜨리지 않는 것이라고 말한다면 학생들은 공을 안전하게 주고받기 위해 노력할 수 있습니다.

3. 학생이 질문에 대답하면 파트너인 다른 학생이 추가로 인터뷰 질문을 해 볼 수 있도록 격려해 주세요. 이를 통해 학생들은 자신의 이야기만 하려고 하지 않고 친구의 이야기를 경청할 수 있습니다.

4. 대답하기가 곤란한 경우, 1인당 2번씩 'PASS'할 수 있도록 알려 준다면 학생들은 부담을 갖지 않고 즐겁게 참여할 수 있습니다.

 활동플러스 〈자유볼 스티커 세트〉

〈자유볼 스티커 세트〉는 교육/상담 활동에서 학생들이 즐겁고 효과적으로 참여할 수 있도록 돕는 도구입니다. 자유볼을 함께 만들어 보고 대화하는 과정에서 주제에 대한 자신과 타인의 경험과 생각을 공유할 수 있습니다.

통통! 튀는 회복탄력공

나의 회복탄력성은 어떨까요?

😊 어떤 활동인가요?

'통통! 튀는 회복탄력공'은 종류가 다른 세 가지 공의 탄성을 비교함으로써 〈회복탄력성〉에 대한 이해를 높일 수 있는 활동입니다. 공은 모두 튀어 오르는 성질이 있지만, 어떤 재질로 만들어졌는지에 따라 튀어 오르는 정도가 달라집니다. 같은 높이에서 떨어뜨려도 탱탱볼은 높이 튀어 오르는 반면에, 테니스공이나 스펀지공은 상대적으로 낮게 튀어 오릅니다. 공마다 다른 탄성을 지닌 것처럼 사람 또한 역경과 실패에 대한 탄성, 즉 회복력의 수준이 다양합니다. 학생은 자신과 주변 인물을 공에 비유해 봄으로써 회복탄력성에 대해 생각해 볼 수 있습니다. 또한 공을 떨어뜨리는 환경, 즉 바닥 면이 어떤 재질인지에 따라 공이 튀어 오르는 정도가 달라집니다. 이것은 학생이 처한 상황 또는 문제 영역에 비유할 수 있으며, 이 비유를 이해함으로써 학생 스스로 자신이 어떤 상황에서 잘 극복하고 어떤 상황에 유독 취약한지 생각해 볼 수 있습니다.

🙍 누구에게 도움이 될까요?

- ☑ 회복탄력성이 낮은 학생
- ☑ 역경과 실패를 극복하는 데 오랜 시간이 걸리는 학생
- ☑ 스트레스에 대한 대처 자원이 필요한 학생

👧 무엇이 필요한가요?

> 🖊 다양한 종류의 공(탱탱볼, 테니스공, 농구공 등), 방석

★ 공은 어떤 종류든지 상관없나요?

회복탄력성을 비교할 수 있도록 '탄성'이 명확하게 구분되는 세 가지 공을 준비해 주세요.

👶 상담 과정

1. 준비한 세 가지 종류의 공을 보여 주며 '회복탄력성' 개념에 대해 설명합니다.

   "회복탄력성은 스트레스를 받거나 실패했을 때 밑바닥까지 떨어져도 다시 올라올 수 있는 힘, 오뚝이처럼 다시 일어서는 힘을 의미해요. 공마다 탄성이 다르듯이 사람에 따라 그 사람이 지닌 회복탄력성은 다 다릅니다."

2. 중간 정도 탄성을 지닌 공을 학생이라고 가정하고, 나머지 두 개의 공은 주변 인물 중 누구에 해당할지 정해 봅니다.

"중간에 있는 공이 ○○이라면, 탄성이 가장 좋은 공은 누가 될 수 있을까요? 가족, 친구, 선생님들 중에서 오뚜기처럼 실패해도 금방 회복하는 사람이 있나요?"

"혹시 회복탄력성이 가장 약한 사람으로 머릿속에 떠오르는 사람이 있나요?"

3. 각각의 공을 바닥에 튀겨 보고, 회복탄력성이 높은 사람과 낮은 사람의 특징이 무엇인지 생각해 봅니다.

"(탱탱볼을 가리키며) 이 사람이 가장 잘 튀어오르는 비결은 무엇일까요?"

"바닥에 떨어지는 순간에 어떤 생각을 했을까요?"

4. 공을 떨어뜨리는 환경을 바꾸어 봅니다. 이때 환경은 내가 처한 상황과 문제 영역을 의미합니다. 내가 어떤 상황을 잘 극복하고 어떤 문제에 가장 취약한지 생각해 봅니다.

"바닥에서는 잘 튀던 공이 방석에서는 튀지 못하는 것처럼 같은 사람이어도 상황에 따라 회복력이 달라질 수 있어요. ○○이는 어떤 상황을 가장 잘 극복하는 것 같나요?"

5. 활동에 대한 소감을 나누고, 나의 회복탄력성을 키우기 위한 계획 3가지를 말해 봅니다.

"앞으로 ○○이의 회복탄력성을 키우기 위해서 무엇을 할 수 있을까요?"

🧑 상담 예시

민지는 관계에서 오는 불안이 높아 또래 관계에 지나치게 민감하여 학교생활에 어려움을 겪고 있습니다. '통통! 튀는 회복탄력공' 활동은 회복탄력성 수준이 다른 주변 인물의 특징을 비교함으로써 자신의 회복탄력성을 확인하고 이해하는 데 도움을 줍니다. 또한 자신의 취약한 문제 영역을 떠올려 보고 해당 상황에서 회복탄력성을 높이기 위한 전략을 탐색하는 데 도움을 줍니다.

교사: 금방 본 것처럼 탱탱볼이 가장 잘 튀어 오르고 테니스공은 거의 튀어 오르지 못하지? 민지 주변에 혹시 이 탱탱볼처럼 힘들고 어려운 상황 속에서도 금방 회복하고 다시 일어서는 사람이 있니?

민지: 우리 반 회장 수진이가 떠올라요.

교사: <mark>수진이의 어떤 특징을 보고 회복탄력적이라고 생각했니?</mark>

> **key point**
>
> 공의 탄성과 개인의 탄력성을 비교하며 학생이 이해할 수 있도록 설명한 후에 진행합니다.

민지: 수진이는 뭔가 실패하거나 틀리는 것을 두려워하지 않는 것 같아요. 저는 틀릴까 봐 무서워서 수업 시간에 발표를 잘 못하는데, 수진이는 틀려도 개의치 않더라고요.

교사: <mark>그렇구나. 선생님도 학생 때 부끄럼을 많이 타는 학생이 었는데……</mark>

> **key point**
>
> 교사의 적절한 자기개방은 학생이 '나만 그런 것이 아니구나.'라고 느끼게 하여 불안을 줄여 줌과 동시에 상담자와 동질감을 느껴 상담관계를 형성하는 데 도움이 됩니다.

민지: 정말요?

(중략)

교사: 이번에는 공이 아니라 떨어진 공이 부딪히는 물건을 바꿔 볼 거야. 똑같은 공이라도 어디에 떨어지느냐에 따라 튀어 오르는 정도가 다르잖아. 마찬가지로 탄력적인 사람이라도 상황에 따라 회복력이 달라질 수 있어. 민지는 어떤 상황에서 회복탄력성이 높은 것 같니?

민지: 저는 오히려 공부와 관련된 건 괜찮아요. 다른 친구들은 시험을 망치면 엄청 우울해하고 걱정하던데……. 저는 공부 문제는 친구들만큼 다운되지는 않아요.

교사: 그렇구나. 그럼 민지가 공부 영역에서 다른 친구들보다 탄력적인 이유는 뭘까?

민지: 일단 인생에서 공부가 전부라고 생각하지 않는 거요. 부모님도 공부 때문에 저를 혼내시거나 다그치신 적이 없으세요. 제가 공부는 조금 못하지만 그림을 잘 그리고 웹툰에 관심이 많은데, 이쪽 분야에 자신감이 있어서 그런 것 같아요.

교사: 그렇다면 바닥에선 잘 튀던 공이 방석에서 아예 못 튀어오르는 것처럼 민지가 가장 회복하기 힘든 영역은 어떤 부분이니?

민지: 저는 인간관계인 것 같아요. 친구가 조금이라도 저를 차갑게 대하거나 오해가 생기면 불안해서 아무것도 손에 잡히지 않아요.

key point

회복탄력성이 높은 영역에서 자신이 지닌 심리적·사회적 자원은 무엇이었는지 떠올려 보고, 이를 다른 상황에서도 일반화하여 활용해 볼 수 있도록 합니다.

key point

자신이 가장 취약한 문제 영역을 확인한 뒤에는 그러한 상황 속에서 회복탄력성을 키우기 위해 무엇을 할 수 있을지 탐색해 봅니다.

ex) 친구의 입장에서 상황 바라보기, 주변 사람들의 의견 물어보기, 친구와 즐거웠던 추억 떠올리기, 자책하지 않기 등

회복탄력성(resilience)

'적응 유연성'이라고도 하는 회복탄력성은 스트레스나 역경에 적극적으로 대처하고 시련을 견뎌낼 수 있는 능력, 즉 마음의 근력을 의미합니다. 단순한 회복(recovery)의 개념과 다른 점은 회복은 심리적·신체적 어려움을 겪은 후에 완전히 이전의 상태로 되돌아온 상태를 의미하지만, 회복탄력성은 역경과 어려움 속에서도 적절한 기능을 유지하고 유연하게 대처하는 능력을 말합니다. 이러한 회복탄력성은 고정된 특성이 아니라 시간에 걸쳐 충분히 변화하고 발달할 수 있으며, 회복탄력성을 높이기 위해서는 스트레스 상황의 부정적 효과를 완충하는 보호 요인을 찾아 활성화하는 것이 필요합니다.

1. 사람을 공에 비유할 때 학생이 주변 인물 중에서 적합한 인물을 떠올리기 어려워한다면 만화 캐릭터 등 가상의 인물을 설정할 수 있습니다.

2. 회복탄력성이 높은 사람의 역할을 교사가 해도 좋습니다. 회복탄력성이 높은 사람의 특징을 이야기할 때 교사의 경험을 이야기함으로써 모델링의 기회를 제공할 수 있습니다.

3. 회복탄력성은 고정되고 불변하는 특성이 아니며 노력을 통해 누구나 회복탄력성을 높일 수 있다는 사실을 충분히 설명해 주세요.

4. 회복탄력성을 높이기 위한 실천 계획을 세울 때 학생이 참고할 수 있는 구체적 자료를 제공하는 것도 도움이 됩니다.

5. 세 가지 공의 탄성을 비교하는 것처럼 바닥(환경) 또한 여러 가지로 비교해 보세요. 방석, 스펀지, 흙, 책, 시멘트 바닥 등 공을 떨어뜨리는 환경을 달리하여 문제 상황마다 변하는 자신의 회복탄력성을 비교해 볼 수 있도록 합니다.

Tips 개인상담

1. 여러 종류의 공을 준비해서 집단원이 각자 자신의 회복탄력성 수준에 맞는 공을 선택하게끔 선택권을 줄 수도 있습니다.

2. 가상의 상황을 설정하고 집단원들이 돌아가면서 그때 자신의 반응, 예상 행동에 대해 공유함으로써 회복탄력성 수준에 따라 각자 어떻게 다른 반응을 보이는지 비교할 수 있습니다.

3. 상황이 바뀔 때마다 집단원들이 서로 자신의 공을 교환하는 시간을 가져 보세요. 상황별로 자신의 회복탄력성 수준이 어떻게 달라지는지 확인할 수 있습니다.

4. 회복탄력성을 높이는 데 도움이 되는 실천 계획을 집단 내에서 자유롭게 이야기하고, 이에 대한 피드백을 주고받습니다.

 감정피구

불안 막아!

 불안 피해!

 불안 받아!

🙂 어떤 활동인가요?

'감정피구'는 스펀지공을 활용하여 감정을 조절하는 방법을 연습하는 활동입니다. 스펀지공에 조절하기 어려운 감정의 이름을 붙인 뒤에 공을 피하고, 막아 내고, 손으로 잡는 피구 활동을 통해 자신의 감정을 선제적으로 피해 보고, 긍정적 내적 대화를 통해 부정적 감정을 막아 보고, 감정을 정상화하면서 수용해 보는 경험을 할 수 있습니다. 이 활동은 〈인지행동치료〉를 활용한 방법으로, 공을 주고받는 움직임과 감정을 효과적으로 다루는 방법을 연결 지어 감정에 대처하는 방법을 자연스럽게 배울 수 있도록 돕습니다.

👧 누구에게 도움이 될까요?

- ☑ 감정 조절이 어려운 학생
- ☑ 자신의 감정을 부정적으로 생각하는 학생
- ☑ 문제해결 과정에서 자기 조절력이 부족한 학생

👦 무엇이 필요한가요?

🖍 스펀지공

★ 왜 스펀지공이 필요한가요?

스펀지공은 가볍고 부드러운 재질로 만들어져 피구를 할 때 부상에 대한 걱정 없이 안전하게 활동을 즐길 수 있습니다.

🦭 상담 과정

1. 스펀지공을 준비하여 오늘의 활동을 소개합니다. 피구의 특성을 소개하며 감정 조절이 어려운 감정이 무엇인지 떠올려 보도록 돕습니다.

   "오늘은 감정피구를 해 보려고 해요. 공을 피하고 막아 내고, 잡아 보는 활동을 하면서 감정을 조절하는 방법을 연습할 수 있어요. 조절하기 어려운 감정이 있다면 무엇이 있을까요? 이 공에 감정단어로 이름을 붙여 봅시다."

2. 피구의 특성을 떠올리면서 감정을 선제적으로 피하는 방법을 소개합니다.

   "공을 피하는 것처럼 불안을 피하기 위해서는 어떻게 하는 것이 좋을까요? 때로는 불안할 것 같은 상황을 피할 수 있다면 미리 피하는 것도 좋은 방법이에요. 예를 들어서, 강아지를 무서워하는데 반대편에서 강아지가 오는 것을 보게 된다면 우리는 잠시 다른 길로 피할 수 있어요."

   "선생님공을 던질 테니 '불안 피해!'라고 외치면서 공을 피해 보세요."

3. 피구의 특성을 떠올리면서 긍정적 대화로 부
   정적 감정에 대처하는 방법을 소개합니다.

"공을 손이나 팔로 막아 내는 것처럼 불안을 막
기 위해 내가 적극적으로 할 수 있는 행동은 무
엇일까요? 이때 우리는 나 자신에게 긍정적으
로 말해 주면서 부정적인 감정을 이겨 낼 수 있
어요. 예를 들어서, 시험을 앞두고 불안할 때
'그래도 나는 최선을 다했잖아. 그러니까 잘할
수 있을 거야!'라고 스스로 격려해 준다면 불안
한 감정이 줄어들 수 있겠죠?"

"실제 피구에서는 공을 막는 것이 안 되지만 감정피구에서는 두 손을 엑스자로 하면서 공
을 막아 볼 거예요. 선생님이 공을 던질 테니 '불안 막아!'라고 외치면서 공을 막아 보세요."

4. 피구의 특성을 떠올리면서 부정적 감정을 있는 그대로 수용하는 방법을 소개합니다.

"공을 잡는 것처럼 불안을 잘 받아들이려면 어떻게 하는 것이 좋을까요? 사실 불안한 감
정은 나쁜 감정이 아니에요. 우리가 살아가면서 충분히 느낄 수 있는 감정입니다. 그래
서 때로는 '그래, 내 마음이 불안하구나. 그럴 수도 있지. 불안한 게 오히려 정상이야!'라
고 말하면서 내 마음을 다독거려 주면 불안한 감정이 줄어들 수 있습니다."

"선생님이 공을 던질 테니 '불안 받아!'라고 말하면서 공을 받아 보세요."

5. 감정피구가 끝난 뒤에는 3가지 방법 중에서 본인이 가장 많이 사용하는 방법을 선택하여 감정을 조절해 보는 연습을 할 수 있도록 격려합니다.

"감정피구를 하면서 나에게 가장 도움이 되었던 방법은 무엇이었나요? 이제 1주일 동안은 그 방법으로 감정을 조절해 보는 연습을 해 보기로 해요."

인지행동치료(Cognitive Behavior Therapy: CBT)

불안, 분노, 우울과 같은 부정 정서를 효과적으로 조절하고 대처하는 방법으로 인지행동치료(CBT)가 많이 활용됩니다. CBT 이론의 관점에서는 비합리적이거나 왜곡된 생각(인지) 때문에 부정정서가 생겨난다고 봅니다. 따라서 부정정서를 일으키는 생각을 바꾸는 것에 치료의 초점을 둡니다. "불안 막아!"와 같이 불안을 일으키는 부정적 생각을 긍정적으로 바꾸거나, "불안 받아!"처럼 불안을 수용하고 '불안한 것이 당연하지.'와 같이 긍정적으로 인식하게 하면 부정정서가 줄어들게 됩니다. 한편, CBT는 생각을 바꾸는 인지적 접근과 동시에 행동주의 원리를 적용합니다. 행동주의는 기본적으로 자극과 반응의 원리를 심리 변화에 적용합니다. 불안(반응)을 유발하는 특정 상황(자극)이 있다면 그 상황을 피함으로써 불안을 감소시킬 수 있습니다. 바로 "불안 피해!"가 이러한 행동주의적 원리를 적용한 경우입니다. 이처럼 "불안 막아!", "불안 받아!", "불안 피해!" 활동은 부정정서를 효과적으로 대처하기 위한 인지적 · 행동적 방법을 학생들이 자유롭게 탐색하도록 돕는 게임입니다.

1. 감정을 조절하는 3가지 방법을 소개할 때 학생이 쉽게 이해할 수 있도록 다양한 예시를 들어 주세요. 교사가 설명한 뒤에 학생이 직접 방법을 떠올려 볼 수 있도록 돕는 것도 좋습니다.

2. 기존의 피구에서는 공을 막을 수 없지만, 감정피구에서는 공을 막아 내는 것도 가능합니다. 하지만 공을 막는 모습(ex: 양손을 엑스자로 하기)을 하지 않고 공이 몸이나 손에 닿았을 경우에 감점을 적용하면 흥미가 높아집니다.

3. 공을 피하거나 막거나 잡는 과정에서 구호를 외치는 것이 좋지만(ex: 불안 막아! 불안 수용! 등) 학생이 어려워하면 학생의 행동을 보면서 교사가 대신 말해 주세요(ex: 불안을 막았구나. 불안을 수용했구나 등).

4. 학생이 특정 방법을 어려워한다면 한 게임당 한 가지 방법(ex: 공 막기)만 사용해 보면서 감정 조절 방법을 기억할 수 있도록 도와주세요.

1. 집단에서 활용할 때 공을 서로에게 함부로 던지지 않도록 사전에 충분한 주의와 안내가 필요합니다.

2. 감정을 조절하는 3가지 방법 중에서 집단원들이 각자 자신이 많이 사용하는 방법을 소개할 수 있도록 도와주세요. 서로의 방법을 들어 보는 과정에서 자연스럽게 새로운 감정 조절 방법을 익힐 수 있습니다.

3. 활동이 끝난 후에는 서로의 파트너가 어떤 방법을 가장 많이 썼는지 말해 보도록 하면서 감정피구의 소감을 나눠 보는 시간을 가져 보세요.

II. 페트병을 활용한 상담 기법

★ 페트병, 상담에서 어떻게 활용할 수 있을까요?

긍정요술병을 만들어 보세요!
나의 긍정적 자원을 페트병 안에 넣고 꾸밀 수 있어요!

볼링핀으로 활용해 보세요!
스트레스 요인이 적힌 페트병으로 볼링을 하면 카타르시스를 느낄 수 있어요!

병뚜껑으로 관계지도를 만들어 보세요!
색깔, 크기, 종류가 다양한 병뚜껑으로 복잡한 대인관계를 표현해 볼 수 있어요!

★ 페트병은 이런 점이 좋아요!

페트병은 대부분 투명해서 안에 무엇을 얼마나 넣었는지 수시로 확인하며 작품 활동을 할 수 있습니다. 또한 페트병의 무게를 달리 하여 학생이 느끼는 감정이나 스트레스의 강도를 표현해 볼 수 있으며, 각양각색의 병뚜껑은 주변 인물을 탐색하고 학생의 대인관계를 이해하는 데에도 도움이 됩니다. 페트병을 활용한 만들기 활동, 스포츠 게임 등 다양한 기법을 상담에 적용해 보세요!

긍정요술병 만들기

난 좋은 점이 정말 많아!
오늘도 화이팅!

🙂 어떤 활동인가요?

　'긍정요술병 만들기'는 페트병를 활용하여 학생의 긍정적 감정을 키우는 활동입니다. 학생은 페트병을 꾸미면서 자신의 좋은 점에 대해 떠올려 볼 수 있으며, 완성된 작품을 긍정적인 감정과 연결하는 과정에서 긍정적인 감정을 키울 수 있습니다. 이는 스트레스나 불안, 우울과 같은 부정적인 감정보다 개인의 강점과 같은 긍정적인 측면에 초점을 맞추는 〈긍정심리학〉에서 제안하는 방법을 활용한 것으로, 삶의 긍정적 가치를 돌아보는 활동을 통해 행복과 자기실현을 돕는 효과가 있습니다.

👧 누구에게 도움이 될까요?

- ☑️ 우울감이 높은 학생
- ☑️ 자존감이 낮은 학생
- ☑️ 평소 부정적인 말투로 매사에 비관적인 학생

🧒 무엇이 필요한가요?

> 🖍️ 페트병, 폼폼이, 글리터 가루

★ 왜 페트병이 좋을까요?

페트병은 무언가를 담을 수 있고 안이 투명하여 눈으로 볼 수 있다는 특성이 있는 도구입니다. 이러한 페트병의 특성은 학생이 요술봉을 꾸미고 자신이 만든 결과물을 직접 눈으로 볼 수 있다는 점에서 도움이 됩니다.

👧 상담 과정

1. 오늘의 활동을 소개하며 요술병에 대해 자유롭게 상상하고 떠올릴 수 있도록 돕습니다.

   "오늘은 페트병으로 긍정요술병을 만들어 볼 거예요."

2. 폼폼이를 보여 주면서 자신의 긍정적인 측면을 하나씩 떠올려 이름을 붙여 보도록 합니다.

"여기 있는 폼폼이에 나의 좋은 점들을 떠올리면서 이름을 붙여 봅시다."(ex: 긍정적인 성격이에요, 책을 좋아해요, 양보를 잘해요 등)

3. 페트병에 물을 붓고 폼폼이와 글리터 가루를 넣어 봅니다. 학생이 작품을 완성한 뒤에는 뚜껑을 밀봉한 후 흔들어 보며 어떤 느낌이 드는지 질문해 봅니다.

"이제 페트병에 물을 채워서 폼폼이와 반짝이 가루를 넣어 볼까요? 내가 원하는 색깔로 꾸미면 좋을 것 같아요. 요술병 속의 폼폼이가 정말 멋있는데 이 초록색 폼폼이는 어떤 장점인지 설명해 줄래요? (중략) 그다음으로는 어떤 폼폼이를 소개해 볼까요?"

4. 자신의 강점, 장점 및 자원으로 가득찬 요술병을 흔들어 폼폼이와 글리터 가루가 화려하게 움직이는 모습은 자신의 모든 장점이 활성화되어 문제가 사라진 행복한 상황임을 설명해 줍니다. 이러한 행복 상황을 시각화함으로써 문제로부터 벗어나도록 도운 후 행복한 상황을 탐색합니다.

"병을 흔드니까 자신의 장점이 정말 화려하게 살아 있는 것 같네요. 이렇게 장점이 모두 발휘되어서 걱정이 사라지고 행복한 순간이 온다면 그때는 지금과 어떤 점이 다를까요? (중략) 요술병이 정말 나의 소원을 들어 준다면 어떤 소원을 빌고 싶어요?"

5. 매일 1번 이상 긍정요술병을 흔들어 보며 오늘 기분 좋았던 일 3가지를 떠올려 보도록 합니다.

"매일 하루에 1번 이상 긍정요술병을 흔들어 보세요. 그러면 나의 장점이 더 잘 발휘될지도 몰라요!"

긍정심리학이란?(Positive Psychology)

긍정심리학이란 기존에 개인의 불안이나 우울, 스트레스 등과 같은 부정적인 감정을 완화하는 데 초점을 맞추었던 흐름에서 벗어나 개인의 강점, 긍정적 가치와 같은 긍정적인 심리에 초점을 맞추는 심리학의 새로운 동향을 말합니다. 긍정심리학은 심리학자 마틴 셀리그만이 창시하였으며, 그는 행복의 3대 조건으로 '즐거움, 몰입, 삶에 대한 의미'를 꼽으며 "행복은 누가 가르쳐 주는 게 아니라 스스로의 발견과 창조를 통해 가능하다."라고 주장하였습니다. 그는 행복은 자전거를 타는 '기술'과도 같다고 말하며 꾸준히 연습하고 노력할 경우 행복감 역시 충만해질 수 있다고 강조하였습니다.

 Tips 개인상담

1. 폼폼이를 너무 많이 넣거나 물을 꽉 채우면 작품을 완성하는 데 어려울 수 있으니 주의해 주세요.
2. 학생이 폼폼이와 자신의 강점을 연결하는 것을 어려워한다면 '나에게 고마운 사람', '나에게 감사한 일', '내가 들었을 때 기분 좋은 말' 등의 다양한 주제로 말해 볼 수 있도록 도와주세요.
3. 긍정요술병을 통해 학생이 소망하는 내용이 무엇인지 탐색하여 상담에 연결해 보는 것도 도움이 됩니다.
4. 작품을 완성한 뒤 긍정요술병을 흔들면서 말하는 내용은 상담주제에 맞게 다양하게 변형해도 좋습니다.
    ex) 나를 칭찬하기, 오늘 감사했던 일 말해 보기 등

 집단상담 **Tips**

1. 집단원들이 서로의 장점을 말하면서 폼폼이를 넣어 줄 수 있도록 도와주세요. 돌아가면서 함께 서로의 장점을 격려하는 과정에서 긍정적인 감정이 더욱 향상될 수 있습니다.
2. 긍정요술병을 다 만든 뒤에는 자신만의 이름을 붙이고 언제 어떻게 긍정요술병을 사용하고 싶은지 발표해 볼 수 있도록 격려해 주세요.

〈아동 성격강점 카드〉는 다양한 성격의 강점의 측면을 제시하고, 아동으로 하여금 자신이 지닌 성격의 강점을 인식하고 발견하도록 하여 자기 자각을 촉진시킬 수 있는 도구입니다. 자신이 지닌 성격의 강점을 일상생활에 적용함으로써 행복한 삶을 가꾸어 나가도록 도울 수 있습니다.

🧒 한 걸음 더!

★ 긍정적 타임아웃: 내 마음도 차분해져라!

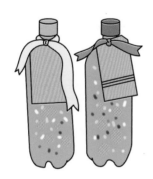

페트병에 물과 글리터 가루, 글리터 풀 등을 넣고 흔들면 글리터 가루가 점점 가라앉는 것을 확인할 수 있습니다. 물과 글리터 가루가 혼합된 것은 내 마음이 격앙되었을 때를 가리킨다고 말하고, 내 글리터 가루가 가라앉으면 내 마음도 차분해진다고 설명하며 작품을 만들어 보세요. 학생이 실제로 감정이 격앙되었을 때 타임아웃에 활용해도 좋습니다.

★ 미해결 과제 찾기: 물과 기름처럼 섞이지 않는 것이 있을까요?

미해결 과제란 자신의 욕구나 감정이 표현되지 못해 미해결된 상태로 남아 있는 것을 의미합니다. 미해결 과제는 억압되어 짜증이나 분노, 두려움 등으로 나타날 수 있습니다. 학생에게 이를 소개하기 위해 물과 기름을 준비하고 물과 기름이 섞이지 않는다는 것을 보여 주세요. 내 마음에도 미해결 과제가 섞이지 않아 때로는 나를 힘들게 할 수 있다는 것을 비유적으로 표현하며 자신의 미해결 과제를 알아차릴 수 있도록 도와주세요.

페트병 볼링

나에게 스트레스를 주는
장애물을 모두 무너뜨리자!

🧑 어떤 활동인가요?

'페트병 볼링'은 페트병에 자신이 극복하고 싶은 스트레스 요인을 적어 붙이고, 공을 굴려 페트병을 모두 넘어뜨리는 활동입니다. 페트병이 볼링핀의 역할을 하게 되어 볼링핀을 쓰러뜨리는 작업을 통해 학생들은 불편한 감정과 누적된 스트레스를 해소하고 카타르시스를 경험할 수 있습니다. 또한 페트병에 각각 다른 양의 모래를 넣어 무게를 달리 함으로써 학생이 갖고 있는 심리적 문제나 어려움의 경중을 스스로 파악하도록 도울 수 있습니다. 스트레스 요인을 개인적 · 사회적 · 학업적 영역으로 구분하여 생각해 보는 작업은 자신의 다양한 스트레스원을 명확히 파악하고 이해하는 데 도움이 됩니다.

👩 누구에게 도움이 될까요?

✅ 다양한 심리적 장애물로 어려움을 겪는 학생

✅ 문제 극복에 대한 자신감이 부족한 학생

✅ 일상생활에서 많은 스트레스를 호소하는 학생

🌱 무엇이 필요한가요?

> 🖍 페트병, 공, 색깔이 다양한 포스트잇(또는 종이와 테이프), 펜, 모래

★ 모래는 왜 필요한가요?

페트병 안에 각각 다른 양의 모래를 넣어 스트레스 요인의 경중을 표현합니다. 학생이 페트병에 담을 모래의 양을 결정하면서 스스로 어떤 것이 가장 극복하기 어려운지, 무엇이 나를 가장 힘들게 하는지 등에 대해 파악할 수 있습니다. 모래를 구하기 어려운 경우에는 모래 대신 물을 사용해도 됩니다.

👧 상담 과정

1. 활동을 소개하고, 자신에게 스트레스를 주는 요인을 떠올리도록 합니다.

"오늘은 페트병으로 볼링 게임을 해 볼 거예요. OO이에게 스트레스를 주는 것이 있다면 이 페트병에 담아서 직접 쓰러뜨려 봅시다."

"요즘 OO이를 가장 힘들게 하는 것은 무엇인가요?"

2. 스트레스 요인을 포스트잇에 하나씩 적어
   봅니다. 포스트잇은 개인적·사회적·학업
   적 영역별로 색깔을 구분합니다.

   "여기에 하나씩 적어 볼까요? 누군가가 상
   처 주는 말을 했다면 그 말을 그대로 써도
   되고, ○○이 혼자 고민하고 걱정하고 있는
   걸 써도 돼요. 아주 구체적일수록 좋아요."

   "나의 성격이나 불안 같은 개인적인 요인은
   노란색에, 다른 사람과의 관계는 초록색에,
   학업과 관련된 것은 파란색 포스트잇에 적
   어 봅시다."

3. 페트병에 포스트잇을 붙이고, 학생이 느끼
   는 어려움의 크기만큼 모래를 넣어 봅니다.

   "이제 페트병에 모래를 넣어서 무게를 정해
   볼까요? 아주 극복하기 힘들고 어려운 문제
   일수록 모래를 많이 넣어야 해요."

   "여기에 가장 많은 모래를 넣었군요. 이걸
   가장 극복하기 어렵다고 생각한 이유가 있
   을까요?"

4. 학생이 직접 공을 굴려 볼링핀을 쓰러뜨려
   봅니다. 핀이 모두 쓰러질 때까지 공을 굴립
   니다.

   "이제 볼링공을 굴려서 모두 쓰러뜨려 봅시다."

5. 쓰러진 볼링핀을 보며 활동 소감을 나누어 봅니다.

"볼링핀이 모두 쓰러져 있는 모습을 보니 지금 기분이 어때요?"

스트레스원(stressor)

스트레스원이란 인간에게 스트레스 반응을 유발하는 요인으로, 스트레스 자극, 스트레스 요인이라고도 합니다. 우리는 살아가면서 사소한 일부터 큰 충격을 안겨 주는 사건까지 다양한 스트레스원에 직면합니다. 스트레스에 적절히 대처하려면, 먼저 스트레스를 일으키는 외부 자극이나 환경을 명확하게 이해해야 하고 자신의 다양한 스트레스원을 아는 것이 필요합니다. 학생들이 주로 경험하는 스트레스원은 개인적·사회적·학업적 영역으로 구분될 수 있으며 이들은 서로 유기적으로 연결되어 있습니다. 즉, 또래 관계에서 스트레스를 받으면 자존감이 낮아지고 성적이 떨어지는 것처럼 3가지 스트레스원이 상호 영향력을 지니는 것입니다. 이러한 상호 영향력은 볼링핀 하나가 넘어질 때 주변에 있는 볼링핀이 함께 넘어지는 것에 비유할 수 있습니다. 이처럼 '페트병 볼링' 활동은 학생들이 자신의 다양한 스트레스원을 탐색하고 이해하는 데 도움이 되며, 볼링핀을 모두 쓰러뜨림으로써 누적된 스트레스를 해소하는 데 효과적입니다.

1. 포스트잇에 적을 수 있는 내용은 다양합니다. 자신의 불안, 걱정, 과거의 상처 등 심리적 장애물, 자신이 들었던 부정적인 말, 혹은 자기 자신에게 하는 부정적인 말 등 다양한 주제를 떠올려 볼 수 있습니다.

2. 볼링핀을 만들 때 재료를 좀 더 추가해서 종이에 그림을 그리거나 스티커 또는 유성매직으로 페트병 겉면을 꾸밀 수도 있습니다.

3. 모래를 너무 많이 넣으면 공을 아무리 굴려도 볼링핀이 쓰러지지 않을 수 있습니다. 적당량의 모래를 사용할 수 있도록 도와주세요.

4. 공을 굴릴 때 학생이 하고 싶었던 말이나 자신에게 해 주고 싶은 긍정적인 자기암시를 크게 외치면서 볼링핀을 쓰러뜨려도 좋습니다.

1. 집단원 일인당 2~3개의 볼링핀을 만들어서 개인전 혹은 팀전으로 볼링 게임을 진행할 수 있습니다.

2. 볼링 게임을 시작하기 전에, 집단원이 각자 만든 볼링핀에 대해 소개하는 시간을 가져 보세요.

3. 집단원들이 포스트잇에 적은 내용이 겹치는 경우, 하나로 합치거나 각각 다른 볼링핀으로 그대로 활용할 수 있습니다. 하나의 볼링핀으로 합쳐서 내용이 겹치지 않도록 한다면 모래를 더 넣어서 많은 집단원이 공감하는 이야기라는 것을 표시해 주세요.

4. 실제 볼링 규칙을 적용해도 좋고, 두 팀으로 나눈다면 각 팀원이 돌아가면서 공을 굴려서 가장 먼저 볼링핀을 모두 쓰러뜨린 팀이 이기는 형태로 게임을 진행해도 좋습니다.

병뚜껑 관계지도

어떤 활동인가요?

'병뚜껑 관계지도'는 여러 크기의 병뚜껑을 활용하여 자신을 둘러싸고 있는 주변 인물들 간의 관계를 파악할 수 있도록 〈소시오그램〉을 만들어 보는 활동입니다. 병뚜껑의 크기, 병뚜껑 간의 거리 등을 활용해 자신과 주변의 중요한 인물들을 비유적으로 표현해 봄으로써 자신에게 영향을 미치는 중요한 인물들과의 관계를 살펴볼 수 있습니다. 이를 통해 상담자는 학생의 주변 인물들 간의 역동을 종합적으로 파악할 수 있으며, 학생 또한 자신을 둘러싼 주변 인물들과의 관계를 탐색해 볼 수 있습니다.

👩 누구에게 도움이 될까요?

☑️ 교우관계에 어려움을 느끼는 학생

☑️ 인간관계에 회의적인 학생

☑️ 주변에 아무도 내 편이 없다고 느끼며 고립감을 호소하는 학생

😺 무엇이 필요한가요?

> 🖍️ 다양한 종류의 병뚜껑, 물감(혹은 색연필), A4 용지

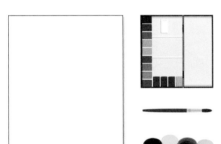

★ 왜 다양한 종류의 병뚜껑이 필요한가요?

병뚜껑은 제각기 다른 크기를 가지고 있습니다. 주변 인물들과의 관계를 표현할 때 나에게 중요한 사람이라면 큰 사이즈의 병뚜껑을 활용하고, 중요도가 낮은 사람이라면 작은 병뚜껑을 활용하여 비유적으로 관계를 표현하기에 유용합니다. 따라서 다양한 관계 양상을 표현하려면 병뚜껑의 종류가 많을수록 좋습니다.

👧 상담 과정

1. 병뚜껑과 물감 등의 준비물을 보여 주며 학생이 가지고 있는 대인관계에 대한 인식을 탐색해 봅니다.

"오늘은 여기 있는 병뚜껑을 활용해서 나와 내 주변 사람들의 관계를 알아 보는 활동을 할 거예요."

"○○이는 평소에 내 주변 사람들과 어떤 관계를 맺고 있다고 생각하나요?"

2. 학생에게 영향을 주는 주변 인물들을 떠올려 볼 수 있도록 합니다.

"○○이 주변에 어떤 사람들이 있는지 한번 생각해 봅시다. 부모님, 친구들, 선생님 등등 다양한 사람이 있겠지요?"

3. 학생과 학생을 둘러싸고 있는 주변 인물들을 병뚜껑으로 비유하여 A4 용지에 자유롭게 표현해 볼 수 있도록 합니다.

"여기 여러 종류의 병뚜껑이 있는데, 그중에서 나를 잘 나타낸다고 생각하는 병뚜껑과 물감을 선택하여 A4 용지에 찍어 봅시다. 어떤 이유에서 그 병뚜껑을 골랐을까요?"

"이번에는 내 주변의 인물들을 잘 나타낸다고 생각하는 병뚜껑과 물감을 선택하고, 나와의 거리는 얼마나 되는지 생각해서 A4 용지에 찍어 봅시다. 어떤 이유에서 그 병뚜껑을 골랐을까요?"

4. 학생이 병뚜껑으로 표현한 주변 인물 간의 관계를 여러 종류의 선으로 이어 관계에 대해 다시 한번 탐색해 보도록 합니다.

"이번에는 여러 선을 사용해서 나와 그 사람 사이의 관계를 표현해 보도록 합시다. 직선은 평범한 관계, 두 개의 직선은 친밀한 관계, 점선은 소원한 관계, 지그재그의 선은 갈등 관계라고 하고 표현해 볼까요?"

5. 완성된 병뚜껑 관계지도를 보며 활동 소감을
   함께 공유하도록 합니다.

   "완성된 관계지도를 보니 어떤 마음이 드나요?"

   "관계지도를 만들면서 내가 느끼기에 나와
   가장 가까운 사람, 먼 사람은 누구였나요?"

🗣 상담 예시

예은이는 사춘기에 접어들면서 가족, 친구들 간의 관계에서 갈등이 잦아지기 시작했
습니다. 인간관계에 대해 회의적이며, 아무도 자신의 편이 아니라고 생각합니다. 소시
오그램을 활용하여 예은이 주변의 중요한 인물과 인물 간의 관계를 탐색해 보며 대인관
계의 중요성을 탐색해 보는 회기입니다.

교사: 우리가 지금까지 탐색해 본 우리 주변의 다양한 사람들을
   병뚜껑으로 표현해 볼 거야. 우선 여기 A4 용지에 예은이
   를 가장 닮은 병뚜껑을 하나 골라 찍어 보자.

예은: (여러 병뚜껑 중 가장 큰 크기의 병뚜껑을 골라 물감을 찍고
   A4 용지의 중심부에 찍는다.)

교사: 예은이는 가장 크고, 동그란 병뚜껑으로 예은이를 표현했
   구나. 어떤 이유에서 그 병뚜껑을 골랐을까?

예은: 음…… 일단 사람들은 제 얼굴이 동그랗대요. 그리고 제
   가 제일 중요하니까요. 가장 큰 병뚜껑으로 저를 표현하
   고 싶었어요.

   (중략)

교사: 이번에는 우리 가족들을 이 관계지도에 병뚜껑으로 표현
   해 보자. 누구를 먼저 표현해 볼까?

key point

주변 인물들을 소시오그램
에 표현해 보기 이전에 자신
을 어떠한 병뚜껑으로 표현
했는지, A4 용지에서 어디에
위치했는지를 통해 자기개념
등을 확인해 볼 수 있습니다.

key point

단순히 소시오그램에 표현
하고 끝나는 것이 아니라 어
떠한 이유에서 해당 병뚜껑
으로 형상화했는지 탐색하
는 과정을 거치는 것도 중요
합니다.

key point

학생이 스스로 순서를 정하
여 인물들을 소시오그램에
표현해 보도록 합니다. 어떤
인물을 먼저 표현하는지 등
순서를 통해서도 학생과 인
물 간의 관계를 확인해 볼 수
있습니다.

예은: 우리 엄마요!

교사: 그래, 예은이는 엄마를 어떤 병뚜껑으로 표현해 보고 싶니?

예은: (병뚜껑 중 모서리가 뾰족뾰족한 병뚜껑을 고르면서) 이건 우리 엄마예요. 우리 엄마는 잔소리가 많은데, 저는 엄마의 잔소리를 들을 때마다 이렇게 마음이 쭈뼛쭈뼛 뾰족하게 서는 느낌이에요.

교사: 그런 이유로 뾰족뾰족한 병뚜껑을 골랐구나. 그렇다면 엄마는 예은이와 얼마나 가까운 사람인지를 생각해 보고 A4 용지에 표현해 보자. 예은이와 가까우면 가까울수록 A4 용지에서도 예은이의 병뚜껑과 가까운 위치에 병뚜껑을 찍으면 되고, 멀다면 예은이와 먼 위치에 병뚜껑을 찍을 수 있어.

예은: (병뚜껑에 물감을 묻혀 A4 용지에 찍으며) 우리 엄마는 저랑 제일 가까운 사람이에요. 그래서 저의 바로 옆에 이렇게 표현해 봤어요.

교사: 엄마가 잔소리를 많이 하시긴 하지만, 여전히 예은이와 가장 가까운 사람이어서 예은이와 가까운 곳에 엄마 병뚜껑을 찍어 주었구나. 찍은 병뚜껑의 테두리 안에 '엄마'라고 표시해 주자.

key point

소시오그램에 표현한 인물이 많을수록 추후 활동을 진행할 때 어떤 인물을 형상화한 것인지 헷갈릴 수 있습니다. 이를 대비하기 위해 해당 병뚜껑이 어떤 인물을 표현한 것인지 메모를 남겨 놓는 것이 좋습니다.

(중략)

교사: 지금까지 이렇게 내 주변 인물들을 A4 용지에 병뚜껑으로 찍어서 표현해 보았어. 이번에는 이 사람들과 나를 선으로 이어 볼 거야. 내가 이 사람과 친밀한 관계라면 두 개의 직선으로, 사이가 안 좋으면 지그재그의 모양으로, 친하지 않은 관계라면 점선으로 나의 병뚜껑과 해당 인물의 병뚜껑 사이를 이어 보자. 먼저 엄마 병뚜껑과의 관계를 선으로 표현해 볼까?

key point

학생의 자율성을 위해 선의 유형과 의미를 학생이 정하도록 하는 방법도 있습니다.

예은: (두 개의 직선을 그리면서) 엄마는 그나마 제 마음을 가장 잘 이해해 주시는 분이에요. 또 제가 답답할 때 엄마에게 자주 털어놓아요. 그래서 두 개의 직선으로 엄마와 저의 관계를 표현할 거예요.

소시오그램(sociogram)이란?

1934년에 모레노(Moreno, J. A.)의 사회도분석법에서 시작된 사회도측정법은 한 개인 또는 한 학생이 자기 동료에 의해서 어떻게 인식되고 받아들여지고 있는가를 평가하기 위한 하나의 방법입니다. 주로 한 학급이나 소집단 내의 역동적 사회관계를 이해하고 학생의 사회적 관계에 관한 자료를 얻기 위해서 사용됩니다. 소시오그램은 학생이 자신의 대인관계를 탐색하고 본인과 주변 인물들 간의 관계를 탐색하여 이를 그림으로 표현해 봄으로써 주변 인물들을 탐색하고, 이들 간의 관계에 대해 생각해 볼 수 있는 기회를 제공합니다. 이는 상담자에게도 내담 학생의 다양한 관계를 종합적으로 이해하는 데 도움이 됩니다.

Tips 개인상담

1. 물감을 활용하기에 적합한 여건이 아니라면 색연필을 활용하여 병뚜껑을 대고 그림을 그리는 등의 간소화된 방법을 활용할 수 있습니다.

2. 병뚜껑으로 관계지도를 표현한 뒤 어떤 대상을 비유적으로 표현한 것인지 기억하기 쉽도록 병뚜껑 위에 해당 인물과의 관계 혹은 이름을 작성해 두는 것도 좋습니다.

3. 빈 A4 용지에 자신을 가장 먼저 표현하도록 합니다. 이때 자신을 표현하는 병뚜껑을 어느 위치에 두는지(용지의 중앙, 용지의 모서리 등)에 따라 자기를 어떻게 인식하는지 파악할 수 있습니다.

4. 교우관계 혹은 가족관계 등 특정 사회적 관계에서 어려움을 경험하고 있는 학생이라면 소시오그램의 주제를 교우관계, 가족관계 등으로 축소하여 진행하여도 좋습니다.

5. 병뚜껑 간의 상대적 위치를 분명하게 파악하고 표현하기 위해 〈부록〉에 첨부된 동심원 활동지를 활용하면 좋습니다.

6. 병뚜껑 대신 동전을 활용하여 활동을 진행할 수도 있습니다. 10원, 50원, 100원, 500원처럼 크기가 다른 동전을 활용하여 대상을 표현하여 관계를 탐색할 수 있습니다.

1. 교우관계 탐색 시, 집단원 간에 함께 아는 학생의 실명이 언급되지 않도록 스스로 다른 별칭을 지어 표현할 수 있도록 돕습니다.

2. 집단 초기에는 다른 집단원들을 의식하면서 소시오그램을 만들 때 솔직하게 표현하지 못할 수 있습니다. 집단 역동이 안정적이고 집단원 간의 신뢰가 바탕이 될 때 본 활동을 진행하도록 합니다.

3. 서로 각자의 완성된 소시오그램을 공유하며, 대인관계가 본인에게 주었던 긍정적·부정적인 영향 등을 공유하고, 서로의 이야기를 지지하고 응원하는 집단 활동 시간을 가질 수 있도록 돕습니다.

 활동플러스 〈와이즈 리틀 프렌드〉

〈와이즈 리틀 프렌드〉는 인물을 표현하는 인형 모형과 블록, 색깔 끈으로 구성되어 있습니다. 이를 활용해 학생이 특정 대상에게 느끼는 심리적 거리를 시각화적으로 표현하고, 인물 간의 역동적 관계를 한눈에 파악할 수 있습니다.

부록

| 동심원 활동지 |

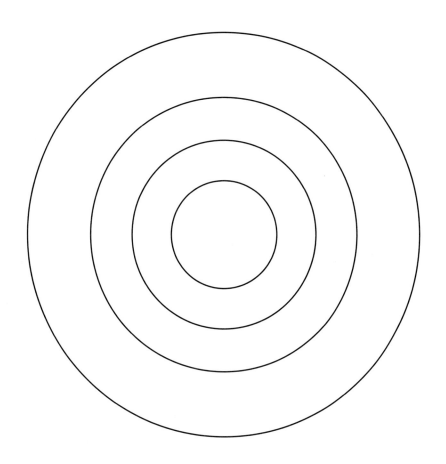

12. 스펀지를 활용한 상담 기법

★ 스펀지, 상담에서 어떻게 활용할 수 있을까요?

지우개로 활용해 보세요!
책상이나 화이트보드의
낙서 등을 지울 수 있어요!

물을 흡수하는 기능을
활용해 보세요!
스펀지는 물을 흡수하고
머금는 성질이 있기 때문에
무게를 표현하는 데
활용할 수 있어요!

화분으로 사용해 보세요!
스펀지의 물을 머금는
특성을 활용해
식물을 키울 수 있어요!

★ 스펀지는 이런 점이 좋아요!

스펀지는 화이트보드와 같은 매끈한 재질의 판에 있는 낙서를 쉽게 지울 수 있다는 특징이 있습니다. 또 스펀지는 물을 잘 머금는 성질이 있기 때문에 스펀지가 흡수한 물로 무게를 표현할 수 있고, 머금은 물 위에 식물을 키울 수 있는 점을 상담에 활용할 수도 있습니다. 스펀지의 다양한 기능을 상담에 활용하여 학생의 흥미와 참여도를 높여 보세요!

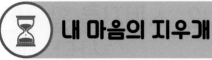 **내 마음의 지우개**

🧑 어떤 활동인가요?

'내 마음의 지우개'는 스펀지를 활용하여 학생이 떠올리는 부정적인 생각을 멈출 수 있도록 돕는 활동입니다. 학생은 스트레스나 불안을 유발하는 상황에서 떠올리게 되는 부정적인 생각을 화이트보드에 작성하고 스펀지를 활용해 지워봅니다. 이는 인지행동치료에서 제안하는 〈사고중지 기법〉을 활용한 활동으로, 학생은 자신의 부정적 신념에 대해 이해하고 떠올려 보며 이를 중단해 보는 활동을 통해 불안을 감소하고 적응적인 생각으로 대체할 수 있습니다.

👩 누구에게 도움이 될까요?

☑ 불안감이 높은 학생

☑ 비관적인 생각으로 스트레스를 받는 학생

☑ 자존감이 낮고 매사에 부정적인 학생

👶 무엇이 필요한가요?

> 🖊 스펀지, 수성매직, 화이트보드

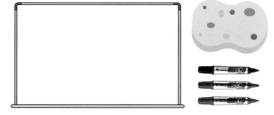

★ 왜 스펀지가 좋을까요?

  스펀지는 화이트보드에 적힌 글씨를 지울 수 있는 지우개의 역할을 할 수 있어서 도움이 됩니다.

👧 상담 과정

1. 학생이 스펀지로 지우개를 상상해 볼 수 있도록 돕습니다.

   "내 생각을 스펀지로 지우개처럼 지울 수 있다면 어떤 생각을 지워 보고 싶어요?"

내가
지우고 싶은 생각?

?

?

발표 실수를
했을 때

2. 화이트보드에 부정적 생각을 유발하는 사건이나 상황을 작성합니다.

   "○○이가 발표할 때 실수를 했다면, 어떤 부정적인 생각들이 나를 괴롭힐까요? 한번 화이트보드에 써 볼까요?"

3. 학생이 작성한 부정적인 생각들을 탐색합니다.

"○○이가 발표할 때 실수하면 이런 생각이 드는군요. 이 생각들을 직접 보니까 어떤 마음이 드나요?"

이건 생각 스톱 지우개예요!

4. 스펀지를 자르고 이름을 붙여 나만의 마음지우개를 만들어서 지워 봅니다.

"이 스펀지가 내 부정적인 생각을 말끔히 지워 줄 거예요. 이 스펀지에 어떤 이름을 붙여 볼까요?"

5. 부정적인 생각을 모두 지운 뒤에 소감을 나눠 봅니다. 일상생활에서도 마음지우개를 떠올릴 수 있도록 독려합니다.

"나를 힘들게 하는 생각들을 모두 지워보니 어떤 마음이 드나요? 앞으로도 이런 생각들이 떠오르면 마음지우개로 지워 보는 상상을 해 봅시다."

사고중지 기법이란?

사고중지 기법이란 인지행동치료에서 부정적인 사고 과정을 멈추고 긍정적인 사고로 대체하기 위해 '중지(stop)!'라고 외쳐서 생각을 멈출 수 있도록 돕는 방법입니다. 사고중지는 공포증이나 불안이 높은 내담자에게 효과적이라고 알려져 있습니다. 사고중지 기법을 사용하기 위해서는 먼저 역기능적인 사고 과정이 일어나고 있다는 것을 알아차리고 생각을 중단하기 위해 자신만의 방법으로 지시를 내리는 방법을 사용합니다(ex: 멈춰! 그만! 등). 이때 스스로를 강화하기 위해 빨간 신호등이나 멈춤 신호와 같은 시각적인 심상을 떠올리기도 하며, 이내 자신을 이완시키는 심상을 떠올리며 편안함을 느낄 수 있도록 돕습니다. 이러한 방법을 통해 학생들은 머릿속에서 떠오르는 부정적인 사고를 멈추고 불안과 스트레스를 잠재울 수 있습니다.

1. 활동을 시작하며 학생이 스트레스 상황에서 자신에게 주는 부정적인 메시지를 정확하게 자각할 수 있도록 도와주세요.

2. 화이트보드에 부정적인 메시지를 작성한 뒤에, 이를 다시 바라보면서 이러한 메시지들이 자신에게 도움이 되지 않는다는 것을 자각할 수 있도록 도와주세요.

3. 마음지우개에 자신만의 명칭을 붙이고 생각을 지우면서 지우개의 이름을 부르거나 자신만의 신호를 만들 수 있도록 도와주세요.

   ex) 그만! 멈춰! 아웃!

   이렇게 사고중지 기법을 연습한다면 일상생활에서도 마음지우개를 떠올리거나 자신만의 신호를 떠올리며 사고중지를 자동화할 수 있습니다.

1. 집단 활동에서는 두 명이 한 팀이 되어 한 명은 부정적인 생각을 화이트보드에 작성하고, 다른 한 명이 마음지우개를 활용하여 생각을 지워 보는 연습을 할 수 있도록 해 주세요. 이때 마음지우개를 활용하는 학생은 자신만의 신호를 말로 이야기해 보며 연습해 보는 것이 좋습니다.

2. 사고중지 기법을 연습한 뒤에는 실제로 역할극을 통해 학생이 스트레스 유발 상황에 처해 보고 사고중지 전략을 직접 실행해 볼 수 있도록 도와주세요.

🧑 한 걸음 더!

★ 불안감 해소: 스트레스볼 만들기

　　스펀지는 모양 변형이 쉽고 촉감이 좋은 장점이 있어 활용도가 높습니다. 스펀지를 자유롭게 자르고 사인펜이나 매직 등을 활용하여 스트레스볼을 만들어 봅니다. 학생의 스트레스나 불안을 유발하는 상황에서 스트레스볼을 만지는 활동을 통해 불안감을 감소시킬 수 있습니다. 이때 학생이 스스로에게 말하는 내적 대화를 탐색하고 스트레스볼을 만지며 긍정적으로 변화시킬 수 있도록 도와주세요.

★ 긍정성 강화하기: 칭찬도장 만들기

　　스펀지를 가위나 칼 등으로 변형시켜 칭찬도장을 만들어 봅니다. 이후 학생이 자신이 잘하는 것, 스스로에게 칭찬할 내용 등을 떠올리며 칭찬도장을 찍어 볼 수 있도록 도와주세요. 이러한 활동은 긍정적인 자아상을 확립하고 자기효능감을 향상시키는 데 도움을 줄 수 있습니다.

번아웃 스펀지

혹시 나도⋯⋯ 번아웃 증후군?

'극심한 피로감'

'정서적 고갈'

'에너지 부족'

'대인관계'

'무기력감'

'학업 스트레스'

어떤 활동인가요?

'번아웃 스펀지'는 스펀지의 흡수하는 성질을 활용하여 〈소진〉의 개념을 이해하고 자신의 상태를 돌아보며 학업적·개인적·사회적 스트레스를 해소하도록 돕는 활동입니다. 학생은 젖은 스펀지와 마른 스펀지의 흡수력을 비교해 봄으로써 스트레스가 계속 누적되면 포화 상태가 되어 새로운 것을 흡수할 수 없다는 사실을 이해할 수 있습니다. 또한 스펀지의 물을 짜내어 버리는 작업을 통해 묵혀 있던 감정과 스트레스를 해소하는 카타르시스를 경험할 수 있습니다. 더불어 앞으로 소진을 예방하기 위해서 스트레스에 적절히 대처하는 전략에 대해서도 함께 고민해 볼 수 있습니다.

😊 누구에게 도움이 될까요?

✅ 학업적 성취에 대한 압력과 부담감을 호소하는 학생

✅ 만성적 학업 스트레스로 학업 소진을 경험하는 학생

✅ 늘 피곤해 보이고 무기력한 학생

👑 무엇이 필요한가요?

> 🖍️ **크기가 같은 스펀지 2개, 컵, 물, 쟁반**

★ 왜 스펀지 2개가 필요한가요?

흡수력을 비교하기 위해 2개가 필요합니다. 두 스펀지에 똑같은 양의 물을 부었을 때 흡수할 수 있는 양이 다른 것을 보여 줌으로써, 나의 마음을 충분히 돌보고 비워야 건강하게 기능할 수 있고, 다시 새로운 것을 채워 넣을 수 있다는 사실을 더욱 쉽게 설명할 수 있습니다.

😊 상담 과정

1. 쟁반 위에 스펀지와 물컵을 준비하여 오늘의 활동을 소개하고, '소진' 개념에 대해 짧게 설명합니다.

   "오늘은 이 스펀지로 이야기를 나눠 볼 거예요. 그 전에 소진이라는 개념을 먼저 소개할게요. 소진이란 에너지가 모두 고갈된 상태를 말해요. 소진된 사람들은 축 늘어진 스펀지처럼 피곤하고 무기력해진답니다."

2. 두 스펀지에 같은 양의 물을 조금씩 부어 흡수력을 비교합니다. 한 스펀지에는 계속 물만 붓고, 다른 스펀지는 물을 부을 때마다 물을 짜냅니다. 물을 짜내는 행위는 스트레스 해소 기제(운동 등)를 상징합니다.

"스펀지가 사람이고, 물이 스트레스라고 상상해 봅시다. 한 명은 운동하거나 친구와 대화해서 스트레스를 해소하고, 다른 한 명은 아무것도 하지 않아요. 젖은 스펀지가 스펀지의 기능을 제대로 할 수 있을까요? 한번 실험해 봅시다."

3. 젖은 스펀지의 물을 모두 짜내고, 나의 스트레스 요인은 무엇인지 탐색합니다.

"스펀지가 포화 상태가 되면 물을 흡수하지 못하는 것처럼, 우리도 스트레스를 담아 두기보다는 잘 배출해 주는 게 필요해요. 이제 스펀지에 있는 물을 모두 짜내 봅시다."

"스트레스는 대표적으로 공부와 관련된 학업적 영역, 나의 성격과 심리적 문제에 대한 개인적 영역, 다른 사람과의 관계에서 오는 사회적 영역의 스트레스가 있어요. ○○이는 어디서 오는 스트레스가 가장 큰가요?"

4. 스펀지에서 짜낸 물은 변기 또는 싱크대에 흘려 버립니다. 물을 버린 뒤 어떤 느낌이 드는지 물어봅니다.

"갖고 있던 스트레스를 모두 버리고 나니 지금 기분이 어때요?"

5. 소진을 극복하고 예방하는 데 도움이 되는 나만의 대처 전략을 계획합니다.

"앞으로 ○○이가 소진되지 않으려면 어떤 방법이 도움이 될까요?"

상담 예시

세은이는 누적된 학업 스트레스와 부모님의 학업성취 압력으로 인해 심리적 소진을 경험하고 있습니다. 번아웃 스펀지 활동은 소진의 개념을 이해하고 자신의 상태를 점검해 보는 데 효과적입니다. 또한 소진을 극복하고 예방하는 데 도움이 되는 적절한 대처전략에 대해서도 효과적으로 탐색할 수 있습니다.

교사: 실험을 해 보니까 두 스펀지는 어떤 차이가 있었니?

세은: 중간중간 물을 짜냈던 스펀지는 계속 물을 흡수할 수 있지만, 물을 안 짜냈던 스펀지는 물을 더 이상 흡수하지 못해요.

교사: 맞아. 사람도 똑같아. 운동을 하든 영화를 보든 자신에게 맞는 방법으로 그때그때 스트레스를 해소하면 또 스트레스를 받아도 잘 견딜 수 있지만, 스트레스를 풀지 못해 계속 쌓이면 이렇게 축 늘어진 스펀지처럼 제대로 기능할 수 없게 돼. 이런 상태를 '소진'이라고 한단다. 세은이도 소진을 경험한 적 있니?

key point

이렇게 소진 경험에 대해 직접적으로 질문할 수도 있지만, 스트레스 지수를 척도질문으로 물어보는 것도 현재 상태를 명확히 표현하는 데 도움이 됩니다.

ex) "스트레스가 아예 없는 상태가 0이고, 스트레스를 가장 많이 받는 상태가 10이라면 지금 몇 점 정도에 있니?"

세은: 네, 제가 지금 딱 이 상태인 것 같아요. 너무 지치고 힘들어서 그냥 아무것도 하기가 싫어요.

교사: 그렇구나. 세은이가 스트레스를 많이 받고 있나 보다. 스트레스는 크게 3가지 영역으로 나눌 수 있는데, 학업적·개인적·사회적 스트레스 중에 어떤 스트레스가 가장 큰 것 같니?

key point

학교 상담은 크게 학업/개인/사회/진로 발달 4가지 영역으로 구분됩니다. 내담 학생에 따라 영역별 스트레스가 무엇을 의미하는지 구체적으로 설명해 줄 필요가 있습니다.

세은: 공부에서 오는 스트레스가 제일 크죠. 결국 모든 문제가 공부 때문이에요. 공부는 열심히 하는데 성적은 제자리니까 저는 자신감이 계속 떨어지고, 반대로 부모님의 기대는 점점 높아져서 관계만 더욱 멀어지고 있어요.

교사: 그렇게 스트레스를 받을 때 세은이는 어떻게 스트레스를 푸니?

세은: 스트레스를 제대로 풀어 본 적이 없는 것 같아요. 학교 끝나면 바로 학원에

가고, 학원 마치고 집에 가면 숙제를 해야 하니까요. 스트레스를 풀 수 있는 시간 자체가 없어요.

교사: 그래서 소진될 수밖에 없는 상황이구나. 그래도 뭔가를 하고 기분이 조금 나아졌던 적이 한 번은 있었을 것 같은데. 바쁜 일상 속에서도 스트레스를 조금이라도 풀어 본 적은 없었니?

key point
우연히 성공했던 예외 상황을 탐색함으로써 학생이 이미 가지고 있는 강점과 자원을 탐색하고 활용할 수 있도록 합니다.

세은: 음…… 저한테 유일하게 쉬는 시간은 잠자기 전에 침대에 누워서 아이돌 영상을 보는 거예요. 그걸 보고 나면 그래도 기분이 조금은 좋아지는 것 같아요.

교사: 하루 공부를 끝내고 아이돌 영상을 보는 게 세은이에게는 스스로가 주는 보상이겠구나. 소진을 막으려면 그렇게 조금이라도 휴식을 취하는 게 가장 중요해. 또 어떤 방법이 스트레스를 푸는 데 도움이 될까?

key point
소진을 극복하고 예방하기 위해 실천할 수 있는 자신만의 대처 전략을 수립합니다.
ex) 능동적인 휴식 취하기, 친구와 대화하기, 선생님과 상담하기 등

소진(burnout)

소진이란 신체적·정신적 에너지가 고갈된 상태를 의미합니다. 소진은 미국의 사회심리학자 매슬랙과 잭슨(Maslach & Jackson)에 의해 본격적으로 연구되기 시작했으며, 이들은 일에 집중하지 못하고 자주 정서적으로 소진되는 서비스직 종사자들의 상태를 소진증후군(burnout syndrome)이라고 처음 명명했습니다. 소진은 정서적 고갈, 비인간화, 개인적 성취감 감소라는 세 가지 속성으로 분류할 수 있습니다. 정서적 고갈은 심리적으로 쇠약해지고 극도의 피로감을 느끼는 상태이고, 비인간화는 타인에 대해 무관심하고 냉소적으로 변하는 것을 의미합니다. 개인적 성취감 감소는 자신의 능력에 대한 믿음을 상실하고 사기가 저하되는 것입니다. 특히 청소년기 학생들은 학업 스트레스가 점점 커지면서 소진에 취약해지기 쉬우므로, 번아웃 스펀지 활동을 통해 적절한 대처 전략을 수립하는 것이 필요합니다.

1. '소진'의 개념을 이해하기 어려울 수 있으니 소진된 사람들의 특징을 충분히 설명해 주세요.

    ex) 극심한 피로감 호소, 정서적 고갈, 에너지 부족, 무기력감 등

2. 두 스펀지의 흡수력 차이가 명확하게 나타날 수 있도록 물을 짜낼 때 세게 짜내 주세요.

3. 스트레스 요인은 학업적 · 개인적 · 사회적 영역별로 구분하여 구체적으로 탐색해 볼 수 있습니다.

4. 앞으로 소진되지 않고 나를 잘 돌보기 위해서 어떤 것들을 실천해 볼 것인지 구체적인 실천 계획

    을 세울 수 있도록 도와주세요.

    ex) 감정일기 작성하기, 능동적인 휴식 취하기, 주기적인 상담 받기 등

1. 집단원들이 돌아가면서 자신의 소진 경험에 대해 개방하도록 합니다.

2. 두 스펀지의 흡수력을 비교할 때, 집단에서 활용하는 경우에는 교사가 앞에서 보여 주고 학생은

    관찰만 하는 형태로 진행해도 좋습니다.

3. 각자 자신만의 스트레스 해소 방법을 공유하고 자유롭게 피드백을 주고받도록 합니다.

자라나라! 스펀지화분

어떤 활동인가요?

'스펀지화분'은 물을 쉽게 잘 머금고 있는 스펀지의 특성을 활용하여 스펀지를 화분으로 활용하는 활동입니다. 이는 〈원예치료〉를 기반으로 한 것으로, 학생과 함께 식물이라는 하나의 생명을 스펀지에서 함께 키움으로써 마음을 정화하는 효과를 가져올 수 있으며, 한 생명을 책임진다는 책임감을 기를 수 있습니다. 이를 통해 상담에 수동적이었던 학생들을 상담실에 자발적으로 올 수 있도록 도울 수 있습니다.

누구에게 도움이 될까요?

- ✔ 상담에 비자발적인 학생
- ✔ 등교를 거부하는 학생
- ✔ 생명의 중요성을 경시하는 학생

무엇이 필요한가요?

 스펀지, 가위, 씨앗(상추, 브로콜리, 시금치 등)

★ 어떤 씨앗을 심어야 할까요?

스펀지는 물을 머금고 있는 특성이 있어서 촉촉한 상태를 계속 유지해 줘야 하는 식물을 심는 것이 좋습니다. 상추, 브로콜리, 시금치 씨앗은 비교적 쉽게 구할 수 있으며 수분을 머금고 있는 환경에서 잘 자라나기 때문에 스펀지화분에서 키우기에 적합합니다.

상담 과정

1. 스펀지와 가위, 씨앗을 준비하여 오늘의 활동을 소개하며, 학생이 이전에 식물이나 다른 생명을 키워 본 경험이 있는지 탐색해 봅니다.

   "오늘은 이 스펀지를 우리의 화분이라고 생각하고 식물을 심어 볼 거예요."

   "○○이는 이전에 식물이나 동물과 같은 생명을 책임감을 가지고 키워 본 적이 있나요?"

2. 스펀지를 학생이 원하는 모양의 화분이 되도록 잘라 줍니다.

   "우리의 화분이 될 스펀지를 어떤 모양으로 잘라 주면 좋을까요? 행운을 불러오는 네잎클로버 모양으로 잘라도 좋고, 사랑이 가득한 하트 모양으로 잘라도 좋아요."

3. 학생과 함께 미리 준비된 씨앗을 물을 머금은 스펀지 위에 촘촘히 놓아 줍니다.

"이제 이 씨앗을 화분에 심어 볼 거예요. 씨앗이 잘 자라길 바라는 마음을 담아서 심어 봅시다."

4. 씨앗을 심은 스펀지화분에 이름을 붙여 줍니다.

"이제 우리가 완성한 화분에 이름을 붙여 줄 거예요. 행운을 불러오길 바라는 마음에서 행운이라고 불러도 좋고, 원하는 이름을 붙여 주면 돼요."

5. 학생이 식물에 대한 책임감을 가질 수 있도록 물을 주는 주기 등에 대해 함께 이야기를 나누고 약속합니다.

"지금 완성한 이 화분은 ○○이가 물을 잘 줘야 잘 자랄 수 있어요. 학교에 등교하는 날마다 상담실에 잠시 들러서 물을 주고 갈 수 있을까요?"

원예치료(horticulture therapy)란?

원예치료란 식물 기르기, 꽃 장식 등 원예작업을 하면서 신체, 정서, 교육, 사회적 능력을 길러 심신의 갱생 및 재활을 도모하는 활동입니다. 학생들은 원예치료를 통해 식물의 생태 및 변화 과정을 관찰하고, 그 과정에 직접 관여하면서 건전한 사고와 창조의 기회를 통해 마음을 치유할 수 있습니다. 정서적으로 스스로 식물을 돌보면서 느끼게 되는 자아존중감의 향상, 식물생장을 위한 자제력 증진, 원예 활동 과정에서의 창의력 및 자아표현 개발 등의 효과가 있습니다. 특히 물을 주는 행위를 통해 하나의 생명을 책임질 수 있다는 책임의식을 길러 줄 수 있기 때문에, 등교를 거부하는 학생이나 비자발적으로 상담실에 오는 학생들을 대상으로 보다 자발적이고 적극적으로 등교하고 상담에 참여할 수 있도록 돕는 긍정적인 효과가 있습니다.

1. 학생이 스펀지화분을 만드는 과정을 통해 스펀지화분이 본인의 것이라는 소유의식을 가질 수 있도록 도와주세요. 소유의식을 바탕으로 책임감이 더 단단해질 수 있습니다.

2. 스펀지화분에 씨앗을 심으면서 본인의 소망도 하나씩 심는다고 생각할 수 있도록 의미를 부여해 주세요. 이를 통해 학생은 화분에 더 큰 애착을 가질 수 있습니다.

3. 스펀지화분이 완성되고 난 이후에는 분무기를 활용하여 화분에 물을 주는 연습을 할 수 있도록 도와주세요.

4. 자기관리 능력이 부족한 학생이라면 표(tracker)를 만들어서 하루에 한 번씩 상담실에 들러 화분에 물을 주는 것이 습관이 될 수 있도록 도와주세요.

1. 집단원들과 함께 화분을 만들 때에는 집단원당 하나씩 화분을 만드는 방법과 모든 집단원이 하나의 화분을 함께 만드는 방법이 있습니다. 집단의 상황을 고려하여 적합한 방법을 활용하면 좋습니다.

2. 모든 집단원이 각자 하나의 화분을 만들게 될 경우, 학생들은 다른 학생들이 만든 화분은 얼마나 자랐는지 더 자주 확인하기 위해 상담실에 오게 될 수 있고, 경쟁의식을 바탕으로 화분을 더 잘 키우기 위해 동기부여될 수 있습니다.

3. 반면, 모든 집단원이 함께 하나의 화분을 만들게 될 경우, 집단원들 간의 생명에 대한 책임의식을 공유하게 되는 것이기 때문에 집단의 역동이 오히려 활성화될 수 있습니다.

4. 집단원이 함께 하나의 화분을 만드는 경우, 학생들이 물을 주러 오는 당번을 스스로 정할 수 있는 시간을 주세요. 학생들 간 대화를 나누며 협력의식이 강화될 수 있는 기회가 될 수 있습니다.

13. 나무젓가락을 활용한
상담 기법

★ 나무젓가락, 상담에서 어떻게 활용할 수 있을까요?

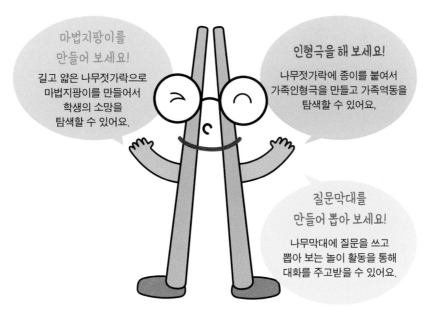

마법지팡이를
만들어 보세요!

길고 얇은 나무젓가락으로
마법지팡이를 만들어서
학생의 소망을
탐색할 수 있어요.

인형극을 해 보세요!

나무젓가락에 종이를 붙여서
가족인형극을 만들고 가족역동을
탐색할 수 있어요.

질문막대를
만들어 뽑아 보세요!

나무막대에 질문을 쓰고
뽑아 보는 놀이 활동을 통해
대화를 주고받을 수 있어요.

★ 나무젓가락은 이런 점이 좋아요!

나무젓가락의 얇고 긴 특성을 활용해서 마법지팡이를 만들고 학생들의 소망을 탐색해 보세요. 또는 나무젓가락에 종이를 붙여 가족인형극을 시연해 보면서 학생들이 생각하는 가족의 모습이나 역동을 관찰할 수 있습니다. 그리고 나무막대에 질문을 작성하여 뽑아 보는 질문막대 활동을 한다면 학생들의 흥미도 높이고 자연스럽게 다양한 주제로 대화를 나눠 볼 수 있습니다.

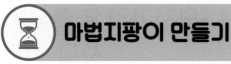

👦 어떤 활동인가요?

'마법지팡이 만들기'는 나무젓가락을 활용하여 미래에 대한 긍정적인 관점을 상상해 보는 활동입니다. 학생은 마법지팡이를 만들고 사용하며 미래에 대한 긍정적인 모습을 상상해 보고 구체적인 과제를 설정해 볼 수 있습니다. 이는 해결중심상담에서 제안하는 〈기적질문〉 활동의 일종으로, 상상력을 요구하는 기적질문을 통해 상담에 대한 방어를 줄이면서 학생이 정말로 원하는 것은 무엇인지 파악하는 데 도움이 될 수 있습니다. 또한 문제가 해결된 상태를 상상해 보는 과정에서 상담분위기를 긍정적이고 희망적으로 이끌 수 있다는 장점이 있습니다.

🧑 누구에게 도움이 될까요?

☑️ 문제해결력이 부족한 학생

☑️ 자존감이 낮은 학생

☑️ 미래에 대해 비관적으로 생각하는 학생

👑 무엇이 필요한가요?

> 🖌️ 나무젓가락, 점토, 붓

★ 왜 나무젓가락이 좋을까요?

나무젓가락은 막대기(stick)로서의 기능을 하므로 나무젓가락 주변에 점토를 붙이고 색칠한다면 쉽게 마법지팡이를 만들 수 있습니다.

👧 상담 과정

1. 나무젓가락과 점토, 붓을 준비하여 오늘의 활동에 대한 흥미를 유도합니다.

"오늘은 나무젓가락으로 나만의 마법지팡이를 만들어 볼 거예요. 내게 만약 마법지팡이가 있다면 무엇을 해 보고 싶나요?"

마법지팡이?

2. 기적질문을 통해 학생이 자신의 문제가 해결
되었을 때의 모습을 상상해 볼 수 있도록 돕
습니다.

"만약 나에게 기적이 일어난다면 내 삶이 어
떻게 바뀔 수 있을까요?

3. 기적질문을 구체화하면서 학생이 자신의 구
체적인 목표를 세울 수 있도록 도와줍니다.

"기적이 일어났다는 것을 어떻게 알 수 있
을까요?"

"기적이 일어나면 이전과 무엇이 다를까요?"

4. 점토와 물감 등을 활용해서 나무젓가락을 마
법지팡이로 꾸며 봅니다.

"이제 점토를 활용해서 마법지팡이를 만들
어 봅시다. 나에게 기적을 선물해 줄 마법지
팡이는 어떤 모습일까요?"

5. 완성된 마법지팡이를 보면서 기적이 일어
나는 상황을 상상해 보며 문제가 해결되
었을 때의 기쁨을 미리 맛볼 수 있도록 도
와주세요.

"마법지팡이를 휘둘러서 지금 나에게 기적
이 일어난다고 한번 상상해 봅시다."

🧑 상담 예시

지연이는 교우관계에서 스트레스를 받고 있습니다. 나무젓가락을 활용하여 지연이가 교우관계에서 경험하는 스트레스를 파악하고 해결 방안을 탐색해 보세요. 이때 지연이가 나무젓가락으로 만든 마법지팡이를 활용하여 질문한다면 지연이가 소망하는 구체적인 상황이 무엇인지 파악하는 데 도움이 됩니다.

교사: 지연아, 우리가 만든 마법지팡이를 흔들면 문제가 사라진다고 상상해 보자. (교사는 마법지팡이를 흔든다.) 네가 교실에 들어갔을 때 마법이 걸렸다는 사실을 어떻게 알 수 있을까?

> key point
> 이러한 질문을 통해 학생이 생각하는 기적이 어떤 모습인지 구체적으로 알 수 있습니다.

지연: 음…… 친구들이 저한테 먼저 다가와서 인사해 줘요. 모두 저랑 친하게 지내고 싶어 해요.

교사: 그렇구나. 그러면 친구들은 지연이의 어떤 모습을 통해 마법이 걸렸다는 걸 알아차릴 수 있을까?

> key point
> 기적의 구체적인 모습에 대해 질문한다면 학생에게 나타날 수 있는 작은 변화는 무엇인지 탐색할 수 있습니다.

지연: 제가 밝게 웃고 목소리도 밝을 것 같아요. 그리고 조금 더 당당한 모습일 것 같아요. 친구들한테 먼저 말도 걸고…….

교사: 그러면 기적이 일어나면 지연이는 어떤 친구들에게 말을 걸어 보게 될까?

지연: 음…… 일단 제 짝꿍 민서랑 앞에 앉은 보연이한테 말을 걸어 볼 것 같아요. 평소에도 착하고 저한테 잘 대해 줬거든요.

교사: 민서와 보연이에게 인사해 보고 싶구나. 그러면 어떤 이야기를 나눌 수 있을까?

> key point
> 기적이 일어난 뒤에 학생이 구체적으로 무엇을 할 것인지 질문하는 과정을 통해 학생은 자신이 무엇을 할 것인지 마음속으로 그림을 그려 볼 수 있습니다.

지연: 민서랑 보연이가 보는 드라마를 저도 보거든요. 그러면 드라마 봤냐고 말을 걸면서 같이 이야기해 볼 수 있을 것 같아요.

교사: 그럴 수 있겠다. 그러면 지연이는 실제로 민서와 보연이에게 말을 걸어 볼 수 있는 자신감이 10점 만점에 몇 점

> key point
> 기적질문과 척도질문을 함께 활용한다면 소망하는 내용을 구체적인 행동으로 옮기는 데 효과적입니다.

정도 있다고 볼 수 있을까?

key point
자연스럽게 척도질문을 통해 지연이가 스스로 할 수 있는 구체적인 행동 전략을 탐색해 보면 효과적입니다.

지연: 음…… 한 3점?

교사: 3점도 정말 굉장한데? 그러면 어떤 일이 일어나야 3점에서 4점으로 올라갔다고 말할 수 있을까?

기적질문이란?

기적질문이란 내담자의 문제가 해결되었을 때의 긍정적인 상황을 상상해 보면서 긍정적인 미래를 구체적이고 명료하게 바라볼 수 있도록 돕는 기법의 하나입니다. 이는 해결중심치료의 창시자인 드세이저(De Shazer)가 처음으로 활용한 것으로, 그는 "어느 날 밤 잠든 사이 기적이 일어나 당신의 문제가 해결되었다고 상상해 보세요. 기적이 일어난 줄 어떻게 알았을까요? 무엇이 다를까요?" 등의 질문을 통해 자신의 현재 문제에 대한 잠재적인 예외를 발견할 수 있도록 도왔습니다. 또한 이를 통해 문제해결을 위한 구체적이고 현실적이며 성취 가능한 목표를 설정하며 상담에 유용하게 활용하는 방법을 제안하였습니다.

Tips 개인상담

1. 문제 상황을 떠올리는 것을 어려워할 경우에는 학교, 집, 친구 등의 다양한 상황을 제안해 주세요. 필요에 따라 지팡이 역시 상황에 따라 다른 모양으로 만들 수도 있습니다.

2. 기적질문에 대한 학생의 대답이 모호할 경우 대답이 명료화될 수 있도록 도와주세요.

3. 만약 불가능하거나 일어나지 않을 것 같은 목표를 대답하는 경우

    ex) "돌아가신 부모님을 만나면 좋겠어요."

    학생에게 내재된 상실감에 대해 깊은 공감을 해 주되 현실적인 상황도 함께 생각해 볼 수 있도록 독려해 주세요.

1. 서로가 바라는 기적에 관해 이야기할 때, 친구들의 소망에 대해 평가절하하지 않도록 사전에 주의하여 안전한 환경이 조성될 수 있도록 도와주세요.

2. 만약 자신이 아닌 다른 사람들의 행동이 먼저 변화되기를 바라는 경우, 자기행동을 변화시켜야 다른 사람들의 행동을 변화시킬 수 있다는 개념을 학생이 이해할 수 있도록 도와주세요.

🧑 한 걸음 더!

★ 목표 세우기: 나무젓가락 투호 만들기

나무젓가락과 찰흙을 활용하여 투호를 만들어 봅니다. 각각의 찰흙에는 이루고 싶은 목표, 바람 등을 상상하여 의미를 붙여서 통에 던져 봅니다. 나무젓가락이 통에 들어가는 과정에서 자신의 바람이 이루어진다고 상상하며 즐거운 감정을 느낄 수 있습니다. 또한 이렇게 바람이 이루어지기 위해서 무엇을 하면 좋을지 구체적으로 대화를 나누어 보며 목표를 구체화해 볼 수 있습니다.

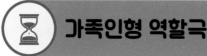 가족인형 역할극

어떤 활동인가요?

  '가족인형 역할극'은 나무젓가락을 활용하여 가족 구성원을 나타내는 인형을 만들고 〈역할극〉을 해 보는 활동입니다. 학생은 가족 구성원을 인형으로 만드는 과정에서 해당 인물에 대한 자신의 지각과 인식을 돌아보고 가족관계 및 인물의 특징을 구체적으로 표현해 볼 수 있습니다. 또한 완성된 인형을 활용하여 역할극을 해 봄으로써 그동안 관찰하지 못했던 학생의 가족 간 대화 패턴을 탐색하고 가족문화나 가족규칙 등에 대한 새로운 정보를 얻을 수 있습니다.

누구에게 도움이 될까요?

☑ 가족 구성원과의 갈등으로 힘들어하는 학생
☑ 가족 내 미해결 과제로 심리적 고통을 호소하는 학생
☑ 자존감이 낮은 학생

무엇이 필요한가요?

 나무젓가락, 종이, 색연필, 사인펜, 가위, 테이프 등

★ 왜 나무젓가락이 좋을까요?

나무젓가락과 종이만 있으면 가장 쉽고 간단하게 인형을 제작할 수 있습니다. 종이를 자유롭게 꾸미고 나무젓가락을 붙여서 손잡이로 사용합니다. 모든 인형에 손잡이가 있으면 손에 색칠한 것이 묻어나지 않고 한 손에 여러 인형을 동시에 쥘 수 있어서 역할극을 할 때 훨씬 편리합니다.

상담 과정

1. 준비물과 함께 오늘의 활동을 소개하며, '가족' 하면 떠오르는 생각이나 이미지를 자유롭게 이야기합니다.

"오늘은 나무젓가락으로 종이인형을 만들어 보고 역할극을 해 볼 거예요."

"○○이는 가족 하면 머릿속에 무엇이 가장 먼저 떠오르나요?"

2. 종이 위에 가족 구성원의 특징을 잘 살려서 그림을 그려 봅니다.

"○○이의 가족을 인형으로 만든다면 어떤 모습일까요? 종이에 그려서 나무젓가락에 붙여 봅시다."

3. 종이인형을 오려서 나무젓가락에 붙인 뒤에 가족 구성원을 한 명씩 소개합니다.

"가족들의 어떤 특징이 잘 나타났는지 ○○이가 한 명씩 소개해 줄래요?"

4. 반복되는 패턴을 보이는 상황을 선택하고, 인형을 활용하여 역할극을 해 봅니다.

"이제 ○○이가 만든 인형으로 역할극을 해 봐요. 혹시 가족들이랑 있으면서 계속 같은 상황이 반복된다고 느낀 적이 있나요? 어떤 상황인지 먼저 보여 줄 수 있을까요?"

"이번에는 선생님이 ○○이가 되어 볼게요. ○○이가 아빠 역할을 해 줄래요?"

5. 활동에 대한 소감을 나누어 봅니다.

"역할극을 하고 나니 지금 기분이 어때요? 역할극을 하면서 새롭게 알게 된 것이 있나요?"

역할극(역할놀이)을 활용한 상담

역할극에서 반복적으로 등장하는 역할이나 특정 상황에는 학생들이 해결하고 싶은 갈등과 욕구가 숨겨져 있을 수 있습니다. 따라서 역할극을 상담에서 활용할 때는 반복되는 주제, 자주 하는 말이나 행동을 유심히 관찰하고 학생이 실제 상황에서 힘들어하는 부분과 연결시켜 이해해 보아야 합니다. 특히 분노 감정이나 애착과 관련된 문제가 짐작되는 경우 상담을 통해 더욱 심층적으로 살펴볼 필요가 있습니다. '가족인형 역할극' 활동을 통해 역할극 속에 숨겨진 학생들의 심리적 욕구를 탐색해 보세요.

1. 가족 구성원을 인형으로 만들 때 해당 인물의 외형적·내면적 특징을 잘 나타낼 수 있도록 도와 주세요.

   ex) 엄마가 자주 짓는 표정을 과장하여 그리거나 나무젓가락 길이로 키를 표현하기

2. 가족 구성원을 그림으로 그리는 대신에 가족사진을 집에서 가져오거나 출력해서 오려 붙일 수 있습니다.

3. 교사는 학생의 역할극을 보며 해당 가족 구성원에 대한 정보를 충분히 얻은 후 연기하는 것이 좋습니다. 서로 역할을 바꾸어서 교사가 학생 역할을, 학생이 다른 가족 구성원 역할을 해 보는 것은 다른 사람의 입장을 이해하는 데 도움이 됩니다.

4. 반드시 가족과 관련된 주제가 아니어도 자기주장훈련이나 나-전달법(I-message) 연습 등 다양한 역할극 도구로 활용할 수 있습니다.

1. 시간이 부족한 경우에는 집단원들에게 자신이 완성한 인형을 보여 주며 가족 구성원을 소개하는 시간만 가져도 좋습니다. 단, 왜 이렇게 꾸몄고 어떤 특징을 묘사한 것인지, 나와의 관계는 어떠한지 등에 대해 구체적으로 소개하도록 합니다.

2. 역할극을 하게 될 경우, 집단원들 중 주인공을 한 명 정하고 나머지 집단원들은 주인공의 가족인형을 한 개씩 맡아 해당 인물을 연기합니다.

3. 모든 집단원은 자신이 맡은 역할을 실감나게 연기하기 위해 언제든지 주인공에게 가족 구성원의 성격이나 말투 등에 대해 질문할 수 있습니다.

🧑 한 걸음 더!

★ 나무젓가락 가면 역할극: 나의 페르소나는?

가면을 만드는 활동을 통해 나와 주변 인물과의 역동 및 의사소통 방식을 돌아보며 자신의 페르소나를 탐색해 볼 수 있습니다. 가족이나 친구 등 주변 인물을 가면으로 표현해 보고, 갈등이 있는 인물을 상징하는 가면을 활용하여 역할극을 해 봅시다. 또는 여러 가지 사회적 상황을 제시하고, 각각의 상황 속에서 나는 어떤 페르소나를 사용하는지 생각해 본 뒤 상황별 가면을 만들어 봅시다.

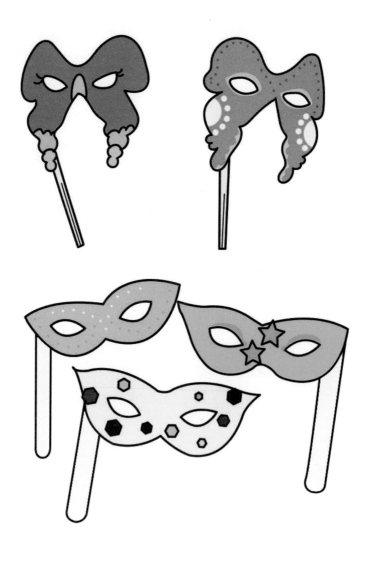

질문막대

어떤 질문이 나올까요?

🧑 어떤 활동인가요?

　'질문막대'는 우리 주변에서 쉽게 구할 수 있는 하드막대를 사용하여 대화를 유도하고 촉진하기 위한 도구입니다. 학생들은 어색한 상담 장면에서 자기개방을 하거나 이야기하는 것을 어려워할 수 있습니다. 이때 질문막대를 활용하여 여러 주제의 〈열린 질문〉을 던짐으로써 상담에서의 자기개방을 촉진시킬 수 있습니다. 또한 질문막대의 특성상 어떠한 질문이 나올지 모른다는 긴장감과 게임적인 요인은 학생들의 상담에 대한 동기와 흥미를 높여 줄 수 있습니다.

👩 누구에게 도움이 될까요?

☑ 상담자와 라포가 형성되지 않은 학생
☑ 상담 과정에 몰입하지 못하고 어색해하는 학생
☑ 자기개방을 어려워하는 학생

무엇이 필요한가요?

> 🖊️ 하드막대, 여러 색의 유성매직, 뽑기통(원통형 모양의 빈 수납함)

★ 왜 하드막대가 좋을까요?

하드막대는 나무젓가락과 달리 보다 넓은 면적을 사용할 수 있기 때문에 질문을 작성하기에 용이합니다.

🐻 상담 과정

1. 준비된 하드막대를 보며 오늘의 활동을 소개합니다. 이전에 이와 같은 활동을 해 보았는지 질문하며 상담 활동에 대한 동기를 유발합니다.

   "오늘은 이 하드막대로 여러 질문을 만들고 답해 보는 활동을 할 거예요."

   "하드막대 질문을 모두 완성한 후에는 어떤 질문이 나올지 모른 채 막대를 뽑고 질문하고 답하는 시간을 가질 거예요."

2. 하드막대 끝에 칠해져 있는 색이 각각 무슨 의미인지 설명합니다(ex: 빨강-우정, 파랑-가족, 초록-나 자신, 노랑-학교).

   "하드막대에는 색이 칠해져 있는데, 각각의 색은 각기 다른 주제를 나타내고 있어요. 빨강은 우정, 파랑은 가족, 초록은 나 자신, 노랑은 학교에 관한 걸 의미해요."

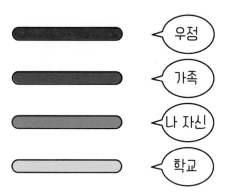

3. 하드막대에 부여된 주제에 맞게
학생들이 주의 사항에 따라 질문
을 작성하도록 합니다.

"이제 각각의 주제에 알맞게 다
양한 질문을 만들어서 하드막대
에 질문을 적어 볼 거예요. 다만
주의할 점은 나중에 뽑기통에 넣
었을 때 질문이 보이지 않도록 정
해진 영역에만 글씨를 쓰는 것이
중요해요."

4. 기존의 하드막대가 있는 뽑기통에 학생들이 만든 새 하드막대를 추가하여 섞어 봅니다.

"여기 선생님이 미리 만들어 놓은 질문과 여러분이 새롭게 적은 질문들을 함께 섞을 거예요."

5. 학생들이 순서대로 돌아가며 뽑기통에
서 나무막대를 뽑고 질문에 답변해 봅
니다.

"이제 뽑기통에서 자유롭게 막대를 뽑아
보고, 나온 질문에 대답하도록 해요."

열린 질문(opened question)과 닫힌 질문(closed question)

열린 질문(opened question)은 학생의 생각, 감정 등을 자신의 방식대로 자유롭게 말할 수 있도록 도와주는 질문의 형태를 말합니다. '예', '아니요'의 대답만을 유도하는 닫힌 질문(closed question)과 반대되는 질문 기법입니다. 대개 의문사로 시작하는 질문의 형태로 정답이 없기 때문에 다양한 방식으로 자신의 생각과 의견을 표현할 수 있습니다. 이렇게 다양한 형태로 얻은 답을 통해 교사는 학생에 대한 풍부한 자료를 얻을 수 있으며, 자료를 바탕으로 양질의 상담을 이끌어 나갈 수 있습니다. 질문막대를 작성할 때도 열린 질문(opened question)이 되도록 하여 학생들이 자유롭게 본인의 생각과 의견을 표현할 수 있도록 돕는 것이 중요합니다.

 개인상담

1. 학생이 어려움을 호소하는 특정 영역이 있다면 해당 주제만 가지고도 질문막대를 만들어 활용할 수 있습니다.
2. 교사와 학생이 번갈아 가면서 질문카드를 뽑고, 교사도 질문카드에 대한 답을 하도록 함으로써 자연스럽게 교사도 자기개방을 하게 되고, 교사와 학생 간의 우호적인 신뢰 관계가 형성될 수 있습니다.
3. 게임적인 요소를 더하기 위해 사전에 준비해 놓은 몇 개의 하드막대에는 '순서 건너뛰기', '한 번 더 뽑기'와 같은 문구를 적어 두는 것도 좋습니다.

 **집단상담**

1. 보다 다채로운 질문을 다루기 위해서 학생들이 작성한 질문들뿐만 아니라 사전에 교사가 보다 다양한 내용을 탐색할 수 있는 질문막대를 미리 만들어 두세요.
2. 학생들이 다양한 주제에 대해 골고루 답변할 수 있도록 주제의 색을 돌아가면서 뽑는다는 규칙을 사전에 설정하고 안내해 주세요.

3. 학생들이 질문을 제작할 때 상대방에게 무례한 질문은 하지 않도록 사전에 충분한 주의와 안내를 제공해 주세요.

4. 학생들이 새로운 주제에 대해 탐색해하고 싶어 한다면 다른 색의 하드막대를 즉석에서 추가할 수도 있습니다.

한 걸음 더!

★ 막대퍼즐: 최종 목표 달성을 위한 단계별 목표 설정하기

하드막대에 숫자를 부여하고, 숫자의 순서대로 나열하게 되면 하나의 그림을 완성할 수 있는 퍼즐입니다. 하나의 완성된 그림을 학생의 최종 목표라고 할 때, 해당 목표를 달성하기 위해서 필요한 하위 목표는 단계별로 무엇인지 각각의 하드막대에 의미를 부여하여 탐색하는 활동을 진행할 수 있습니다. 이를 통해 추상적인 목표를 세우는 것이 아니라 목표를 달성하기 위해 이루어야 할 하위 목표들을 탐색하여 목표 달성에 보다 가까워질 수 있습니다.

〈 방법 〉

① 하나의 프린트된 그림을 여러 개의 하드막대에 분할하여 붙입니다.

② 번호 순서대로 붙이면 하나의 그림이 완성되도록 하드막대의 아래에 번호를 붙이고 최종 목표를 달성하기 위한 하위 목표를 막대의 뒷면에 적어 주세요.

③ 학생과 함께 하드막대의 번호에 따라 막대를 배치하고 퍼즐을 완성해 보세요. 이를 통해 학생으로 하여금 목표를 달성하기 위해 어떠한 행동을 해야 하는지 시각화하고 구체적으로 보여 줄 수 있습니다.

① 매일 밤 10시 전에 자기
② 준비물은 하루 전날 미리 다 챙겨 두기
③ 숙제는 하루 전날 끝내 놓기
④ 알람을 여러 차례 맞추어 놓기
⑤ 7시 30분에 일어나기
⑥ 부모님께 깨워 달라고 미리 이야기해 두기
⑦ 지각하지 않고 교실로 들어가기

14. 의자를 활용한 상담 기법

★ 의자, 상담에서 어떻게 활용할 수 있을까요?

의자에 앉은 사람과 대화를 나누어 보세요!

의자에 상대방이 앉아 있다고 상상하면서 과거 상황을 재경험하고 감정의 정화를 느낄 수 있어요!

자리를 바꾸어 역할을 바꿔 보세요!

의자를 바꾸어 앉으면 갈등 관계에 있거나 서로 오해하고 있는 상대방의 입장이 되어 볼 수 있어요!

의자로 상황을 연출해 보세요!

의자에 가정이나 학교 등 다양한 상황을 부여해서 쉽게 가상 상황을 재현할 수 있어요!

★ 의자는 이런 점이 좋아요!

의자에 원하는 상대를 소환하여 실제 상황에서 하지 못했던 말을 직접 할 수 있고, 자리를 바꾸어 앉으면 다른 사람의 입장이 되어 보고 새로운 관점을 이해할 수 있습니다. 또한 의자마다 특정 상황을 부여해서 다양한 가상 상황을 상상하고 간접적으로 경험해 볼 수 있습니다. 대표적인 빈 의자 기법 말고도 다양한 방법으로 의자를 상담에서 활용해 보세요!

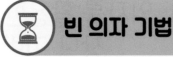 # 빈 의자 기법

말풍선: 아빠가 그때 했던 말이 저에게는 큰 상처였어요.

🧓 어떤 활동인가요?

    빈 의자 기법은 사이코드라마 이론가 모레노(Moreno, J.)가 창안하고 〈게슈탈트 상담〉 이론가 펄스(Perls, F.)가 발전시킨 기법으로, 빈 의자를 두고 마치 사람이 그곳에 앉아 있는 것처럼 상상하며 대화하는 기법입니다. 자신에게 중요한 타인을 떠올려 실제 상황처럼 직접 말해 봄으로써 중요한 타인에 대한 감정을 명료화할 뿐만 아니라 이전에는 해 보지 못했던 새로운 행동을 시도해 볼 수도 있습니다. 빈 의자 기법은 흔히 현재 치료 장면에 와 있지 않은 사람과 관련된 사건을 다룰 때 사용하며, 타인과의 관계에서 미해결된 감정을 지금-여기에서 재경험하게 하도록 돕는다는 점이 가장 큰 장점입니다.

누구에게 도움이 될까요?

☑ 중요한 타인과의 관계에서 갈등을 경험하고 있는 학생

☑ 상대방에게 하고 싶은 말을 제대로 전달하지 못하는 학생

☑ 자신의 내면, 어린 시절의 나, 고인 등 실재하지 않는 대상과의 대화가 필요한 학생

무엇이 필요한가요?

> ✏ 의자 2개

★ 왜 의자 2개가 필요한가요?

하나는 학생이 앉아 있는 의자이고, 다른 하나는 빈 의자로 사용됩니다. 상담 과정 중에 학생 또는 교사가 빈 의자에 앉을 수도 있습니다. 따라서 안전하고 튼튼한 의자로 준비해 주세요.

상담 과정

1. 빈 의자에 앉히고 싶은 대상을 떠올립니다.

"여기에 사람을 앉혀서 직접 대화해 볼 거예요. 눈을 감고 떴을 때 이 의자에 누가 앉아 있으면 좋겠어요?"

2. 빈 의자에 대상이 앉아 있다고 상상할 수 있도록 잠시 눈을 감았다 뜨도록 합니다.

   "이제 눈을 감고 그 사람을 떠올린 뒤에, 앞에 있는 의자에 그 사람을 앉히고 눈을 떠 봅시다."

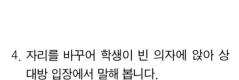

3. 그 사람에게 하고 싶은 말을 직접 해 봅니다.

   "앞에 앉아 있다고 생각하고 전부터 하고 싶었던 말, 마음속에 담아 두었던 이야기를 다 해 보도록 하세요."

4. 자리를 바꾸어 학생이 빈 의자에 앉아 상대방 입장에서 말해 봅니다.

   "이번에는○○이가 반대편 의자에 앉아서 그 사람이 되어 볼 거예요. ○○이가 그 사람이라면 어떻게 대답할 것 같나요?"

5. 자리를 바꾸어 대화하기를 반복한 후, 다시 원래 자리로 돌아와서 마지막으로 하고 싶은 말을 전하고 눈을 감았다 뜹니다. 상상 속 대상과 대화를 나누어 본 소감을 나누어 봅니다.

   "자, 이제 이 사람을 보내 주려고 하는데 마지막으로 하고 싶은 말이 있나요?"

게슈탈트 상담

  펄스에 의해 창시된 이론으로 현상학적이고 실존적으로 접근하는 심리치료 이론입니다. 치료의 초점을 '지금-여기'에 두고 인간을 하나의 전체, 즉 전체로서의 유기체로 바라보고 치료하는 것을 강조합니다. 게슈탈트 상담의 주목표는 미해결 과제를 완결 짓는 것인데, 미해결 과제의 해소는 그 문제를 회피하지 않으며 '지금-여기'를 알아차림으로써 가능합니다. 미해결 과제란 어린 시절 에피소드나 중요한 욕구가 충족되지 않은 채 사람들에게 남아 있는 문제를 의미하며, 해결되지 못한 욕구와 감정이 계속해서 전경으로 떠올라 게슈탈트 형성을 방해합니다. 이러한 미해결 과제를 해소하도록 돕는 대표적인 게슈탈트 상담 기법이 빈 의자 기법입니다.

Tips 개인상담

1. 빈 의자 기법을 위해 대상을 떠올리는 과정이 어려울 수 있습니다. 상담 중 학생에게 중요한 타인과의 갈등 주제를 탐색할 때 자연스럽게 빈 의자 기법을 사용해도 좋습니다.

2. 빈 의자에 앉힐 수 있는 대상은 무궁무진합니다. 반드시 사람이 아니어도 현재 학생이 갖고 있는 문제를 외재화하여 대화를 나눌 수도 있습니다. 〈한 걸음 더〉를 참고하세요.

3. 내면에 존재하는 양극성, 분열된 자아의 일부와 대화를 나누는 기법은 '두 개의 의자' 활동을 참고하세요.

4. 빈 의자와 대화하기를 어색해하는 학생이 있을 수도 있습니다. 그런 경우, 빈 의자와 대화하는 첫 장면에서만 상담자가 빈 의자에 앉았다가 학생이 빈 의자에 앉을 때 비켜 주세요.

1. 빈 의자 기법은 집단원들이 주인공의 문제 상황과 함께 여러 가지 행동을 직접적으로 관찰하는 기회이므로 충분히 몰입할 수 있는 환경을 만드는 것이 중요합니다.

2. 빈 의자와 대화하는 주인공을 관찰하는 집단원들에게 그가 표현하지 못하고 있는 숨겨진 감정은 무엇인지, 현재 그를 바라보는 나는 어떤 느낌이 드는지 물어봄으로써 주인공인 집단원의 내면세계를 탐색해 볼 수 있습니다.

3. 필요한 경우 빈 의자에 다른 집단원을 앉혀 놓고 대화할 수 있고, 역할 바꾸기를 통해 상대방의 입장을 이해하도록 도울 수 있습니다.

4. 빈 의자 기법은 집단의 전체 회기에서 사용할 수 있지만, 주인공이 다루고자 하는 문제를 좀 더 구체적으로 파악하기 위해서 시작 단계에 활용하는 것이 좋습니다.

한 걸음 더!

★ 빈 의자 기법 활용 1: 나의 문제와 대화하기

현재 학생이 갖고 있는 문제, 정서, 증상을 외재화 및 인격화하여 대화를 나눌 수도 있습니다. 학생의 문제에 이름을 붙이고 인격화한 뒤에 대화를 나눠 봄으로써 자기 자신에 대한 이해를 높일 수 있습니다. 학생을 빈 의자에 앉히고 자신의 문제가 되어 보도록 합니다.

이번에는 ○○이가 가지고 있는 어려움과 직접 이야기를 나눠 볼까?

"○○이가 자신을 더 잘 이해하고 왜 그렇게 행동하는지 그 이유를 이해하는 데 도움이 되는 활동을 해 보려고 해요. (빈 의자를 가리키며) 이 의자에 앉아 볼래요? 이제 ○○이의 '실패에 대한 두려움'이 되어서 그것이 왜 존재하는지 말해 볼래요?"

★ 빈 의자 기법 활용 2: 역할극

상담자가 빈 의자에 앉아서 그 역할을 연기할 수 있습니다. 단, 학생에게 그의 목소리가 큰지 작은지, 말은 빨리 하는지 느리게 하는지 등을 확인해 가며 연기해야 합니다. 빈 의자 기법을 먼저 해 본 뒤에 역할극을 하면 상담자가 맡게 될 역할에 대한 정보를 수집할 수 있다는 장점이 있습니다. 역할극 도중에 코칭이 필요한 장면에서는 서로 역할을 바꾸어 상담자가 학생 역할을 맡아 시범을 보임으로써 모델링 기회를 제공할 수 있습니다.

"○○이의 아빠가 어떻게 반응할지 알 것 같네요. 이번에는 아빠에게 ○○이의 의견을 말하는 상황으로 역할극을 해 볼까요? 선생님이 아빠 역할을 해 볼게요. 자, 시작해 봅시다. ○○아, 아빠한테 할 얘기가 있니?"

이번에는 아빠에게 너의 의견을 말하는 상황으로 역할극을 해 볼까? 선생님이 아빠 역할을 해 볼게.

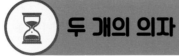

그 친구가 다른 곳을
보고 있었던 것일 수도 있지
않을까요?

친구가 복도에서 저를 쳐다보곤
인사도 안 했어요. 그 친구가
저를 무시하는 게 분명해요.

합리적

비합리적

어떤 활동인가요?

  '두 개의 의자'는 의자를 활용하여 학생의 비합리적인 신념을 합리적으로 바꾸어 주는 활동입니다. 이때 두 개의 의자는 각각 합리적인 의자, 비합리적인 의자를 상징합니다. 학생이 각각의 의자에 앉아 의도적으로 합리적 혹은 비합리적으로만 생각하고 이야기하는 활동은 스스로 자신의 신념이 비합리적이라는 것을 깨닫도록 하는 데 효과적입니다. 이는 합리정서행동치료(REBT)에서 제안하는 〈논박하기〉를 활용한 것으로, 학생이 비합리적인 신념을 버리고 합리적으로 사고하여 문제를 해결할 수 있도록 도움을 줍니다.

🧑 누구에게 도움이 될까요?

- ✅ 반드시 1등을 해야만 한다고 생각하는 학생
- ✅ 반드시 모든 사람에게 친절해야 한다고 생각하는 학생
- ✅ 반드시 모두에게 사랑받아야 한다고 생각하는 학생

👑 무엇이 필요한가요?

> 🖍 의자 2개

★ 왜 의자가 2개인가요?

의자를 활용해 합리적인 입장과 비합리적인 입장을 가시적으로 구분하고, 두 입장을 모두 생각해 보며 비합리적인 신념을 합리적으로 수정할 수 있기 때문입니다.

🧑 상담 과정

1. 학생의 호소문제를 명료화하고, '두 개의 의자'를 소개합니다.

"오늘은 두 개의 특별한 의자에 앉아 볼 거예요. 한쪽 의자는 〇〇이가 가지고 있는 비합리적인 생각을 이야기할 수 있는 의자이고, 반대쪽 의자는 〇〇이의 생각과는 반대되는 합리적인 이야기만 할 수 있는 의자예요."

2. 문제 상황이 주어지고 학생은 비합리적 의자에, 상담 교사는 합리적 의자에 앉아 대화를 진행합니다.

    학생: "이번 시험에서 백 점을 맞지 못할까 봐 걱정이 되어요. 저는 꼭 백 점을 맞아야만 해요."

    교사: "꼭 백점을 맞아야만 한다는 생각이 실제로 공부하는 데 도움이 되나요?"

3. 같은 문제 상황에 대해 역할을 바꾸어 상담 교사가 비합리적인 의자에, 학생은 합리적 의자에 앉아 대화를 진행합니다.

    교사: "나는 항상 모든 사람에게 친절해야 하고, 사람들은 모두 나를 좋아해야 해요."

    학생: "모든 사람에게 항상 친절한 것이 현실적으로 가능한 것인가요?"

4. 위의 과정을 통해 논박 과정에 익숙해진 학생이 스스로 비합리적 의자와 합리적 의자에 번갈아 앉으며 본인의 신념이 비합리적이었다는 것을 깨닫도록 합니다.

    "백 점을 맞지 못하였을 때 내가 걱정하는 것만큼 큰 일이 일어났었나요?"

    "실제로 모든 시험에서 한 번도 실수하지 않고 백 점을 맞은 사람이 있나요?"

    "무조건 백 점을 맞아야 한다고 생각하는 것이 나에게 도움이 되나요?"

5. 한 번씩 의자에 앉아본 뒤 소감을 나눠보며 생각에 어떤 변화가 나타났는지 물어봅니다.

    "우리가 이 활동을 시작하기 전과 비교했을 때 생각이 어떻게 달라졌나요?"

백점을 맞지 못하였을 때 내가 걱정한 것만큼 큰 일이 실제로 일어났었나요?

논박(Dispute)이란?

논박이란 합리정서행동치료(Rational Emotive Behavior Therapy: REBT) 이론에서 사용하는 기법으로, 학생이 지니고 있는 비합리적인 신념에 대해 논박하여 스스로 본인의 신념이 비합리적이라는 것을 깨닫고 합리적으로 수정하기 위하여 사용됩니다. 논박의 세 가지 종류로는 "당신의 신념을 입증할 수 있는 증거는 무엇인가요?"와 같은 질문을 통한 논리적 논박, "당신의 신념이 현실적으로 일어날 수 있는 일인가요?"와 같은 질문을 통한 경험적 논박, 그리고 "그러한 생각이 당신에게 도움이 되고 있습니까?"와 같은 질문을 통한 실용적 논박이 있습니다. 이러한 질문 과정을 통해 학생이 자신의 신념이 비합리적이었다는 것을 깨닫고 합리적으로 사고할 수 있도록 유도할 수 있습니다.

Tips 개인상담

1. 논박은 인지적 능력이 요구되는 과정이기 때문에 학생의 인지적 수준을 고려하여 진행해야 합니다.
2. 논박에 익숙지 않은 학생들은 본인의 생각에 반박하는 것이 어려울 수 있습니다. 사전에 논박의 종류에는 무엇이 있는지 질문의 예시를 충분히 들어 줄 필요가 있습니다.
3. 논박의 목적은 스스로 본인의 신념이 비합리적임을 깨달을 수 있도록 하는 것입니다. 교사가 합리적 의자에 앉아 논박을 진행할 때 합리적인 신념을 학생에게 강요하지 않도록 주의해야 합니다.

 집단상담

1. 집단원들이 돌아가며 합리적 의자, 비합리적 의자에 앉아 논박을 진행할 수 있습니다. 이를 통해 논박의 과정을 충분히 경험하고 연습해 볼 수 있습니다.
2. 논박이 단순히 상대방의 말에 반박하는 것이 아니라, 상대의 비합리적인 신념을 합리적으로 바꾸어 주는 것이 목적임을 사전에 안내하도록 합니다.
3. 집단원들 간의 논박 과정이 이루어진 후에는 논박 과정을 통해 느낀 점은 무엇이었는지 함께 의견을 나누는 시간을 갖고, 합리적 신념의 중요성을 상기시킬 수 있도록 합니다.

한 걸음 더!

★ 권위적인 인물과의 대화

교사나 부모와 같은 권위적인 인물과의 갈등을 지니고 있는 학생이라면 의자의 높낮이를 다르게 하여 역할극을 진행할 수 있도록 해 주세요. 높은 의자에는 권위적인 인물이 있다고 생각하고 낮은 의자에 앉아 본인의 의사를 전달하는 연습을 하거나, 본인이 권위적인 인물이 되어 역할극을 진행하며 권위적인 인물의 입장을 이해해 볼 수 있는 기회를 제공합니다.

★ 의자를 통한 신체 이완 기법

과도한 긴장으로 인해 어려움을 경험하는 학생은 딱딱한 소재의 의자와 부드러운 소재의 의자에 번갈아 앉아 보게 합니다. 학생은 각각의 의자에 앉을 때 일어나는 신체의 변화에 대해 지각함으로써 긴장한 상태일 때와 이완된 상태일 때의 신체감각에 주의를 기울일 수 있습니다.

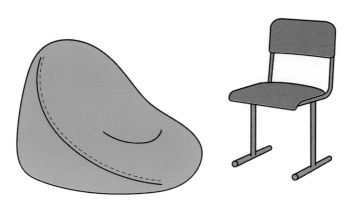

★ 두 개의 갈림길

학생이 두 가지의 선택지를 두고 갈등하고 있는 경우, 각각의 선택지를 대표하는 두 의자에 앉아 생각해 볼 수 있습니다. 각 의자에 앉아 해당 선택지를 고를 때 발생할 수 있는 일이나 장·단점에 대해 살펴볼 수 있도록 도와주세요.

★ 현재의 나, 미래의 나

현재의 내가 어려움을 겪고 있다면, 그 문제가 해결된 미래의 내가 되어 현재의 나에게 응원과 격려의 말을 전달해 볼 수 있습니다. 이러한 활동은 문제해결에 대한 동기를 높이고 상담 과정을 촉진하는 데 도움이 됩니다.

세 개의 의자

> 세 개의 특별한 의자에 앉아 보면서
> 그 사람이 되어 볼까?

부모님   어른   나

🧑 어떤 활동인가요?

　'세 개의 의자'는 의자를 활용하여 학생의 어려움을 통합적 관점으로 바라볼 수 있도록 돕는 활동입니다. 이때 세 개의 의자는 각각 부모님의 입장, 지혜로운 어른의 입장, 나의 입장을 대변합니다. 따라서 학생은 각 의자에 앉아 그들의 입장에서 문제를 바라보고 생각해 보는 활동을 통해 한 가지 입장이 아닌 다양한 입장에서 자신의 어려움을 살펴볼 수 있습니다. 이는 교류분석에서 제안하는 〈P-A-C모델〉을 활용한 것으로, 학생이 상황, 장소에 맞게 적절한 선택과 결정을 내릴 수 있도록 돕는 데 효과적입니다.

🙍 누구에게 도움이 될까요?

☑ 의사결정을 어려워하는 학생

☑ 자기주장이 강하고 생각의 유연성이 부족한 학생

☑ 부모님과 갈등을 경험하고 있는 학생

👑 무엇이 필요한가요?

> 🖊 의자 3개

★ 왜 의자가 3개인가요?

3개의 의자는 각각 부모님의 입장, 지혜로운 어른의 입장, 나의 입장을 대변합니다. 의자 모양이 모두 같더라도 의자에 '부모님, 어른, 나'라는 이름을 붙여서 학생이 각각의 역할에 이입할 수 있도록 도와주세요.

🧑 상담 과정

1. 학생의 호소문제를 명료화한 뒤에 '세 개의 의자'를 소개합니다.

   "오늘은 세 개의 특별한 의자에 앉아 볼 거예요. 이 의자에 앉으면 내가 아닌 다른 사람이 된 것처럼 생각하고 말해 볼 수 있어요. 가장 먼저 어떤 의자에 앉아 보고 싶나요?"

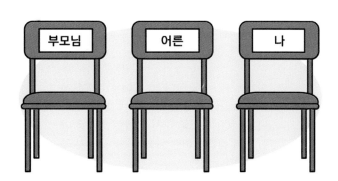

부모님은 지금 ○○이의 고민에 대해 뭐라고 말씀하실까요?

2. 이제 각각의 의자를 소개하며 그 의자에 앉아 생각해 보고 말해 볼 수 있도록 도와줍니다.

"이 의자는 부모님 의자예요. 이 의자에 앉으면 부모님처럼 생각하고 말할 수 있어요. 한번 앉아 볼까요?"

3. 어른의 의자에는 학생이 생각하는 지혜로운 어른이 누구인지 말해 보도록 하고 그 사람의 입장에서 생각해 볼 수 있도록 도와줍니다.

"이 의자는 지혜로운 어른의 의자예요. ○○이의 주변에서 가장 지혜로운 어른은 누구라고 생각해요? 그분은 지금 ○○이의 고민에 대해 뭐라고 말씀하실까요?"

그분은 지금 나의 고민에 대해 뭐라고 말씀하실까요?

이 문제에 대한 나의 솔직한 속마음은 무엇일까요?

4. 나의 의자에는 학생의 솔직한 속마음을 바탕으로 내가 정말로 하고 싶은 말과 행동은 무엇인지 표현해 볼 수 있도록 도와줍니다.

"이 의자는 내 마음의 의자예요. 이 의자에 앉으면 ○○이의 솔직한 속마음을 마음껏 표현해 볼 수 있어요. 지금 ○○이의 속마음은 무엇일까요?"

5. 의자에 한 번씩 앉아 본 뒤에는 자유롭게 의자에 앉아 보며 대화를 나눠 볼 수 있도록 합니다. 대화를 마친 뒤에는 소감을 나눠 보며 생각에 어떤 변화가 나타났는지 물어봅니다.

"우리가 이 활동을 시작하기 전과 비교했을 때 생각이 어떻게 달라졌나요?"

🧑 상담 예시

경주는 부모님과의 갈등을 경험하고 있습니다. 의자를 활용하여 경주가 부모님과 경험하는 갈등을 파악하고 경주가 다양한 관점에서 문제를 바라볼 수 있도록 도울 수 있습니다. 이때 세 개의 의자를 번갈아 가면서 활용한다면 생각의 유연성을 높이며 문제해결력을 기르는 데 도움이 될 수 있습니다.

교사: 경주야, 오늘은 경주가 엄마와 진로 문제로 의견이 서로 다른 부분을 〈세 개의 의자 활동〉을 통해 새롭게 바라보려고 해. 이 의자에 앉으면 자신이 아닌 다른 사람이 된 것처럼 생각하고 말해 볼 수 있어. 여기 3개의 의자는 나와 엄마, 그리고 지혜로운 어른의 의자야. 경주가 생각하기에는 지혜로운 어른은 누구라고 볼 수 있을까?

경주: 음…… 담임선생님이요.

교사: 좋아. 그러면 먼저 경주의 의자에 앉아서 경주의 속마음을 엄마에게 이야기해 볼까?

경주: ('나'라고 적힌 의자에 앉는다.) 엄마. 전 진짜 아이돌이 되고 싶어요. 춤이랑 노래 연습하는 것도 재미있고 진지하게 생각하고 있다고요.

교사: 경주는 진지하게 아이돌이 되고 싶다는 생각을 하고 있구나. 그럼 이때 엄마는 어떤 마음이실까? 엄마의 의자에 앉아서 한번 이야기해 보자.

경주: ('엄마'라고 적힌 의자에 앉는다.) '경주야. 세상이 어떻게 바뀔 줄 알고 공부를 안 하려고 해? 그래도 공부는 해야지.' 이렇게 말씀하실 것 같아요.

교사: 그렇구나. 엄마는 경주가 공부하지 않을까 봐 걱정되시나 보다. 그럼 이때 담임선생님은 경주에게 어떻게 말씀하실 것 같아?

key point 지혜로운 어른을 학생이 직접 떠올려 볼 수 있도록 도와주세요.

key point 의자에 앉아서 갈등을 겪고 있는 대상과 서로 대화를 나눠 본다는 상상을 하며 이야기해 볼 수 있도록 도와주세요.

key point 학생이 의자에 앉아서 했던 말을 명료화한다면 다양한 입장에서 문제를 바라볼 수 있는 효과가 있습니다.

key point 학생과 갈등 관계에 있는 의자에 앉을 경우, 갈등 대상이 어떤 말투와 표정을 하는지 따라 해 볼 수 있도록 한다면 평소 어떤 대화를 나눴는지 유추할 수 있습니다.

key point 갈등 대상과 대화를 마친 뒤에는 지혜로운 어른의 입장에서 갈등 내용을 종합하여 다시 볼 수 있도록 도와주세요. 의자에 앉는 순서는 '나' – '갈등 대상' – '지혜로운 어른'의 순서가 좋습니다. 만약 조금 더 많은 대화가 필요하다면 이 과정을 반복해도 좋습니다.

경주: ('선생님'이라고 적힌 의자에 앉는다.) 음…… '경주야 엄마는 네 꿈을 반대하
시는 게 아니야. 선생님 생각에는 네가 공부를 아예 하지 않을까 봐 걱정하
시는 것 같아.' 이렇게 말씀하실 것 같아요.

교사: 그럴 수 있겠다. 그동안 경주 입장에서는 엄마가 걱정하
셨던 모습이 마치 경주의 꿈을 반대하시는 것처럼 받아들
여졌을 수도 있겠어. 이렇게 대화를 나눠 보니까 어떤 마
음이 들어?

key point

대화를 마친 뒤에는 학생
이 문제 상황을 다시 볼 수
있도록 질문하며 이전과 다
르게 바라볼 수 있는 부분
은 없었는지 발견해 보세요.

P-A-C 모델이란?

PAC 모델은 미국의 정신과 의사 에릭 번(Berne, E.)이 개발한 교류분석에서 강조한 자
아모델로 인간의 성격을 부모 자아(Parents), 어른 자아(Adult), 어린이 자아(Child)로 소개하
였습니다. 교류분석에서는 감정과 경험이 결합되어 자아 상태가 나타나며 각 자아상태
마다 전형적인 행동이 나타난다고 강조하였습니다. 이때 부모 자아(P)는 부모나 권위적
인물이 했던 행동, 사고, 감정을 표현하며 어른 자아(A)는 연령과는 상관없이 현실과 정
보를 객관적으로 바라보고 수집할 수 있습니다. 어린이 자아(C)는 자신이 어릴 때 했던
행동이나 감정, 충동 등을 표현하는 것을 의미합니다. PAC 모델은 이러한 자아 상태를
분석하는 과정을 통해 사람들이 어떻게 자신의 성격을 표현하는지 이해할 수 있도록 도
움을 줍니다.

Tips 개인상담

1. 학생이 각각의 의자에 앉아 보며 한 번에 한 가지 입장에서 사고할 수 있도록 도와주세요.

2. 학생이 부모님 의자에서 하는 말과 행동을 통해 평소 부모님이 학생에게 어떠한 양육 태도를 보
였는지 파악할 수 있습니다.

3. 어른 의자는 권위적인 어른이 아닌 객관적이고 합리적인 어른을 의미합니다. 학생이 지혜로운 어른을 떠올리는 것을 어려워한다면 '선생님, 판사'를 떠올려 볼 수 있도록 도와주세요.

집단상담 Tips

1. 집단 활동을 할 때는 자신의 상황과 각 역할의 특징을 표현한 뒤에 역할극을 만들어 보도록 도울 수 있습니다.
2. 만약 집단원들이 자신의 이야기를 말하는 것을 어려워한다면 사전에 각자 상황에 대한 정보를 수집하여 교사가 가상의 이야기를 만들어서 역할극을 해 보는 것도 좋습니다. 또는 집단원들의 상황과 비슷한 동화나 연극 등을 활용하여 각각 의자에 앉아 보면서 역할 연기를 해 볼 수 있습니다.
3. 집단원이 다양한 의자에 해당하는 사고 유형을 체험해 보면서, 생각이 다양할 수 있고 상황에 따라 유연하게 변할 수 있다는 것을 경험하도록 도와주세요.

👤 한 걸음 더!

★ 밸런스 의자: 장단점을 종합해 보자!

밸런스 의자를 통해 지혜롭게 결정할 수 있도록 도와주세요. 의자 3개를 놓고 각각 긍정의자, 부정의자, 중립의자라고 이름을 붙입니다. 학생이 의사결정을 앞두고 고민을 할 때 각각의 의자에 앉아 보며 대화를 나눌 수 있도록 도와주세요. 그리고 마지막에 중립의자에 앉아 의견을 종합하며 결정을 내릴 수 있도록 도와주세요.

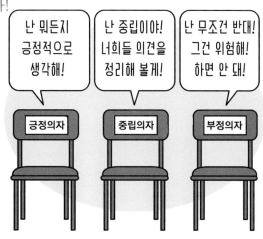

★ 타임의자: 의자가 타임머신이 된다면?

　　타임의자를 통해 미래의 자신의 모습을 생각해 볼 수 있도록 도와주세요. 의자 3개를 놓고
각각 1년 뒤, 5년 뒤, 10년 뒤 의자라고 이름을 붙입니다. 진로상담을 통해 1년/5년/10년 뒤
에는 어떤 모습일지 상상해 볼 수 있도록 하거나, 현재 자신의 어려움을 미래의 관점에서 재
조명하며 새롭게 문제를 바라보도록 도울 수 있습니다.

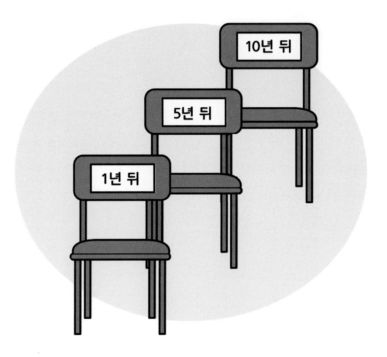

ex) 진로상담에서 활용 시

　"5년 뒤에 나는 어떤 모습일까요? 그러한 모습이 되기 위해서 지금 무엇을 해야 할까요?"

ex) 문제 재조명하기

　"10년 뒤에 나는 지금의 고민을 어떻게 생각할까요? 미래의 나는 지금의 나에게 어떤 조언
을 해 줄까요?"

15. 음식을 활용한
상담 기법

★ 음식, 상담에서 어떻게 활용할 수 있을까요?

과자로 학교를
만들어 보세요!

학생들이 좋아하는 간식을 활용하여
학생들의 동기를 높일 수 있어요!

토르티야로
감정 부리토를 만들어 보세요!

상담에 활용한 음식을
실제로 먹을 수 있기 때문에
학생들의 만족도가 높아요!

초콜릿으로 뽑기 게임을
진행해 보세요!

음식의 색이 다른 점을
상담에 활용할 수 있어요!

★ 음식은 이런 점이 좋아요!

　　간식을 싫어하는 학생들이 없는 만큼 음식은 학생들에게 친숙한 소재이기 때문에 학생들이 더 편하게 마음을 열고 상담에 임할 수 있습니다. 또한 색이 다른 음식을 상담에 활용하거나, 상담에 활용한 음식을 직접 먹기도 하면서 학생들의 상담에 대한 만족도를 높일 수도 있습니다. 다양한 종류의 음식을 활용하여 학생들의 흥미와 참여도를 높여 보세요!

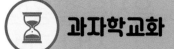 **과자학교화**

과자로 학교생활을
표현해 볼까요?

어떤 활동인가요?

'과자학교화'는 과자를 활용하여 동적 학교화를 표현해 보는 활동을 통해 친구 및 교사와의 관계에 대한 학생의 지각을 파악하는 활동입니다. 학생은 과자의 다양한 특성을 활용하여 학교에서 자신과 관계되는 인물을 표현해 보는 과정을 통해 자신의 잠재의식 속에 있는 친구 및 교사와의 관계와 역동성에 대해 표현할 수 있습니다. 이는 크노프와 프루트(Knoff & Prout)가 개발한 투사 기법인 〈동적 학교화〉를 변형한 활동으로 친숙한 과자라는 소재를 통해 쉽게 학생의 내면 세계를 파악할 수 있다는 장점이 있습니다.

누구에게 도움이 될까요?

☑ 학교에서 어려움을 보이는 학생
☑ 교우관계에서 어려움을 보이는 학생
☑ 자존감이 낮은 학생

무엇이 필요한가요?

✎ 다양한 과자

★ 왜 과자가 좋을까요?

과자는 학생들에게 매우 익숙하고 친숙한 소재이기 때문에 활동에 쉽게 흥미를 가지고 개방적인 태도를 보일 수 있습니다. 또한 과자의 모양이나 크기 등의 다양한 특성을 바탕으로 인물을 꾸미는 과정에서 학생의 내면세계를 탐색할 수 있다는 장점이 있습니다.

상담 과정

1. 다양한 과자를 준비하여 오늘의 활동을 소개합니다.

   "오늘은 과자를 활용해서 학교생활에 대해 표현해 보는 활동을 해 볼 거예요. 학교생활이라고 하면 떠오르는 상황이 있을까요?"

2. 크기와 모양이 서로 다른 과자들을 보여 주며 학생에게 아래와 같이 제시해 주세요.

   "○○이를 포함하여 선생님과 한 명 이상의 친구가 무엇인가를 하고 있는 모습을 과자로 표현해 볼까요?"

3. 과자의 모양이나 크기, 방법 등에 대해
서는 다른 단서를 주지 않습니다.

"과자 모양이나 크기, 위치는 ○ ○이가
하고 싶은 대로 표현해도 돼요."

4. 학생이 활동을 마치면 아래와 같이 질문해 봅니다.

"첫 번째로 꾸민 사람은 누구인가요?"

"이 사람은 무엇을 하고 있는 걸까요?"

"선생님을 이 과자로 꾸민 이유는 무엇일까요?"

5. 과자학교화를 바라보며 어떤 느낌이 드
는지 질문하고, 만약 모양이나 인물 구
성을 마음대로 바꿀 수 있다면 어떻게
바꾸고 싶은지 물어봅니다.

"작품을 보면 어떤 느낌이 들어요?"

"만약 내 마음대로 친구를 추가하거나
선생님의 모습을 바꿀 수 있다면 어떻게
바꾸고 싶어요?"

동적 학교화란?

　동적 학교화란 크노프와 프루트가 개발한 투사 기법으로, 학생이 학교에서 친구 및 교
사가 무엇인가 하고 있는 그림을 그리도록 하여 학교에서 자신과 관련 있는 인물과 어떠
한 관계에 있는지 탐색하고 이에 대한 학생의 지각을 파악하는 투사적 그림 검사입니다.
이때 지시문으로는 "학교 그림을 그려 주세요. 당신을 포함하여 선생님과 한 명 이상의

친구가 무엇인가 하고 있는 그림을 그려 보세요. 만화의 졸라맨처럼 막대기 같은 사람이 아닌 인물 전체를 그려 주세요. 모두가 무엇인가를 하고 있는 것을 그려야 합니다."라고 말하며 그리는 도중의 질문에 대해서는 "자유입니다. 그리고 싶은 대로 그리세요."라고 대답하며 다른 단서를 주지 않습니다. 이후 학생의 그림을 바탕으로 인물의 행위, 양식, 상징, 역동성, 인물상의 특징을 바탕으로 동적 학교화를 해석합니다. 과자학교화는 동적 학교화를 과자라는 매체를 활용하기 위해 변용한 것으로, 보다 추상적으로 학교에 대해 표현할 수 있도록 돕는다는 점에서 장점이라고 볼 수 있습니다.

Tips 개인상담

1. 학생이 친구들을 어디까지 표현해야 하냐고 묻는다면 그림에 모두 들어갈 수 있을 정도의 친구들을 생각하여 표현해 달라고 설명해 주세요.

2. 과자는 준비된 과자를 있는 그대로 사용해도 되지만 과자를 부수는 등으로 변용할 수 있습니다. 학생이 과자를 자유롭게 활용할 수 있도록 도와주세요.

3. 과자학교화를 완성한 뒤에는 작품에 이름을 붙여 보고, 누구부터 꾸몄는지, 학생 본인과의 거리는 어떠한지 등을 파악하며 학생의 심리적 친밀감의 정도와 지각세계를 파악해 주세요.

4. 상담목적(교우관계, 담임 교사와의 관계)에 따라 지시문을 조금 변용하여 사용해도 좋습니다.

집단상담 Tips

1. 학생들이 서로의 그림을 보면서 영향을 받지 않도록 과자학교화 활동에는 정답이 없다고 사전에 소개해 주세요.

2. 각자의 과자학교화를 학생이 소개해 보도록 하고, 소개가 끝난 뒤에는 다른 집단원들이 궁금한 점을 질문해 볼 수 있도록 도와주세요. 서로의 작품에 대해 궁금해하며 질문하고 대답하는 과정에서 집단원들 간의 라포가 형성될 수 있습니다.

💁 한 걸음 더

★ 가족 탐색: 과자로 가족 표현해 보기

다양한 과자를 활용하여 동적 가족화를 만들어 봅니다. 과자의 다양한 크기와 모양 등을 바탕으로 학생이 지각한 가족 구성원의 특성이나 심리적 거리감 등에 대해 파악할 수 있습니다. 또한 과자로 집을 표현해 보도록 하여 집과 함께 사는 가족에 대해 질문해 본다면, 학생이 집이라는 공간과 가족 구성원에 대해 어떻게 파악하고 있는지 이해하는 데 도움이 될 수 있습니다.

★ 소망 탐색: 소망케이크 만들어 보기

빵이나 생크림, 다양한 과자 또는 과일 등의 재료를 준비하여 소망케이크를 만들어 봅니다. 소망케이크를 만들 때에는 주제에 따라 다양한 지시문을 줄 수 있습니다(ex: "내가 나를/누군가를 축하해 주고 싶은 상황을 떠올리며 케익을 만들어 보세요."). 이후 다음과 같은 질문을 통해 작품에 대해 질문하며 학생의 소망에 대해 탐색할 수 있습니다.

"나의 무엇을 축하해 주고 싶을까요?"

"누가 나를 위해 축하해 주면 좋을까요?"

"내가 실제로 이것을 이루기 위해서는 무엇을 노력해야 할까요?"

나의 감정 부리토

👦 어떤 활동인가요?

'나의 감정 부리토'는 다양한 음식 재료를 활용하여 자신의 감정을 자유롭게 표현하는 활동입니다. 학생들은 자신이 평소에 자주 느끼는 감정 혹은 무심코 지나쳤던 감정 등에 대해서 깊이 탐색해 보고, 음식 재료의 다양한 특성을 활용하여 감정과 무의식 세계를 토르티야 위에 마음껏 표현할 수 있습니다. 이를 통해 자신의 감정을 새롭게 인식하고 해소할 수 있을 뿐만 아니라, 부리토라는 요리를 완성함으로써 성취감을 느끼고 자신감을 향상할 수 있습니다. 또한 음식을 매체로 자신의 얼굴 표정을 묘사하고 표현하는 방식을 관찰하면서 학생이 갖고 있는 〈자아상〉에 대해서도 탐색해 볼 수 있습니다.

누구에게 도움이 될까요?

- ✅ 감정 인식 및 표현에 어려움을 보이는 학생
- ✅ 대인관계에서 어려움을 보이는 학생
- ✅ 자존감이 낮은 학생

무엇이 필요한가요?

> 🖍 토르티야, 미리 손질된 각종 음식 재료, 소스 등

★ 어떤 음식 재료가 좋을까요?

학생들이 요리를 위해 불을 사용할 경우, 화재 등의 사고가 날 위험이 있습니다. 따라서 익히지 않아도 맛있게 먹을 수 있는 각종 야채와 햄, 치즈, 게맛살 등을 활용해 보세요.

상담 과정

1. 다양한 음식 재료와 함께 활동을 소개하며, 감정단어에 대해 브레인스토밍을 합니다.

   "오늘은 음식 재료를 활용해서 토르티야 위에 나의 감정을 표현하는 활동을 해 볼 거예요."

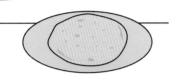

지금 머릿속에
어떤 감정이 떠오르나요?

2. 토르티야를 접시 위에 올리고, 어떤 감정을 표현하고 싶은지 선택합니다. 자신이 평소에 자주 느끼는 감정은 무엇인지, 혹은 최근에 느꼈던 감정 중 가장 강렬한 감정은 무엇이었는지 충분히 생각해 봅니다.

   "토르티야를 나의 얼굴이라고 생각하고 그 위에 재료를 올려서 감정 부리토를 만들 건데, 어떤 감정을 만들어 보고 싶나요?"

3. 다양한 음식 재료를 활용하여 토르티야 위에 자신이 선택한 감정을 자유롭게 표현하도록 합니다.

   "○ ○이가 선택한 감정을 토르티야 위에 마음대로 표현해 보세요. 재료를 더 작게 잘라도 되고 원하는 모양으로 변형해도 돼요."

4. 학생이 활동을 마치면 다음과 같이 질문해 봅니다.

   "이 감정을 떠올렸을 때 바로 생각나는 사람이나 사건이 있나요?"

   "혹시 더 추가하거나 바꾸고 싶은 부분이 있나요?"

   "완성된 토르티야를 보니 지금은 어떤 느낌이 드나요?"

5. 완성된 부리토를 먹으며 활동 소감을 나누어 봅니다. 바로 먹을 수 없는 상황이라면 포장해서 집에 가져갈 수 있도록 합니다.

💁 상담 예시

현수는 주의가 산만하고 충동적인 행동으로 인해 수업 시간마다 담임 및 교과 선생님들께 지적을 받는 학생입니다. 나의 감정 부리토 활동은 음식이라는 매체를 활용하여 현수의 감정을 자유롭게 표현하도록 돕습니다. 부리토 위에 자신의 얼굴 표정을 표현하는 방식을 관찰함으로써 현수 스스로 자신을 어떻게 생각하는지, 즉 어떤 자아상을 갖고 있는지도 함께 탐색해 볼 수 있습니다.

교사: 와, 멋진 부리토가 완성되었네. 현수가 '분노'라는 감정을 선택했는데, 부리토에 분노를 어떻게 표현했는지 작품을 설명해 줄 수 있니?

현수: 일단 저는 '분노' 하면 빨간색이 떠올라서 파프리카랑 당근, 토마토를 많이 사용했어요. 파프리카로 찡그린 눈썹을 만들고, 당근으로 화난 눈 모양을 만들었어요. 토마토는 전체적으로 펴 발라서 붉어진 얼굴을 표현해 봤어요.

교사: 여기 뺨에 붙어 있는 초록색은 뭐야?

<table>
<tr><td>key point

작품의 전체와 일부를 살펴보면서 각각의 음식 재료에 학생이 부여한 주관적 의미를 탐색합니다.</td></tr>
</table>

현수: 아, 그건 깻잎으로 만든 땀이에요. 화가 나면 얼굴에 열이 확 오르고 땀이 나니까요.

교사: 땀방울을 표현한 거구나. 정말 창의적인데?

혹시 최근에도 이런 분노 감정을 느낀 적이 있었니?

<table>
<tr><td>key point

학생이 표현한 감정과 관련된 인물이나 사건에 대해 질문하고, 주된 감정을 충분히 반영해 줍니다.</td></tr>
</table>

현수: 네, 오늘도 있었어요. 수업 시간에 자꾸 지우개를 만지작거린다고 혼났거든요. 담임 선생님이 맨날 저만 혼내시는 것 같아요.

교사: 담임 선생님이 매번 현수만 혼낸다고 생각하니 정말 화가 나고 억울했겠구나? 그런데 선생님이 느끼기에 지금 현수 표정은 이 표정이랑 다른 것 같은데, 이 작품을 보고 있는 지금은 기분이 어떠니?

<table>
<tr><td>key point

그때-거기의 이야기를 현재로 가져와 지금-여기의 감정도 함께 탐색해 봅니다.</td></tr>
</table>

현수: 지금은 좋아요. 선생님이 제 얘기를 잘 들어 주시니까 마음이 편안해요. 부리토를 만들어 본 건 처음이라 재미있고 뿌듯하기도 해요.

교사: 그렇구나. 사실 시간이 흐르면 모든 감정은 약해지기 마련이고 어떤 감정이 지나가고 나면 또 다른 새로운 감정을 느끼게 돼. 토르티야 위의 표정이 변할 수 있다면 어떤 표정으로 변할까? 현수의 작품에서 변화를 주고 싶은 부분이 있니?

현수: 웃는 얼굴이면 더 좋긴 하겠죠. 저도 화내고 짜증 내는 얼굴은 보기 싫어요. 파프리카 눈썹을 아래로 내리고, 당근으로 입꼬리를 좀 올려서 만들어 볼까요?

교사: 선생님에게 익숙한 현수의 표정도 웃는 얼굴이야. 선생님이랑 있을 때는 현수가 그런 밝은 분위기를 갖고 있거든. 그렇다면 방금 현수가 얘기한 대로 작품을 다시 표현해 볼까?

현수: 네. (당근을 자른다.)

> key point
>
> 상담 중 더 추가하거나 바꾸고 싶은 부분이 생기면 남은 재료를 활용해서 작품을 수정하도록 합니다. 전후 비교를 위해 수정 전 작품 사진을 촬영하여 비교해 보는 것도 좋습니다.

자아상(self-image)

자아상이란 자기 자신에 대한 주관적인 평가를 의미합니다. 타인으로부터 긍정적 존중과 인정을 받을 때 학생들은 긍정적인 자아상을 형성하지만, 타인으로부터 지속적으로 부정적 피드백을 받을 경우 학생들은 부정적인 자아상을 형성할 수 있습니다. '나의 감정 부리토' 활동은 학생이 자신의 표정을 꾸며 보는 과정에서 학생의 감정과 자아상을 확인할 수 있는 장점이 있습니다.

1. 어떤 감정을 표현할지 선택하지 못하는 학생은 상담실에 있는 감정카드나 감정판 등을 활용하여 선택을 도울 수 있습니다.

2. 학생이 어떤 감정을 표현하기로 선택했다면 특별히 그 감정을 선택한 이유가 있는지, 언제 그런 감정을 자주 느끼는지 질문해 보세요.

3. 다양한 음식 재료의 특징을 생각해 보고, 각각의 음식 재료를 보았을 때 느껴지는 감정들이 있는지 충분히 탐색하는 시간을 가져도 좋습니다.

4. 음식 재료를 미리 손질해서 제공하지만, 학생들이 자유롭게 표현하기 위해서 칼이나 가위를 사용하도록 허용할 수 있습니다. 이때 손을 다치지 않도록 충분한 관심과 지도가 필요합니다.

1. 집단 활동이라면 미리 다양한 감정단어를 제공하고 원하는 감정을 선택하도록 한 뒤, 집단원들이 서로 어떤 감정을 선택했는지 공개하지 않고 서로의 작품을 보며 알아맞히도록 할 수 있습니다.

2. 집단원이 돌아가면서 자신의 작품을 소개하고, 다른 집단원들은 그것이 어떤 감정을 표현한 것이고 전후 상황은 어떤 상황인 것 같은지 자유롭게 추측해 봅시다.

3. 자신의 작품을 소개할 때, 특별히 그 감정을 선택한 이유와 감정과 관련된 자신의 경험에 대해 이야기해 볼 수 있습니다.

4. 활동을 마치고 서로가 완성한 부리토를 한입 크기로 썰어 함께 나누어 먹는 시간을 가져도 좋습니다.

M & M 분노 게임

뭐가 나올까요?

👤 어떤 활동인가요?

'M & M 분노 게임'은 상담 장면에서 자기개방과 부정적인 감정 표현을 어려워하는 학생들에게 대화 촉진의 목적으로 활용할 수 있는 기법입니다. 우리 주변에서 흔히 볼 수 있는 간식거리 중에 'M & M'처럼 여러 가지 색을 지니고 있는 것들이 있습니다. 상담 과정에서 해당 색깔에 따라 미리 〈분노〉와 관련된 질문을 정하고 랜덤으로 간식을 골랐을 때 나온 색에 해당하는 질문에 답함으로써 자연스럽게 자기개방을 할 수 있습니다. 이를 통해 학생들의 상담에 대한 흥미와 동기를 높이고 상담 과정을 촉진시킬 수 있습니다.

🙎 누구에게 도움이 될까요?

- ☑️ 분노 감정에 대한 인식과 표현 방식에 어려움을 경험하는 학생
- ☑️ 상담자와 라포가 형성되지 않은 학생
- ☑️ 분노와 관련된 자기개방을 어려워하는 학생

👹 무엇이 필요한가요?

> 🖍️ 색이 있는 작은 간식거리, 내용물이 보이지 않는 용기, 사전 질문지 등

★ 왜 색이 있는 작은 간식거리가 필요한가요?

여러 색이 있는 간식거리일수록 상담 장면에서 다룰 수 있는 질문이 많아지기 때문입니다. 어떤 질문을 받을지 모르는 상태에서 여러 가지 색이 있을수록 학생의 흥미를 일으킬 수 있기 때문에 여러 색이 있는 간식거리가 유용합니다.

👧 상담 과정

1. 준비물과 함께 오늘의 활동을 소개하며 활동 규칙을 안내합니다.

"오늘은 작은 간식을 활용해서 함께 활동을 진행해 볼 거예요."

"여기 준비된 간식에는 여러 종류의 색이 있어요. 우리는 보지 않고 용기에 손을

넣어서 하나의 간식을 뽑을 거예요. 그 간식의 색이 무엇이냐에 따라 여기 선생님이 준비해 둔 질문지에 따라서 질문에 대답하면 돼요. 질문에 답변한 이후에는 그 간식을 바로 먹어도 좋아요."

2. 비어 있는 질문지에 학생들이 스스로 질문을 채워 넣을 수 있도록 합니다.

   "선생님이 준비해 놓은 질문지 외에 여러분이 친구들에게 질문하고 싶은 분노와 관련된 질문 등을 자유롭게 작성해 볼 수 있어요. 대신 장난식으로 작성해선 안 되겠지요?"

3. 사전 질문지를 모두 완성 후, 학생이 보이지 않는 용기에 손을 넣어 랜덤으로 간식거리를 꺼낼 수 있도록 합니다.

   "이제 보이지 않는 용기에 손을 넣어서 초콜릿 하나를 꺼내 봅시다."

4. 학생이 꺼낸 간식거리의 색에 따라 사전에 준비한 질문을 합니다.

   "빨간색 초콜릿이 나왔네요. 빨간색 초콜릿은 '나를 가장 화나게 하는 것은?'이라는 질문이네요. ○○이를 가장 화나게 하는 것은 무엇인가요?"

   "친구들이 저를 오해했을 때요."

5. 모든 활동을 마치고 난 후 오늘 활동이 어땠는지에 대해 함께 대화를 나눕니다.

   "오늘 처음으로 함께 간식을 먹으면서 어떤 질문이 나올지 모른 채 상담을 해 보았는데 어렵진 않았나요?"

분노(Anger) 감정의 인식과 표현

분노란 부정적 감정의 대표적인 예로, 국어사전의 정의에 따르면 "분개하여 몹시 성을 내는"이라는 의미를 가지고 있습니다. 분노발작이라는 용어가 따로 있을 정도로 분노라는 감정은 우리 삶에서 흔히 보일 수 있으며, 극단적인 방법으로 표현하기도 합니다. 하지만 감정 표현의 절제를 강조하는 동양 문화권에서 학생들은 분노라는 부정적인 감정을 잘 표현하지 못하는 경우가 많습니다. 그러나 학생들로 하여금 부정적인 감정 또한 우리 감정의 일부이며 이를 회피하는 것이 아니라 건강하게 다룰 필요가 있음을 안내할 필요가 있습니다. 따라서 'M&M 분노 게임'처럼 가벼운 방식으로 분노에 대해 개방적으로 다룸으로써 학생들이 분노라는 감정을 인식하고 이를 건강하게 표출할 수 있도록 돕는 것이 중요합니다.

Tips 개인상담

1. 식재료를 활용하기에 앞서 유통기한 등에 안전과 관련된 요인에 대해 사전에 알아본 후 상담 활동을 진행해 주세요.

2. 사전 질문지는 학생의 호소문제나 상담의 단계에 따라 다양하게 만들어질 수 있습니다. 상담자가 상황에 따라 유연성 있게 사전 질문지를 구성하는 것이 중요합니다.

3. 학생이 단순히 간식을 먹는 것에만 관심을 기울여 상담의 목적이 전도되지 않도록 주의해 주세요.

집단상담 Tips

1. 집단 활동의 경우, 똑같은 질문에 대해 서로 얼마나 다른 답변이 나올 수 있는지에 대해 알아볼 수 있는 경험이 되기도 합니다. 중복되는 질문이 나오더라도 함께 듣는 경험이 중요하다는 것을 알 수 있도록 사전에 안내합니다.

2. 학생들 간에 누가 더 많이 먹었는지에 대한 경쟁이 붙지 않도록 모든 집단원에게 동일한 기회가 돌아갈 수 있도록 주의해 주세요.

3. 사전 활동을 통해 교사가 미리 만들어 둔 질문지뿐만 아니라 학생들이 스스로 만든 질문지를 활용하여 질문을 보다 다양하게 하는 방법도 있습니다.

M&M 분노 게임

빨강

당신을 화나게 하는 것은
무엇인가요?

파랑

당신의 화를 진정시킬 수 있는 것은
무엇인가요?

주황

당신이 화가 나서 한 어리석은 행동은
무엇인가요?

초록

당신이 화가 났을 때 한 현명한 행동은
무엇인가요?

노랑

당신의 화난 얼굴을 보여 주세요.

갈색

당신이 화가 났을 때 하는
호흡을 보여 주세요.

16. 다양한 도구를 활용한 상담 기법

★ 다양한 도구를 상담에서 어떻게 활용할 수 있을까요?

선글라스를 만들어 보세요!

투명하면서도 한 가지 색깔만 투과하는 셀로판지로 내 마음의 선글라스를 만들어 긍정적 자기대화를 연습할 수 있어요!

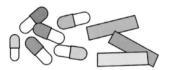

캡슐편지로 마음을 전달해 보세요!

친구의 고민을 공감하고 위로하는 마음처방전을 만들고 캡슐에 넣어서 전달해 볼 수 있어요!

나만의 배지를 만들어요!

버튼 프레스로 배지를 만들어서 나에게 중요한 의미를 시각화할 수 있어요!

★ 이런 점이 좋아요!

셀로판지는 투명하고 한 가지 색깔을 투과하기 때문에 긍정적 자기대화를 시각화하는 데 도움이 될 수 있습니다. 그리고 캡슐편지지로 친구의 고민을 공감하고 자신만의 처방전을 작성하며 서로를 격려할 수 있습니다. 또한 버튼 프레스로 학생들에게 중요한 가치를 시각화하여 나만의 배지를 만들어 본다면 진로를 탐색하고 흥미를 유발하는 데 도움이 됩니다.

내 마음의 선글라스

내 생각은
내가 선택할 수 있어!

😊 어떤 활동인가요?

'내 마음의 선글라스'는 셀로판지를 활용하여 학생이 문제 상황에서 올바로 대
처하고 효과적으로 해결할 수 있도록 돕는 활동입니다. 학생은 선글라스 모양의
도안에 색깔이 서로 다른 셀로판지를 붙여 마음의 선글라스를 만들어 봅니다.
이후 갈등 상황에서 문제를 해결하는 긍정적 대화와 문제를 유발하는 부정적 대
화에 대해 작성해 보고, 마음의 선글라스를 통해 자신이 생각을 선택해 볼 수 있
습니다. 이는 심리학자 마이켄바움이 강조한 〈자기교습훈련〉의 일종으로, 문제
상황에서 효과적인 자기대화를 통해 문제해결력을 높이는 데 도움이 됩니다.

🙎 누구에게 도움이 될까요?

✅ 자기조절력이 부족한 학생

✅ 문제해결에 어려움을 보이는 학생

✅ 분노 표출 및 충동성 조절에 어려움이 있는 학생

🦔 무엇이 필요한가요?

> ✏️ 종이, 가위, 셀로판지, 매직

★ 왜 셀로판지가 좋을까요?

셀로판지는 투명하면서도 한 가지 색만 투과하는 특징이 있습니다. 같은 색깔의 매직으로 글을 쓸 경우, 해당 글자가 보이지 않는다는 특징을 통해 자기대화를 연습할 수 있다는 장점이 있습니다.

👧 상담 과정

1. 셀로판지와 종이, 가위, 매직을 준비하여 오늘의 활동을 소개합니다.

"오늘은 셀로판지로 내 마음의 선글라스를 만드는 활동을 해 볼 거예요. 선글라스가 햇빛을 가리는 것처럼 내 마음에서 어떤 것을 가릴 수 있다면 무엇을 가리고 싶나요?"

2. 갈등 상황을 제시하며 이때 학생에게 어떤 생각이 떠오르는지 질문합니다.

"자기대화는 어떤 상황에서 내가 머릿속으로 하는 혼잣말과도 같아요. 우리는 의식하지 못하지만 하루에도 수백 가지의 생각을 하기도 하지요. 이 상황에서 나는 어떤 자기대화를 할 수 있을까요?"

3. 긍정적·부정적 자기대화를 서로 다른 색깔의 매직으로 작성해 봅니다.

"긍정적 자기대화는 파란색, 부정적 자기대화는 빨간색 매직으로 종이에 작성해 봅시다."

4. 종이를 오려 선글라스 모양을 만든 뒤에 두 가지 다른 색깔의 셀로판지로 마음 선글라스를 만듭니다.

"파란색 선글라스는 갈등 상황에서 나의 긍정적 자기대화를 보지 못하게 해요. 그러면 어떤 자기대화만 보일까요?"

5. 어떤 마음의 선글라스를 선택하느냐
   에 따라 문제 대처 능력도 달라진다
   는 것을 설명하며 자기대화를 연습하
   도록 독려합니다.

   "같은 상황에서 우리는 다양한 마음의
   선글라스를 쓸 수 있어요. 그렇다면 어
   떤 마음의 선글라스를 쓰는 게 도움이
   될까요?"

마이켄바움의 자기교습훈련

인지행동수정의 창시자인 마이켄바움(Meichenbaum)은 사람들의 행동이 대부분 자신과의 대화를 통해 조절할 수 있다고 보았습니다. 이때 자신과의 대화는 자신에게 도움이 되는 말을 하느냐 그렇지 않으냐에 따라 긍정적 자기대화와 부정적 자기대화로 나눌 수 있습니다. 긍정적 자기대화란 "나는 잘 해낼 수 있어.", "괜찮아, 나는 잘할 거야." 등의 말처럼 자신의 행동에 대해 긍정하고 격려하는 말로, 자신감을 고취하며 특정 목표를 달성하는 데 도움이 될 수 있습니다. 반면, 부정적 자기대화란 "나는 이것밖에 안 돼.", "모두 나를 좋아하지 않아." 등의 말처럼 자신에 대해 비합리적이고 부정적인 신념을 내포한 말로, 갈등 상황에서 감정 조절에 어려움을 주고 자기조절력을 저하할 수 있습니다. 마이켄바움은 자기교습훈련(self-instruction training)을 통해 불안을 일으키는 상황에서 나타나는 부정적인 자기대화를 긍정적으로 전환한다면 문제를 해결하고 태도를 변화시키는 데 도움을 줄 수 있다고 강조하였습니다. 따라서 내담 학생이 맞닥뜨리는 문제에 좀 더 효과적으로 대처할 수 있도록 자기대화를 수정하고 훈련한다면, 문제 상황에 대처하는 기술이 향상되며 긍정적 감정 역시 높아질 것입니다.

Tips 개인상담

1. 상담을 통해 학생이 대처하기 어려워하는 상황을 설정해 주세요.

2. 학생이 긍정적 자기대화를 말하는 것을 어려워한다면 선생님이 먼저 시범을 보여 주면서 다양한 긍정 대화에 대해 탐색할 수 있도록 도와주세요.

3. 마음의 선글라스를 만들 때 긍정적·부정적 자기대화가 보이지 않을 수 있도록 셀로판지 색깔을 각각 통일시켜 주세요.

   ex) 긍정적 자기대화(파란색)— 파란색 선글라스/ 부정적 자기대화(빨간색—빨간색 선글라스

4. 문제 상황 이외에도 다양한 상황들을 제시하며 자신의 자기대화를 관찰하고 선택해 볼 수 있도록 연습해 주세요.

집단상담 Tips

1. 자기대화에 대해 이야기를 나눈 후 학생들이 부정적인 자기대화를 할 때는 언제인지 자유롭게 이야기를 나눠 보세요.

2. 학생들이 공통으로 언급한 상황을 떠올려 본 뒤에, 직접 선글라스를 쓰고 자기대화 역할극을 해 볼 수 있도록 도와주세요. 역할극을 통해 학생들은 긍정적 자기대화의 효과를 직접 경험할 수 있습니다.

마음처방전

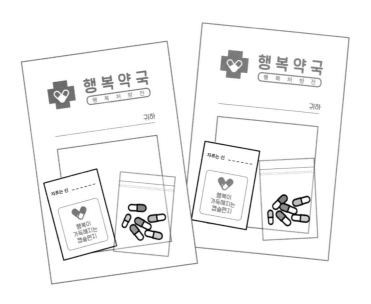

🧑 어떤 활동인가요?

  '마음처방전'은 시중에 판매되는 캡슐편지지를 활용하여 집단원들이 서로에게 편지를 써 주는 활동입니다. 학생들은 안전한 집단 내에서 서로의 다양한 고민거리와 걱정에 대해 솔직하게 이야기를 나누고, 캡슐편지지에 편지를 적어 공감과 위로의 말을 전달합니다. 고민을 나누는 활동을 통해 학생들은 자연스럽게 공감하고 보편성을 경험할 수 있으며, 편지를 〈메시지〉의 형태로 작성하여 긍정적 지지와 조언을 함께 전달할 수 있습니다. 메시지의 구성 요소 중 하나인 '칭찬'은 집단원들이 서로의 강점을 지지하고 도전적인 과제를 실천하도록 격려할 수 있다는 장점이 있습니다.

👩 누구에게 도움이 될까요?

✅ 자존감이 낮은 학생

✅ 자신감이 부족한 학생

✅ 또래 집단의 지지가 필요한 학생

👦 무엇이 필요한가요?

> 🖍️ 캡슐편지지, 필기구

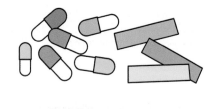

★ 반드시 캡슐편지지가 있어야 하나요?

이 활동은 마치 약을 처방하는 것처럼 친구에게 편지를 써 주기 위해 캡슐편지지를 활용하였습니다. 캡슐편지지를 구하기 어려운 경우에는 일반 편지지와 편지 봉투를 활용해도 좋습니다.

👧 상담 과정

1. 캡슐편지지와 함께 오늘의 활동을 소개하고, 집단원의 수만큼 캡슐편지지를 배부합니다.

"오늘은 서로 고민을 나누고 이 편지지로 마음처방전을 써 볼 거예요. 마음처방전이란 친구의 고민에 맞는 공감과 위로의 말을 편지로 적어서 캡슐 안에 넣어 전달하는 것입니다. 우리가 아플 때 병원에서 처방전을 받아 약을 먹으면 낫는 것처럼, 편지를 받는 친구는 힘이 날 거예요."

2. 집단원들이 돌아가며 자신의 고민에 대해 이야기합니다.

"자, 이제 돌아가면서 나의 고민에 대해 솔직하게 이야기해 볼 거예요. 서로의 고민이 무엇인지 경청해 봅시다."

3. 캡슐편지지에 마음처방전을 작성합니다. 이때 메시지의 3가지 구성 요소(칭찬-연결문-과제)를 교육하여 구조화된 편지를 작성하도록 합니다.

"이제 친구에게 해 주고 싶은 말을 캡슐편지지에 적어 봅시다."

"단, 편지는 〈칭찬-연결문-미션〉 이렇게 3가지 구조로 작성해야 합니다. 먼저, 친구의 긍정적인 면, 강점 2가지를 칭찬하고, 친구가 실천하면 좋을 것 같은 미션을 하나 적어 주세요. 칭찬과 미션 사이에는 그런 미션을 제안하는 이유를 설명해 주세요."

4. 마음처방전을 주고받습니다.

"마음처방전을 다 썼으면 처방전을 주인에게 전달해 주세요."

5. 각자 처방받은 마음처방전을 읽어 보고, 나에게 가장 도움이 되는 말이 무엇인지 발표해 봅니다.

"친구들이 나에게 써 준 마음처방전을 읽어 보고, 어떤 말이 나의 마음에 가장 와닿고 도움이 되었는지 발표해 볼까요?"

🧑 상담 예시

'마음처방전' 활동은 자신의 고민을 솔직하게 털어놓을 수 있을 만큼 라포가 충분히 형성되고 집단응집력이 높아진 상태에서 진행하는 것이 좋습니다. 집단원들은 마음처방전을 읽으면서 자신의 문제를 새로운 시각으로 바라볼 수 있으며, 메시지에 담긴 미션 수행을 통해 변화를 위한 새로운 행동을 시도해 볼 수 있습니다.

교사: 친구들의 고민을 모두 경청했니? 그럼 나눠 준 캡슐편지지에 편지를 적어 보자. 각자 친구들 고민에 맞는 마음처방전을 하나씩 써 줄 거야. 그런데 이 마음처방전은 3가지 구조로 작성해야 해. 칭찬-연결문-미션 순서대로 써 보자. 가장 먼저 발견한 그 친구의 긍정적인 면, 강점 2가지를 칭찬한 뒤에 친구에게 제안하고 싶은 미션이 필요한 이유를 설명하고, 친구가 실천하면 도움이 될 만한 미션 한 가지를 적어 보자.

> **key point**
> 메시지의 구성 요소를 설명하는 PPT 자료를 만들어 구체적인 예시와 함께 교육하는 것이 더욱 효과적입니다.

(중략)

교사: 편지를 다 썼으면 자신이 작성한 마음처방전을 주인에게 전달할 거야. 한 명씩 돌아가면서 모두에게 전달할 건데, 혹시 제일 먼저 나의 마음처방전을 주고 싶은 사람이 있니?

수민: 저요! 저는 점점 자신감이 떨어지는 게 고민이라고 했던 정은이에게 제 마음처방전을 주고 싶어요.

교사: 좋아. 그럼 수민이가 정은이에게 해 주고 싶은 말을 '칭찬-연결문-미션'의 형태로 읽으면서 마음처방전을 전달해 볼까?

> **key point**
> 편지 내용을 모두 읽으면 시간이 너무 오래 걸릴 수 있습니다. 세 문장으로 요약해서 읽도록 하는 등 집단 크기를 고려하여 적절하게 시간을 배분해 주세요.

수민: 네. (자리에서 일어나 정은이에게 다가간다.) '정은아, 나는 평소에 네가 할 줄 아는 것도 많고 밝아 보여서 그런 고민을 하고 있는지 몰랐어. 나는 다재다능하고 뭐든지 열심히 하는 태도가 너의 큰 장점이라고 생각해. 남들

이 보기에 너는 충분히 대단한 사람인데, 단지 너의 기준이 다른 사람들보다 높아서 자신감도 떨어지고 위축되는 것 같아. 그래서 나는 네가 못하는 것보다 잘하고 있는 것들, 이미 해낸 것들을 볼 수 있으면 좋겠어. 매일매일 네가 잘한 일 3가지를 적어 보면 어떨까? 매일 잘한 일에 대해서 스스로 칭찬해 주면 자신감을 회복할 수 있을 것 같아.'

교사: 수민이가 평소에 정은이를 세심하게 관찰해서 장점을 잘 찾아 주었구나. 수민이가 제안한 미션에 대해 다른 친구들은 어떻게 생각하니?

key point
집단원들이 쓴 마음처방전에 대해 서로 자유로운 피드백을 주고받을 수 있도록 촉진합니다.

경훈: 좋은 것 같아요. 그런데 정은이가 하루에 스스로 잘한 일 3가지를 떠올리기 힘들어하면 어떡해요?

아영: 매일 3가지를 떠올리기 힘들면, 꼭 그날 한 일이 아니어도 과거에 해냈던 일도 함께 떠올려 보면 어떨까요?

교사: 좋은 생각이구나. 정은이는 수민이가 제안한 미션을 실제로 해 볼 수 있을 것 같니?

정은: 네. 오늘부터 한번 실천해 볼게요. 고마워, 수민아.

교사: 그래. 그럼 한번 실천해 보고 다음 시간에 이야기를 들려주도록 하자. 자, 그럼 다음으로 정은이에게 마음처방전을 전달해 줄 다른 친구 있니?

key point
마음처방전을 전달하는 순서는 다양하게 정할 수 있습니다. 흐름이 깨지지 않도록 한 명씩 마음처방전을 한꺼번에 받도록 하는 것도 좋지만, 마음처방전을 받은 사람이 다른 집단원에게 새로운 마음처방전을 전달하는 형태로 진행해도 좋습니다.

메시지(message)

메시지란 해결중심접근 상담에서 한 상담 회기가 끝나고 5~10분 정도 휴식 시간을 가진 후 상담자가 해당 상담 회기에 대한 피드백을 전달하는 기법입니다. 이러한 메시지는 상담에서 교육적 기능, 정상화의 기능, 새로운 의미의 기능, 과제의 기능을 하며, 칭찬(compliment)-연결문(bridge)-과제(task)라는 3가지 요소로 구성됩니다. 칭찬은 내담자의 변화를 위한 노력과 강점을 지지하는 것이고, 연결문은 칭찬과 과제를 연결하는 것으로서 과제의 타당성을 설명하여 동기를 부여하는 기능을 합니다. 과제는 내담자의 일상생활에서도 변화를 이끌어 내기 위해 부여되는 것으로, 크게 관찰 과제와 행동 과제로 나눌 수 있습니다. '마음처방전' 활동에서는 이러한 메시지 기법을 활용하여 집단원들이 서로를 지지해 주고 미션의 형태로 과제를 부여할 수 있도록 하였습니다.

Tips 개인상담

1. 일대일 개인상담 장면에서 활용하는 경우, 학생이 자기 자신에게 편지를 쓰도록 할 수 있습니다.
2. 자기 자신에게 쓰는 편지는 과거의 나 혹은 미래의 나에게 쓰는 편지 등 다양하게 작성해 볼 수 있습니다.
3. 학생과 교사가 서로에게 마음처방전을 써 주는 형태로 변형해도 좋습니다.

집단상담 Tips

1. '마음처방전'은 집단원 모두에게 작성하도록 하고 소외되는 집단원이 없도록 합니다.
2. 집단원들이 서로의 고민을 나누는 단계를 시작하기 전에 공감적 반영 기법, 적극적 경청 방법 등을 간단하게 교육할 수 있습니다.
3. 캡슐편지지에 작성할 적당한 표현이 떠오르지 않는 집단원은 부록으로 제시된 문장들을 참고하여 활용할 수 있습니다.
4. 도움이 되는 말은 공감과 위로의 표현뿐만 아니라, 자신의 경험을 돌아보고 비슷한 상황에서 도움이 되었던 행동 등을 미션의 형태로 제시할 수 있습니다.

   ex) 우울할 땐 시끄러운 음악을 틀고 거울 보며 춤추기, 매일 아침 거울을 보고 나를 칭찬하는 말 3번 외치기
5. 다음 회기를 시작할 때 '마음처방전'을 받고 일주일 동안 나에게 어떤 변화가 있었는지 발표하는 시간을 가져 보고, 집단원들이 서로 긍정적 피드백을 주고받도록 해 보세요.

친구에게 도움을 줄 수 있는 말!

너는 혼자가 아니야.

괜찮지 않아도 괜찮아.

있는 그대로의 너로 충분해.

너의 실수가 너를 정의하는 것은 아니야.

우리가 통제할 수 없는 문제보다는 무엇을 통제할 수 있을지에 대해 고민해 보자.

우리가 파도를 멈출 수는 없지만, 파도 타는 법은 배울 수 있어.

너는 세상에 단 하나뿐인 소중한 존재야.

좋은 일들도 끝이 있는 것처럼, 나쁜 일들도 반드시 끝이 있어.

네가 멈추지 않는 한, 얼마나 느리게 가는지는 중요하지 않아.

너의 시작을 다른 사람의 결과와 비교하지 마.

너에 대한 다른 사람의 의견이 너의 현실이 될 필요는 없어.

우리에게 일어나는 모든 일을 우리가 다 통제할 수는 없어. 하지만 그 일 때문에 내가 약해지지 않도록 선택할 수는 있어.

두려워해도 괜찮아. 두렵다는 것은 네가 정말 용감한 일을 해내려 한다는 것을 의미하니까.

네가 내 친구라서 좋아.

너 자신을 믿어. 너는 이미 충분히 잘하고 있어.

완벽하지 않은 너라서 앞으로가 더욱 기대 돼.

너랑 함께하는 시간이 나는 행복해.

네가 나에게 좋은 친구인 것처럼, 너 자신에게도 좋은 사람이면 좋겠어.

모든 사람에게 사랑받을 수는 없고, 그럴 필요도 없어. 중요한 사실은 너와 내가 친구라는 거야.

지금 느끼는 그 감정이 영원히 지속되지는 않을 거야.

⏳ 나만의 배지 만들기

나는 미래의 수의사야!

👵 어떤 활동인가요?

'나만의 배지 만들기'는 쉽게 구매할 수 있는 버튼 프레스기를 활용하여 학생이 직접 배지를 만들어 보는 활동입니다. 배지는 여러 의미를 하나의 작은 상징으로 표현할 수 있는 도구로, 다양한 상담 장면에서 활용될 수 있습니다. 배지에 적은 메시지나 그림은 학생이 정말 소망하는 것이 무엇인지 탐색하는 데 도움이 됩니다. 진로상담에서 희망 직업을 배지에 표현한다면, 희망 직업에 대한 학생들의 흥미를 탐색하고 진로에 대한 〈동기〉를 높일 수 있습니다.

👩 누구에게 도움이 될까요?

☑ 진로 선택을 하였으나 확신이 없는 학생

☑ 희망 직업은 있으나 본인이 성취할 수 없을 것이라 생각하는 비관적인 학생

☑ 여러 희망 직업 중에서 선택하지 못하고 고민하는 학생

무엇이 필요한가요?

✏️ 버튼 프레스기, 종이, 배지를 꾸밀 수 있는 필기구, 필름, 배지 앞판 · 뒤판

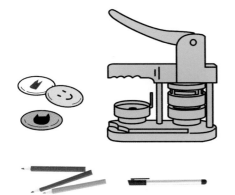

★ 왜 배지를 만드나요?

배지는 의미를 담고 있는 하나의 상징과 같은 기능을 합니다. 또한 가방이나 의류 등에 달고 가볍게 지니고 다닐 수 있다는 점에서 일상생활 속에서 학생들에게 의미를 상기시키는 역할을 하기도 합니다. 따라서 간단하게 배지를 만들고 지니고 다닌다면, 학생들의 흥미를 유발하며 동기를 유지할 수 있습니다.

😊 상담 과정

1. 버튼 프레스 기계를 비롯한 오늘의 준비물을 소개하며 오늘의 활동을 안내합니다.

"여기 있는 이 버튼 프레스기는 간단하게 배지를 만들 수 있는 기계예요."

"오늘은 이 기계를 활용해서 나만의 배지 만들기 활동을 통해 미래의 나의 모습을 상상해 볼 거예요."

저는 수의사가
될 거예요!

2. 학생들의 희망 직업을 탐색해 봅니다.

"지난 회기에 우리는 다양한 직업을 탐색해 보았어요. ○○이가 원하는 직업을 하나 정했었는데 무엇이었지요?"

"○○이가 해당 직업을 갖고 싶었던 이유는 무엇이었지요?"

3. 학생의 희망 직업의 특징 등에 대해 알아보고, 해당 직업을 대표할 수 있는 그림을 그려 봅니다.

"수의사라는 직업의 어떤 점이 좋았을까요? 수의사의 다양한 특징들을 한번 생각해 보고, 수의사를 잘 나타낼 수 있는 그림을 한번 그려 봅시다."

4. 그림 주변에 학생이 해당 직업을 갖기 위해 할 수 있는 노력을 문구로 작성해 보도록 합니다.

"우리가 수의사가 되기 위해 무얼 할 수 있을까요? 수의사가 되기 위해 내가 할 수 있는 노력을 그림 주변에 작성해 봅시다."

5. 완성된 배지를 보며 소감을 공유하고 일상생활에서 어떻게 활용할 수 있을지 이야기를 나눕니다.

"배지는 아주 작지만, 우리가 배지를 지니고 다님으로써 일상생활에 여러 변화를 가지고 올 수 있어요. 앞으로 한 주 동안 배지를 지니고 다니면서 나에게 나타나는 변화들은 무엇이 있었는지 생각해 보고 다음 회기에 알려 줄래요?"

진로상담과 동기

　　자아정체감을 형성하기 시작하는 초등학교 고학년부터 아이들은 현실적인 진로 고민을 하기 시작합니다. 이때 진로상담을 통해 학생들을 도울 수 있습니다. 진로상담이란 진로에 관한 어려움을 호소하는 사람이 자신과 직업에 대한 이해를 통해 스스로 진로 선택을 하고 결정하며, 이러한 행동에 대한 책임을 지도록 도움을 줍니다. 이러한 과정을 통해 학생이 진로 선택을 하도록 도울 수 있으며, 해당 진로 목표를 성취하기 위한 동기수준을 높일 수 있습니다. 이때 학생의 동기를 고취하고 유지할 수 있는 좋은 방법 중 하나가 배지 만들기입니다. 학생들은 배지를 몸에 지니고 다님으로써 해당 직업을 성취하겠다는 동기를 유지하고, 이를 바탕으로 꾸준히 노력할 수 있게 됩니다.

Tips 개인상담

1. 버튼 프레스기를 활용할 때 안전상의 위험이 있을 수 있습니다. 기계 사용에 익숙한 학생이 아니라면, 기계를 다룰 때는 교사가 주도하는 것이 좋습니다.

2. 배지를 잘 꾸미는 것이 아니라 내가 생각한 의미를 담는 것이 중요하다는 것을 강조해 주세요.

3. 단순히 활동을 진행하는 것 외에 아이들이 실제로 일상생활에서 배지를 지니고 다녔을 때 생기는 정서상의 변화를 포착하는 것이 중요합니다. 후속 활동으로 아이들과 함께 배지를 지니고 다녔을 때 어떠한 점이 달라졌는지 이야기 나눌 수 있는 시간을 마련해 주세요.

집단상담 Tips

1. 동일한 주제로 만든 배지가 구성원마다 어떻게 다른지 확인해 보고, 어떤 이유로 배지를 디자인 하였는지 서로 탐색할 수 있도록 시간을 마련해 주세요. 이를 통해 학생들은 동일한 주제라도 사람마다 다른 생각을 가질 수 있음을 이해할 수 있습니다.

2. 배지를 만들면서 자신의 진로와 관련하여 다짐을 할 수 있도록 하고, 집단원들 간에 이에 대한 격려와 응원의 시간을 가질 수 있도록 합니다. 나의 다짐을 다른 사람들 앞에서 이야기함으로써 해당 목표를 실천하는 힘이 생길 수 있습니다.

17. 앱(App)을 활용한 상담 기법

★ 앱, 상담에서 어떻게 활용할 수 있을까요?

일기 앱을 활용해 보세요!

일기나 메모 앱으로 감정일기, 감사일기, 모둠일기를 작성할 수 있어요!

알람 기능을 활용해 보세요!

알람 앱을 사용해서 새로운 습관을 형성할 수 있어요!

캐릭터를 만들어 보세요!

캐릭터를 꾸미는 앱을 통해 다양한 감정을 나타내는 표정을 만들 수 있어요!

★ 앱은 이런 점이 좋아요!

앱은 휴대폰만 있으면 누구나 내려받아 사용할 수 있어 매우 편리하다는 장점이 있습니다. 또한 시공간의 제약 없이 언제 어디서든지 휴대폰을 꺼내 사용할 수 있으므로 회기와 회기 사이에 과제를 실천할 때 도움이 됩니다. 이미 시중에 나와 있는 다양한 앱을 상담에 활용하여 학생의 흥미와 참여도를 높여 보세요!

〈App〉 습관 형성하기

좋아! 계획대로 되고 있어!

🧑‍🦳 어떤 앱인가요?

  습관 형성을 돕는 앱은 학생들이 스스로 계획을 세우고 이를 실천하는 과정에서 자기조절력을 향상하고 건강한 습관을 형성하는 데 도움을 줄 수 있습니다. 습관이란 오랫동안 되풀이하면서 몸에 밴 행동으로, 운동이나 독서와 같은 건강한 습관은 삶에 활력을 줄 수 있지만 과도한 스마트폰 사용이나 지나친 게임 등 좋지 못한 습관은 삶의 활력을 떨어뜨리고 건강을 해칠 수도 있습니다. 하지만 이미 몸에 배어 버린 습관을 바꾸는 것은 결코 쉬운 일이 아닙니다. 이때 〈자기조절의 3요소〉인 계획, 점검, 피드백을 활용한다면 기존의 좋지 못한 습관을 변화시키고 건강한 습관을 형성하는 데 도움을 줄 수 있습니다. 학생은 앱을 통해 변화하고 싶은 자신의 모습을 상상하고, 이를 위해 할 수 있는 구체적인 방법을 계획하고 피드백하는 과정에서 자신의 변화 정도를 눈으로 확인할 수 있습니다. 또한 다른 사용자들이 사용하는 좋은 습관들을 추천받고 실천해 보는 과정에서 새로운 습관을 형성하는 기회를 가질 수 있는 장점이 있습니다.

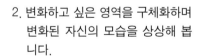 누구에게 도움이 될까요?

☑ 자기조절력이 부족한 학생

☑ 목표를 달성하는 데 어려움이 있는 학생

☑ 행동을 변화시키는 데 어려움을 보이는 학생

대표적인 앱은 무엇이 있을까요?

> 🖊 습관제조기, 습관 pd, 목표트래커, 루티너리 등

상담 과정

1. 학생의 현재 상황에 대해 질문하며 삶의 만족도를 탐색합니다.

   "지금 내 모습을 점수로 바꿔 본다면 10점 만점에 몇 점이라고 할 수 있을까요?"
   (가족/친구/공부/학교생활 등의 영역으로 세분화하여 질문해도 좋습니다.)

2. 변화하고 싶은 영역을 구체화하며 변화된 자신의 모습을 상상해 봅니다.

   "(늦잠을 자서 힘들다는 학생에게) 만약 앞으로 변화가 일어난다면 나는 어떤 모습일까?"

내가 할 수 있는
작은 행동은 무엇일까요?

3. 목표를 이루기 위해 무엇을 해 볼 수 있을
지 대화를 나눠 봅니다.

"아침에 일찍 일어나기 위해 내가 할 수 있
는 작은 행동들은 무엇이 있을까요?"

4. 앱을 소개하며 학생이 직접 위에서 이야기한 행
동들을 입력해 볼 수 있도록 도와줍니다.

ex) 저녁 9시 알람: 게임 끄기 / 저녁 10시 알람: 침
대에 눕기 / 아침 7시 30분: 기상 알람(1분 간격 3개)

🕘 저녁 9시
게임 끄기

🕙 저녁 10시
침대에 눕기

🕖 아침 7시 30분
기상 알람

5. 매일 실행 여부를 알람에 기록하고, 1주일
이 지난 뒤 앱을 보면서 점검해 봅니다.

"저녁 9시에 게임을 끄는 게 어려웠군요.
그럼 이때 어떻게 하면 좋을까요?"

자기조절력의 3요소는 무엇일까요?

자기조절은 환경에 효율적으로 적응하고 자신의 의도나 목표 등이 실현될 수 있도록
스스로 계획하고 행동하며 정서를 관리하는 능력을 의미합니다. 청소년기의 자기조절
능력이 부족할 경우, 인터넷 중독, 흡연, 폭식, 무절제한 생활, 낮은 수준의 학업 수행을
유발할 수 있고 폭력과도 같은 외현화된 문제 행동과 불안, 우울 등의 내면화된 문제 행
동을 야기할 수 있어 많은 주의와 관심이 필요합니다. 자기조절 능력을 형성하는 데 도
움을 줄 수 있는 3가지는 바로 계획, 점검, 피드백입니다. 자신의 행동에 대해 구체적으
로 계획을 세우고 주기적으로 점검한다면 자신의 행동을 돌아보고 조절하는 데 도움이
될 수 있습니다. 또한 이러한 과정에서 자신의 변화에 대해 스스로 피드백한다면 동기가
유발되어 변화를 위해 꾸준히 노력할 수 있을 것입니다.

Tips 개인상담

1. 학생이 변화하고자 하는 부분이 무엇인지 대화를 나누어 보면서 목표를 구체화해 주세요.

   ex) 아침에 일찍 일어나기 (×) / 아침 7시 30분에 스스로 일어나기 (○)

2. 변화가 일어났을 때 어떤 긍정적 결과가 있을 것 같은지 상상해 보고 글이나 그림을 통해 시각화할 수 있도록 도와주세요. 긍정적인 자신의 이미지를 상상해 본다면 새로운 행동을 시작하고 유지하는 데 도움이 될 수 있습니다.

3. 학생이 앱을 사용하며 기록한 것에 대해 칭찬해 주며 변화된 모습에 집중해 주세요. 만약 변화에 어려움을 보인다면 할 수 있는 습관들을 먼저 시도해 보면서 성공 경험을 쌓을 수 있도록 도와주세요.

4. 앱에 소개되어 있는 다른 루틴들을 함께 살펴보며 학생이 새롭게 시도해 보고 싶은 습관이 있는지 대화를 나누어 보세요.

집단상담 Tips

1. 서로 변화하고 싶은 목표들이 다를 수 있습니다. 다른 집단원의 목표를 비난하지 않고 서로 격려할 수 있는 분위기를 조성해 주세요.

2. SNS를 통해 매일 자신의 성공 여부에 대해 집단원들끼리 공유한다면 동기가 유발될 수 있습니다.

3. 자신이 이루고 싶은 목표와 새롭게 만들 습관에 대해 발표해 본 뒤에, 목표를 이루기 위해 좋은 다른 습관들이 있다면 서로 아이디어를 공유할 수 있도록 도와주세요.

 **〈App〉 감정일기**

오늘 하루는 어땠나요?

🧑 어떤 앱인가요?

감정일기 앱은 하루 일과에 대해 단순히 나열하는 것이 아니라, 하루 동안 있었던 일들을 돌아보고 그 순간 자신이 느꼈던 감정에 대해 솔직하게 기록할 수 있도록 도와주는 앱입니다. 감정일기는 남들이 읽지 않는 '일기장'이라는 특성 덕분에 더욱 솔직하게 자신의 감정을 표현할 수 있도록 도와주며, 정리되지 않은 감정을 언어로 풀어 글을 쓰는 그 자체로 치유적인 기능을 합니다. 또한 감정일기를 작성하는 과정에서 학생들은 매 순간 자신의 감정에 지속적으로 관심을 갖고 집중하게 되어 정서적 발달을 이루고 심리적 안정감을 갖게 됩니다. 매일매일 작성하는 감정일기는 회기 사이에 부여되는 일종의 〈과제〉로 기능하며, 일상생활 속에서 자신의 감정을 알아차리고 글쓰기를 통해 카타르시스를 경험하도록 도와줍니다.

누구에게 도움이 될까요?

☑ 자신의 감정을 인식하는 데 어려움이 있는 학생

☑ 자신의 감정을 솔직하게 표현하지 못하는 학생

☑ 자신의 감정을 적절히 관리하고 조절하지 못하는 학생

대표적인 앱은 무엇이 있을까요?

> 🖊 감정일기, 해마일기, Daylio(무료), Mooda(유료), Daymood 등

상담 과정

1. 먼저, 감정 인식을 촉진할 수 있도록 다양한 감정단어에 대해 배웁니다. 감정단어 목록 또는 감정카드 등을 활용할 수 있습니다.

2. 자신이 주관적으로 경험하는 감정을 색깔로 표현해 봅니다. 색깔카드를 활용해도 좋고, 앱에 나와 있는 색깔을 활용해도 좋습니다.

"오늘 ○○이의 기분을 색깔로 표현하면 어떤 색일까요?"

"○○이에게 분노는 어떤 색깔인가요?"

3. 학생에게 앱을 소개하고, 다음 회기까지 일주일 동안 매일매일 감정일기를 작성하도록 안내합니다.

4. 다음 회기에는 일주일 동안 감정일기를 써 본 소감을 나누고, 자신이 쓴 감정일기 중에 어떤 주제에 대해 이야기를 나누고 싶은지 물어봅니다.

"그랬군요. 혹시 감정일기를 쓰면서 감정을 가장 강렬하게 느꼈던 날이 있나요? 오늘 ○○이가 쓴 일기들 중에 어떤 일기에 관해서 이야기를 나누고 싶은지 궁금하네요."

5. 학생이 선택한 감정일기 주제로 대화를 나누고 있는 지금-여기의 감정을 탐색해 봅니다. 감정이 변화했다면 어떻게 변화했는지, 나의 상황과 행동은 어떻게 달라졌는지 이야기해 봅니다.

"그래서 그날은 파란색의 우는 표정을 선택했군요. 그렇다면 그것에 대해 이야기를 나누고 있는 지금 ○○이의 감정은 무슨 색인지 한번 골라 볼래요?"

과제(task)

　　매일매일 꾸준히 작성해야 하는 감정일기는 과제의 기능을 합니다. 과제는 회기 사이에 내담자가 수행하는 것으로, 일상생활에서 변화를 위한 행동을 지속적으로 실천하도록 하는 효과가 있습니다. 합리정서행동치료(REBT)에서는 내담자 스스로 비합리적 사고에 대항하도록 하는 인지적 과제(cognitive task)를 부여하기도 하고, 해결중심상담에서는 상담자가 내담자에게 메시지를 전달할 때 관찰 과제나 행동 과제를 부여합니다. 감정일기는 이러한 과제의 일환으로 앱을 활용하여 더욱 쉽고 간편하게 부여할 수 있습니다.

Tips 개인상담

1. 감정단어 목록이나 감정카드로 대화를 나눌 때 모르는 감정단어가 있는지 확인하고, 해당 감정단어를 충분히 설명해 줍니다.

2. 색깔카드가 없는 경우에는 색종이, 색연필, 물감 등 색이 있는 물건을 다양하게 활용할 수 있습니다.

3. 감정일기 앱을 소개할 때는 감정일기를 어떻게 쓰는지 사용 방법에 대해 교사가 시범을 보여 줍니다. 먼저, 오늘의 감정을 나타내는 색깔과 이모티콘을 고르고, 어떤 상황에서 어떤 감정을 느꼈는지 구체적으로 일기를 작성하도록 안내합니다.

4. 감정일기 내용을 교사에게 공개할지 말지는 학생이 선택해야 합니다. 학생이 공개하기를 원하지 않을 때는, 감정일기 내용은 학생만 다시 읽고 해당 주제에 대해서 이야기만 나누도록 합니다.

집단상담 Tips

1. 매일매일 느끼는 감정을 주제로 집단원이 함께 모둠일기를 작성해 볼 수 있습니다.

2. 모둠일기를 시작하기 전에 지켜야 할 집단규칙을 함께 정합니다. 이때 비밀 보장의 원칙을 한 번 더 설명해 줄 필요가 있습니다.

   ex) 몇 시까지 일기를 올릴지, 답글은 몇 줄 이상 적을지, 금지어(욕설, 타인 비하) 목록 등

3. 모둠일기를 회기 사이에 꾸준히 작성하도록 하고, 다음 회기에 모이면 집단원들이 돌아가면서 가장 기억에 남는 일기를 소개하도록 합니다.

4. 모둠일기의 구체적인 활용 방법은 〈한 걸음 더!〉 '같이 쓰는 모둠일기'를 확인해 주세요.

✚ 활동플러스 〈안녕! 오늘의 마음〉

〈안녕! 오늘의 마음〉은 매일매일 자신이 느낀 감정에 대해 기록하는 감정일기장입니다. 이 일기장을 통해 일상 속에서 자신이 어떤 감정을 느끼고 있는지 알아차리고 표현할 수 있습니다.

한 걸음 더!

★ 감사일기 쓰기: 오늘 하루 감사했던 일은?

감사일기란 매일매일 하루 동안 감사했던 일을 5~10가지 정도 떠올려 기록하는 일기입니다. 하루를 돌아보며 사소한 것일지라도 매일 감사한 일을 찾는 습관을 갖게 되면, 하루를 행복하게 마무리할 수 있을 뿐만 아니라 긍정적인 삶의 태도를 형성하는 데 도움이 됩니다. 감사일기는 다른 일기에 비해 분량이 적어서, 어떤 일기 앱이나 메모장 앱을 사용하든지 간편하게 작성할 수 있다는 장점이 있습니다.

● 대표적 앱: 감사모아(무료), 꼼꼼감사일기, All that Thanks 등

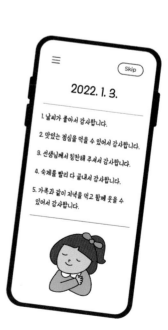

★ 같이 쓰는 모둠일기: 우리만 아는 비밀일기장!

　모둠일기란 2명 이상의 사람들이 하나의 그룹이 되어 서로 돌아가면서 글을 쓰고 함께 읽으며 다른 사람이 쓴 일기에 자신의 생각을 덧붙여 쓰는 형태의 일기입니다. 일기를 통해 서로 소통하고 자신의 생각과 느낌을 공유하는 것은 참여하는 학생들에게 소속감을 느끼게 하고 공동체 의식을 길러 줍니다. 집단원들이 서로에게 물어보고 싶은 질문 리스트를 만들고 모둠일기의 주제를 요일별로 함께 정해 보세요.

ex) 내가 가장 행복했던 순간은? 나의 장점과 단점은? 나에게 가장 중요한 가치 3가지, 내게 가장 용기가 필요했던 순간 등

　집단 회기 사이에 과제가 부여되는 경우, 과제 수행 여부를 인증하고 긍정적 피드백을 주고받는 수단으로 모둠일기를 활용할 수 있습니다.

● 활용 가능 앱: 세 줄 일기, 네이버밴드, 굿노트 등

<App> 감정을 캐릭터로 표현해요!

화가 났으니까
눈은 이렇게……
코는 이렇게……
입은 이렇게……

어떤 앱인가요?

앱을 통해 캐릭터를 만드는 과정에서 캐릭터의 눈, 코, 입을 설정하고 다양한 표정을 연출할 수 있습니다. 이러한 과정에서 학생들은 자연스럽게 감정과 감정을 나타내는 표정에 대해서 탐색해 볼 수 있습니다. 이러한 감정 인식 및 표현 능력은 공감 능력의 바탕이 되며, 이는 사회성 발달에 영향을 미치는 요소라고 할 수 있습니다. 학생들은 다양한 감정단어와 그에 맞는 표정을 캐릭터라는 게임적인 요소를 통해 표현해 봄으로써 다양한 정서와 이를 올바르게 표현할 수 있는 방법에 대해 익힐 수 있게 됩니다. 이를 통해 학생들은 상대의 감정을 이해하고 공감하는 능력과 <정서지능>을 기를 수 있게 됩니다.

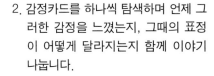 누구에게 도움이 될까요?

- ☑ 상대방에게 공감을 표현하는 데 어려움을 경험하는 학생
- ☑ 사회적 관계 형성에 어려움을 경험하는 학생
- ☑ 감정 인식 및 표현에 어려움을 경험하는 학생

대표적인 앱은 무엇이 있을까요?

> 🖊 메이크유, 제페토 등

상담 과정

1. 학생과 함께 여러 종류의 감정카드를 보며 다양한 감정이 있을 수 있음을 이야기 나눕니다.

   "우리는 살면서 어떤 감정들을 느끼나요?"

2. 감정카드를 하나씩 탐색하며 언제 그러한 감정을 느꼈는지, 그때의 표정이 어떻게 달라지는지 함께 이야기 나눕니다.

   "(감정카드를 하나씩 보면서) 이 감정을 우리는 언제 느끼나요? 그 감정을 느낄 때 우리는 어떤 표정을 짓나요?"

3. 새로운 앱을 소개하며, 각각의 감정단어를 캐릭터의 표정으로 어떻게 표현할 수 있는지 이야기를 나눕니다.

"이 앱을 통해 우리는 캐릭터를 만들 수 있어요. 이때 캐릭터의 눈, 코, 입을 설정할 수 있는데, 각각의 눈, 코, 입을 설정하면서 다양한 표정을 만들어 낼 수 있어요."

4. 학생/상담 교사가 임의로 정한 감정카드를 캐릭터로 표현해 보고 서로 어떠한 감정을 표현한 것인지 맞혀 보는 활동을 합니다.

"우리가 앞에서 배운 다양한 감정단어들 중 하나를 선택하고, 앱을 통해 캐릭터 표정을 만들어서 서로 어떤 감정을 표현한 것인지 맞히는 활동을 진행할 거예요."

5. 감정 맞히기 게임을 진행한 후 학생과 함께 소감을 나누어 보도록 합니다.

"지금까지 다양한 감정들을 캐릭터의 표정을 통해 표현해 보는 활동을 진행해 보았어요. 오늘 활동을 진행하며 느낀 감정을 함께 나누어 봅시다."

정서지능(Emotional Intelligence)이란?

정서지능이란 자신의 감정과 다른 사람들의 감정을 점검하는 능력, 그 감정들을 구별하는 능력, 그리고 이러한 정보를 이용하여 자신의 사고와 행동을 이끄는 능력을 의미합니다. 즉, 자신과 다른 사람들의 감정을 정확하게 지각하고, 인식하며, 적절히 표현하는 능력을 말합니다. 자신과 타인의 감정을 적합하고 효과적으로 조정하는 능력이기 때문에 사회성 발달의 기초가 됩니다. 메이어와 살로베이(Mayer & Salovey)에 의하면, 정서지능은 정서의 인식과 표현, 정서의 조절, 정서의 활용 3가지 영역으로 나뉩니다. 여기서 타인의 감정을 인식하고 자신의 감정을 표현하는 능력은 정서의 인식과 표현 영역에 해당합니다. 앱을 통해 캐릭터의 표정으로 감정을 표현하는 과정에서 학생들은 정서를 인식하고 표현하는 정서지능을 기를 수 있게 됩니다.

Tips 개인상담

1. 학생이 핸드폰에 앱을 깔아 사용할 수 있도록 앱의 이름뿐만 아니라 내려받을 수 있는 주소의 링크를 제공해 주세요.

2. '메이크유' 앱의 경우 1인/2인/3인 모드가 제공됩니다. 2인/3인 모드를 활용하여 학생의 주변 인물을 캐릭터로 묘사하도록 하여 주변 인물과의 역동을 확인할 수 있습니다.

3. '제페토'와 같은 앱의 경우, 캐릭터를 형성하여 사이버 공간에서 다른 인물들과 사회적 관계를 형성하는 경우가 생길 수 있습니다. 학생이 사이버 범죄에 노출되지 않도록 사전에 사이버 윤리 의식과 관련된 교육이 충분히 이루어져야 합니다.

집단상담 Tips

1. 캐릭터로 표현한 감정을 서로 알아맞히는 활동을 통해 집단원들이 보다 즐겁게 감정을 인식하고 표현하는 법을 익힐 수 있습니다.

2. 해당 앱을 상담 회기 내에서만 활용할 수 있도록 하는 것이 가장 좋지만 현실적으로 어려울 수 있습니다. 집단원들이 함께 집단 밖에서 해당 앱을 사용한다면 올바르게 활용할 수 있도록 사전 교육과 모니터링이 필요합니다.

3. 캐릭터를 미적으로 꾸미는 것에만 집중하는 것이 아니라, 감정을 표현하는 것에 중점을 둘 수 있도록 지도합니다.

저자 소개

오인수(Oh, Insoo)

이화여자대학교 교육학과 교수

펜실베이니아 주립대학교 상담자교육 박사

한혜원(Han, Hyewon)

서울 우이초등학교 전문상담교사

이화여자대학교 교육학과 교육상담심리전공 박사 과정

전은경(Jun, Eungyeong)

서울 구암초등학교 전문상담교사

이화여자대학교 교육학과 석사 과정

김민정(Kim, Minjung)

서울 가재울초등학교 전문상담교사

이화여자대학교 교육학과 석사 졸업

자문위원

권경희

서울 우이초등학교 교사

류신혜

김포 솔터초등학교 전문상담교사

박수아

경기 광명교육지원청 Wee센터 전문상담교사

박인혜

서울 정목초등학교 전문상담교사

박현지

서울 동작관악교육지원청 Wee센터 전문상담교사

이예림

경기 회천중학교 전문상담교사

이혜란

인천 송원초등학교 교사

임지은

서울 신길초등학교 전문상담교사

한유나

서울 신구로초등학교 전문상담교사

도구를 활용한
아동 · 청소년 상담 기법

2022년 2월 25일 1판 1쇄 발행
2022년 8월 20일 1판 3쇄 발행

지은이 • 오인수 · 한혜원 · 전은경 · 김민정
펴낸이 • 김진환
펴낸곳 • ㈜ 학지사

　　　　　04031 서울특별시 마포구 양화로 15길 20 마인드월드빌딩
대표전화 • 02)330-5114　　　　팩스 • 02)324-2345
등록번호 • 제313-2006-000265호

홈페이지 • http://www.hakjisa.co.kr
페이스북 • https://www.facebook.com/hakjisabook

ISBN 978-89-997-2601-9 93180

정가 20,000원

저자와의 협약으로 인지는 생략합니다.
파본은 구입처에서 교환해 드립니다.

이 책을 무단으로 전재하거나 복제할 경우 저작권법에 따라 처벌을 받게 됩니다.

출판 미디어기업 **학지사**

간호보건의학출판 **학지사메디컬** www.hakjisamd.co.kr
심리검사연구소 **인싸이트** www.inpsyt.co.kr
학술논문서비스 **뉴논문** www.newnonmun.com
교육연수원 **카운피아** www.counpia.com